直击美国

Zhiji Meiguo

袁南生◎著

中国社会科学出版社

图书在版编目（CIP）数据

直击美国／袁南生著.—北京：中国社会科学出版社，2016.1
（2017.2 重印）
ISBN 978 - 7 - 5161 - 7585 - 9

Ⅰ.①直…　Ⅱ.①袁…　Ⅲ.①美国—概况　Ⅳ.①D771.2

中国版本图书馆 CIP 数据核字（2016）第 014169 号

出 版 人	赵剑英
责任编辑	王　茵
特约编辑	王　称
责任校对	崔芝妹
责任印制	王　超

出　　版	中国社会科学出版社
社　　址	北京鼓楼西大街甲 158 号
邮　　编	100720
网　　址	http://www.csspw.cn
发 行 部	010 - 84083685
门 市 部	010 - 84029450
经　　销	新华书店及其他书店

印　　刷	北京君升印刷有限公司
装　　订	廊坊市广阳区广增装订厂
版　　次	2016 年 1 月第 1 版
印　　次	2017 年 2 月第 2 次印刷

开　　本	710 × 1000　1/16
印　　张	25.75
字　　数	422 千字
定　　价	75.00 元

凡购买中国社会科学出版社图书，如有质量问题请与本社营销中心联系调换
电话：010 - 84083683

休斯顿城市风采

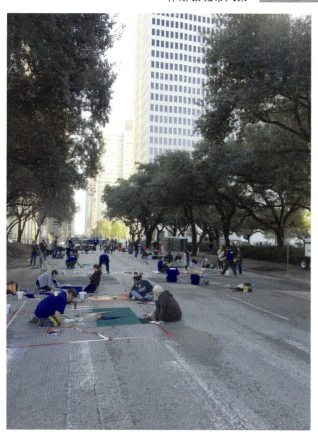

休斯顿街头绘画艺术

迪斯尼音乐厅

中途岛号航母

远眺旧金山

旧金山唐人街婚礼上的一对华裔新人

印裔美国小商贩

何凤山的"生命签证"拯救
了成千上万犹太人,笔者
与幸存者合影,右一为何凤
山女儿何曼礼

拜访美国加州州长布朗

在海外首家抗日战争纪念馆
启动仪式上致辞

与旧金山市市长李孟贤相互祝酒

旧金山中国国庆活动一瞥

旧金山华界的保钓大游行

迎接北京奥运圣火的旧金山华人华侨们

中国驻旧金山总领馆代表团走进华体会运动场

旧金山"同一首歌"文艺晚会

芝加哥的春节

祝贺熊猫中华风情秀拉斯维加斯连演 200 场

举行招待会慰问飞虎队老兵

代表中国总领馆为中华总会馆题赠匾额

与俄勒冈州众议长科泰克一起为孔子课堂揭牌

联合国成立签字大厅旧址——旧金山费尔蒙特酒店宴会厅

目　　录

第一篇　直击美国名人

第四篇　直击美国社会（下）

第五篇　直击美国衙门

第六篇　直击美国反腐

第七篇　直击美国特色

6　直击美国

第八篇　直击美国侨界

第九篇 直击在美大事

前言:从旧金山说起

2013 年 4 月 5 日,我来到旧金山,出任第十一任中国驻旧金山大使衔总领事。对我来说,对美外交工作自然而然从旧金山开始做起;我对美国的系统观察,也从旧金山开始;《直击美国》这本书,当然也从旧金山开始写起。到旧金山后不久,我在官邸举行记者招待会。有记者问我:"喜欢旧金山吗?"我回答当然喜欢。记者又问:"为什么?"我说,因为旧金山是"九最之都"、"九养之地"和"九多之城"。

"九最之都"

说旧金山是"九最之都",是从中美关系史、美国华人史的视角来看,旧金山在历史上有许多无法割舍的中国元素。

——旧金山是华人来美最早的地方。100 多年前,中国人乘船到美国,第一站就是旧金山。1846 年第一批广东人来美,1848 年,淘金热潮席卷加利福尼亚,许多广东人背井离乡,来到美国淘金。旧金山作为加州的门户,很快就成为在美华人的一个中心。

——旧金山是美国华人成立侨团最早的地方。广东地方的地域、宗族观念向来很强,而早期旧金山的华人绝大多数为广东人,所以迟至 19 世纪 50 年代,旧金山就成立了四邑会馆、三邑会馆、阳和会馆、人和会馆等同乡性质的地区性会馆。最早的旧金山华裔会馆是 1849 年成立的四邑会馆,它是由台山、新会、开平、恩平四县侨民共同创立的。1850 年又有南海、番禺、顺德组成的三邑会馆与宝安、惠阳、梅县、赤溪组成的人和会馆先后成立。1852 年,中山、增城、东莞三县侨民又合作成立了阳和会馆。1854 年台山籍侨民(除余姓外)与四邑会馆发生分歧,脱离四

出席美国冈州总会馆成立 160 周年庆典

邑会馆，另成立宁阳会馆。1862 年，台山的余姓，恩平的邓姓、胡姓等又脱离四邑会馆，成立合和会馆。新会与鹤山侨民维持原来的四邑会馆，易名为冈州会馆。这些会馆主要是以地域或方言来划分，共同的地域和相似的方言是各会馆建立的基础。1862 年各会馆联合起来，正式在加州登记注册，建立了一个慈善非营利性的公司，即著名的"华人六大公司"（Chinese Six Company）。为了协调彼此的利益、团结一致对外，六大公司成立了联合办事处，凡有要事，由各会馆主席举行联席会议，进行协商和调节。对外用六大公司的名义，对内则名为中华会馆。1876 年，开平、恩平两县侨民脱离合和会馆，另组肇庆会馆，因此旧金山华人会馆成为七大会馆，但仍沿用旧名。

——旧金山是中国在美国最早设立总领事馆的地方。1878 年，清朝政府在旧金山设立总领事馆，这是中国在海外设立的第二个总领事馆。1877 年，清政府采纳驻英公使郭嵩焘的建议，建立了中国驻新加坡领事馆，这是中国建立的第一个驻外领事馆。中国驻美国旧金山总领事馆建立后，清政府又陆续在日本横滨、神户、大阪及南洋华侨聚居的商埠设立了领事馆。

——旧金山是华人比例最高的城市。2013 年时，华人已占旧金山居民总数的 28%。

参加华人体育运动会拔河比赛

　　——旧金山是最早见证中国大国地位的地方。1945 年 4 月 25 日，联合国制宪会议在旧金山菲尔蒙特酒店举行，宋子文、顾维钧、董必武等人出席。中国成为联合国的创始成员国和安理会常任理事国，由此奠定了中国的大国地位。中国代表团正式代表 10 人：宋子文、顾维钧、王宠惠、魏道明、胡适、吴贻芳、李璜、张君劢、董必武、胡霖。其中在野党代表为中国青年党代表李璜、民主社会党代表张君劢、中国共产党代表董必武。中国代表团正式代表人数在五大国中与苏联并列第一（五大国正式代表，中国 10 人，美国 7 人，英国 4 人，苏联 10 人，法国 5 人）。6 月26 日，从中午至晚上举行了长达 8 小时的隆重的签字仪式。出席会议的50 个创始会员国共有 153 名正式代表依次在《联合国宪章》、《国际法院规约》及筹备委员会《临时协定》上分别庄重签名。中国荣幸地成为第一个在《联合国宪章》上签字的国家。中国代表团对签字非常重视，先按照签字顺序在桌后站立成一个半圆形，签字时使用的是专门从唐人街订购的具有鲜明中国特色的笔、墨、砚等中国文具。每位代表签字完毕后即返回原处肃立。顾维钧等中国代表团成员共 8 人（宋子文和胡适因故未参加签字仪式）分别在宪章上庄重地签上了自己的名字。中国代表团的签字仪式共历时 15 分钟。在 8 名代表中最引人注目的是女博士吴贻芳和中共代表董必武，前者是第一位签字的女代表，后者是一位有传奇经历的革命家。

美国的春节广告牌

——旧金山唐人街是美国最大的唐人街。旧金山的唐人街是亚洲以外最大规模的华人社区，也是美国最古老的中国城。很多华人移民美国之后，第一个落脚安居的地方就是唐人街。这里飞檐画壁，琼楼玉宇，粤韵京腔，古香古色，有着浓郁的中国传统氛围。鳞次栉比的中国餐厅、茶楼、洗脚按摩房、中药店……招牌都用繁体字刻写，漫步在唐人街上，难免生出回到故里的怀旧之感。旧金山唐人街的存在，不仅仅是华人在异乡的些许慰藉，也渐渐成为旧金山的一大知名景点，每年来此观光的游人竟然超过了闻名世界的旧金山金门大桥。

——中美建交后建立的第一对姐妹友好城市是旧金山与上海。1979年1月24日，在美国华盛顿的一次宴会上，旧金山市市长黛安·范因斯坦与中国驻美大使柴泽民探讨了旧金山市与上海市建立姐妹城市关系的可能性。3月5日，范因斯坦市长致函上海市革命委员会领导人彭冲，正式提出两市结为姐妹城市的建议。1979年6月，应中国对外友好协会和上海市革命委员会联名邀请，范因斯坦市长第一次率团访问上海，并与上海市革委会领导赵行志就两市缔结友好城市关系进行了会谈。范因斯坦市长送给上海市民一把旧金山市的钥匙，送给赵行志一节旧金山大桥上的钢索。她说，这把钥匙象征着上海可以打开旧金山的大门，她祝愿旧金山和上海两市人民的友谊像坚固的钢索一样联结在一起。

——中美开通的第一条直航航线是旧金山到北京的航线。1981年1月7日，民航北京管理局使用波音747型飞机，飞越太平洋，开辟了中美之间的第一条航线：北京—上海—旧金山—纽约。当飞机到达旧金山时，旧金山市政官员举行了隆重的欢迎仪式，美国各报社、电视台对此次开航进行了报道和宣传。民航机组人员第一次去唐人街，见到华人特别亲切。华人问机组人员是从香港还是台湾来的，回答说是从北京来的，很多老华侨听到后又惊又喜，一下子冲了过来，抓住机组人员的手失声痛哭。

——第一个担任美国大城市市长的华人是李孟贤，他的祖籍是广东台山。此外，旧金山市参事会（议会）主席邱信福，大法官邓梦诗、郭丽莲等也是华人。

"九养之地"

说旧金山是"九养之地"，是从自然环境的角度来说，是最适宜人居的地方。在记者招待会上，有记者问我对上一个常驻的国家——苏里南的印象，我回答了两个字："天堂。"记者马上追着问："那对旧金山的印象呢？"我如实回答："比天堂还天堂。"

一是养颜。因为旧金山天气非常好，四季如春，不冷不热，每天穿一件夹克就够了。当地人说，旧金山一年无四季，一天有四季，早晚温差大。这样的气候，对皮肤最适宜不过了。为什么旧金山能有养颜的气候，因为旧金山位于中纬度、北美洲西海岸，三面环着冰冷的海洋（太平洋和旧金山湾）。附近洋面受加利福尼亚暖流影响，海洋深层温度较低的海水上升到表面，并且受到太平洋高压和西南季风的影响，海水表面温度极低。夏天的旧金山笼罩在冰冷的海雾之中，平均温度高温在摄氏 15—21 度、低温在摄氏 10—12 度。所以，著名美国作家马克·吐温说："我所度过的最冷的天气，是旧金山的夏天。"旧金山冬季气候温和，高温在摄氏 12—15 度、低温在摄氏 7—10 度。春秋两季是过渡季节，最热的天气经常出现在这时。

二是养眼。一年四季，旧金山都是蓝天白云，青山绿水，花红柳绿，景色宜人，在哪里照个相，都不用挑背景，真可谓三步一风景、五步一奇观，到处都好看。

三是养肺。旧金山是美国空气最好的城市之一。2011 年 6 月 30 日，旧金山市市长李孟贤宣布了一个令旧金山人骄傲的消息，当天出炉的北美地区最环保城市排名，旧金山总体得分列第一。西门子集团委托经济学人信息部进行的这项研究，从 9 个分类对北美地区 27 个城市进行环保评估，分类包括二氧化碳气体排放、能源、土地使用、建筑、交通、水、垃圾、空气品质和环境管理等。旧金山以总分 83.8 名列第一。

四是养胃。完善的政府监管体系，加上各种经济和政策工具的灵活应用，使旧金山成为世界上食品安全水平最高的城市之一。

五是养情。旧金山拥有美国最大的华人移民群体，他们在异国他乡需要创业，自然有创业之情；他们想念祖国亲人，自然有思乡之情；他们中的许多人需要谈朋友、找对象，需要成家立业，自然有浪漫之情；旧金山物华天宝，人杰地灵，养眼养心，自然有潇洒之情。

六是养才。旧金山是人才辈出的地方。单说斯坦福大学、加州伯克利大学这两所大学，就不断有人获得诺贝尔奖；单说硅谷，就不断有人成为成功的影响美国、影响世界的发明家、企业家；单说中国驻美外交官员，与旧金山结上缘，不少人成了声名遐迩的人物。例如，中国驻旧金山总领事黄遵宪，成为中国近代以来著名的外交家、政治家和诗人；中国驻美国公使馆参赞周自齐，1906 年旧金山发生大地震后，从华盛顿赶到旧金山指挥侨胞抗震救灾，后来成为北京政府总理和清华大学的创始人；中国科学院最年轻的院士邓中翰、百度创始人李彦宏等，就是从旧金山学成回国的。

微软总部

七是养财。旧金山是美国西部最大的金融中心。工业发达,主要有飞机、火箭部件、金属加工、造船、仪表、电子设备、食品、石油加工、化学、印刷等部门。旧金山是科学发明、风险投资、打理生意的风水宝地,不少人通过科研、经商,一夜之间成为百万富翁、千万富翁,甚至亿万富翁。

八是养心。这里气候宜人,风景优美,环境理想,物资丰富,交通便利,治安状况不错,日子过起来自然省心不累。

九是养老。一项来自美国洛杉矶老年病学研究机构的调查数据显示,近年来,世界范围内百岁老人数量与日俱增,尤以美国为最。百岁老人最多的国家中,美国位居第一,其次是日本、法国、瑞典、意大利等。统计数字显示,目前美国有 8 万多名百岁老人,比 1980 年增长了 120%;预计到 2050 年会增至 83 万。在美国,旧金山的百岁老人较多。2013 年,我在旧金山主持中华人民共和国国庆招待会,没想到,钟武雄、张周育、杨菁松等 4 位年近百岁的华界精英出席招待会;也没有想到,前美国国务卿舒尔茨 92 岁了,还在斯坦福大学胡佛研究所当研究员;更没有想到,当年的美国飞虎队队员陈文宽,100 岁时还自己开车。

"九多之城"

一是侨团多。各种各样的侨团,总数恐怕在 2000 个以上。旧金山侨社有七大会馆六大堂,这是百年传统老侨团。七大会馆依次是:宁阳总会馆、肇庆总会馆、冈州总会馆、合和总会馆、阳和总会馆、三邑总会馆、人和总会馆;六大堂分别是全美萃胜工商总会、全美英端工商总会、秉公总堂、金门协胜工商总会、合胜总堂以及新加入的五洲洪门致公总堂。有以来源地域为基础形成的侨团,如河北同乡会、东北同乡会;有以姓氏宗亲为基础组成的同乡会,如全美黄氏宗亲总会、李氏宗亲总公所、袁汝南堂等;有以工商为基础成立的侨团,如福建工商总会、萃胜工商总会、中华总商会;有基于扶危济困成立的各种善堂,如聚善堂、同善堂、喜善堂、乐善堂,阳和总会馆下设有十二个善堂;有以中国大学校友会为基础组成的侨团,如北京大学校友会、华中科技大学校友会、湖南师范大学校友会;有以美国大学校友会为基础组成的侨团,如斯坦福大学浙江校友会、加州伯克利大学上海校友会；有基于政治目的组成的侨团，如中国抗日战争史实维护会、旧金山湾区和平统一促进会。

　　二是民国名人之后多。旧金山华人华侨当年积极支持辛亥革命，中山先生在旧金山码头被美国移民局逮捕、关押，也是因为保皇党告的密，最后是洪门致公堂花重金请律师打官司，并交5000元保证金，使孙中山得以外出听候判决。三个星期后，孙中山获释。武昌起义爆发后，华人华侨捐资购买了6架飞机，支持起义新军，并雇佣美国飞行员将飞机运送至上

阳和总会馆在开会

海。孙中山多次到旧金山，黄兴、康有为、梁启超等都在旧金山留下了足迹，因此，旧金山民国名人之后特别多。我在旧金山工作期间，先后见过孙中山的孙女孙穗芳、黄兴的孙女黄仪庄、蔡锷的外孙马克石、蒋介石的孙媳妇蒋方智怡、顾维钧的孙子顾植元、毛人凤的儿子毛书南、赵恒惕的孙子赵川三、张学良的孙子张居信、陈济棠的女儿陈淑贞、中国的"辛德勒"何凤山的女儿何曼礼、谢冰心的外孙陈刚、台静农的外孙李竟芬，等等。胡宗南、白崇禧等的后人也都在旧金山。

　　三是能人多。以百人会为例。百人会（Committee of 100）是美国的一个华裔精英组织，由著名华裔美国人建筑师贝聿铭等人发起，于1990

笔者作为中华人民共和国政府官员第一次走进中华总会馆

年 5 月成立，总部设在纽约曼哈顿第五大道，在华盛顿、旧金山、洛杉矶和香港设立了分部。会员全部是美国社会中有影响力与相当知名度的华人。加入百人会并不容易，其最主要的入会标准是：在自己所从事的领域要在全美甚至全世界都有知名度，此外还必须得有好的声望和性格。加入百人会须有 3 人推荐，百人会还有一个专门委员会来进行审核和批准。其会员年费为 2000 美元左右。诺贝尔奖获得者、美国能源部部长朱棣文，美国驻中国大使骆家辉，还有杨振宁、吴健雄、杨致远、李开复、李昌钰、何大一、陈香梅、吴宇森、谭盾、唐仲英、张纯如、陈冲等，这些大名鼎鼎的人物都是百人会会员。截至 2012 年 6 月，百人会拥有 159 名成员，在旧金山就有 35 位。此外，在旧金山的清华大学校友会有会员 1 万多人，北京大学校友会有会员 9000 多人。说旧金山能人荟萃、精英雄踞、藏龙卧虎，一点也不过分。

四是义人多。乐于捐赠、热心慈善的人实在太多。例如，2013 年获得中国政府"友谊奖"的专家、环球健康与教育基金会主席肯尼斯·尤金·贝林先生，多年来热心慈善事业。他创立的环球健康与教育基金会是一家国际性非营利机构，成立于 2005 年，总部位于加州，主要开展健康和教育方面的慈善事业。该基金会在中国设有办事处，并与中国残疾人联合会、中国科学院以及有关省市开展合作，捐赠轮椅 35 万余辆，在高砷、高氟农村地区捐赠并安装饮用水处理设施，为近万名白内障患者实施复明手术，向 20 多家博物馆无偿捐赠动物标本等。祖籍湖南浏阳的侨领、美国国会顾问黄彰任，多年来不忘回报家乡，先后捐资 37.9 万美元在浏阳投资扩建人民医院。1992 年，他捐资建成湖南衡东县欧阳遇实验中学，并在学校设立学生奖学金及教职员奖学金。翌年，黄彰任又捐资修建了长沙雅礼中学彰任图书馆，其自身也被聘为湖南省海外交流协会名誉会长。1995 年，他在浏阳设立黄氏子弟奖学金，连续 17 年共捐资 34 万元。此外，黄彰任还先后在美国纽约设立黄彰任基金会，在美国斯坦福大学、康州州立大学等高校设立奖学金，并在瑞士资助赴欧美留学深造的家乡学子。据统计，近 20 年来，黄彰任在世界各地捐资的金额超过 1000 万美元，是享誉世界的华人实业家、慈善家。2008 年，黄彰任被评为湖南改革开放 30 年杰出人物，获得了兴湘奉献奖。祖籍湖北的著名侨领王正本，早在 20 世纪 70 年代后期，就在旧金山发起并成立了"新中国教育基金会"，并被选为基金会董事长。从 1981 年起，这个基金会为中国国家教委每年送出的 80 多名人才承担了赴美留学 90% 的费用，其中包括女排明星郎平。1982 年，他又在美国发起并创立了"航海教育基金会"，并个人资助了由国家科学技术委员会（1998 年改名为科学技术部）、国家经济贸易委员会以及交通部推选的首批赴美国进修生前往美国大学学习一年工商管理课程的全部费用，此项目至今已进行了 30 多年。也是自 1982 年起，王正本先后在黄冈捐资设立了"王正本奖学金"、"王正本扶贫助学基金"，奖励成绩突出的教师和家境贫寒、品学兼优的学生。首次"王正本奖学金"发放仪式于 1987 年 12 月 9 日举行，王正本出席颁奖大会，并亲自为获奖师生颁奖，首次共有 46 位学生、31 位教师共 77 人获奖。他说："每个孩子身上都有太阳，我们现在做的工作就是让太阳发光。""王正本奖学金"到后来发放面不断扩大，由设立之初的黄冈县范围扩大到整个黄冈市各县市区。其后王正本向黄冈市委、市政府提出的将黄冈各级各类干部分批送到美国培训学习考察的建议，也得到了该市市委、市政府的采纳和支持。20 多年来，他已在家乡黄冈市发放奖学金 200 多万元人民币。2008 年 5 月 6 日，"王正本奖学金"项目执行 25 周年文集——《桃李之言》授书仪式在北京举行。科技部部长万钢向王正本授书，科技部副部长尚勇和来自科技领域的50余名老中青学员向王正本表示祝贺。除此之外,每当祖国发生自然灾害时,王正本总是尽心尽力、捐款捐物。1998年的洪灾,他作为国内最早的捐款人之一,个人捐款30万元用于抗灾。在旧金山,他还与当地华侨和留学生组织了有6000人参与的捐款大会,并且亲自主持大会,为灾区筹集善款。

　　2013年旧金山韩亚空难发生后,总领馆接到无数的电话,问需不需要资金捐助、需不需要义工、需不需要什么物资。总领馆难处理的不是没有人提供资助,而是愿意捐赠、热心慈善的人太多了,总领馆接受了这家的义工,那家也提出来要提供。旧金山不少家庭自己有小孩,且不止一个,但仍然从关爱出发,来中国认养孤儿,许多人特意认养先天有疾病、残障的儿童,认为这样的儿童更需要关怀。

　　五是艺人多。在这里,各种你所期望的大城市中的艺术表演应有尽有,世界级的芭蕾舞、高雅的古典音乐、百老汇的音乐剧、缠绵悱恻的爵士乐,无分高下,共同浑然融入旧金山的城市节拍之中。在这里,你可以看到专以造型取胜的街头艺人,有的把全身漆成五彩斑斓,有的扮成巫婆、小丑甚至黑色幽灵;在这里,你可以看到头顶红绿头发的年轻人招摇过市。旧金山住有很多艺术

世界著名华裔芭蕾舞演员谭元元(左)

家、作家和演员,在20世纪一直是叛逆文化和近代自由主义的中心之一。旧金山歌剧院不仅是城市及国际上著名的地标建筑,更是旧金山文化艺术的指标,是北美第二大歌剧院,也是世界上最好的歌剧院之一。世界顶尖的旧金山歌剧团每年都推出经典的歌剧节目,包括"卡门"、"塞尔维亚理发师"、"唐·乔凡尼"等,演出时经常一票难求。旧金山芭蕾舞团则是全美最早的职业舞团,并为世界顶尖的舞团之一。旧金山芭蕾舞团曾在美国首演多出著名的芭蕾舞剧,如"天鹅湖"、"胡桃夹子组曲"等,现

在都成了该团的招牌剧目，其中"胡桃夹子组曲"更已成为旧金山本地圣诞节的经典剧目。世界级芭蕾舞演员谭元元，著名歌唱家高曼华、党伟光，电影明星陈冲、江珊、张伟欣，著名舞蹈家何晓佩，著名画家任敏、伏文彦等，都活跃在旧金山。伏文彦的老师张大千当年也在旧金山以画为生。

六是名校多。建于1885年的斯坦福大学是美国校园面积最大的大学，有36平方公里，是最著名的私立大学，被公认为世界上最杰出的大学之一。毗邻硅谷的它因其在各领域培养出很多优秀学子而被称为"高科技人才的培养基地"。这里不但培养出了美国前总统胡佛和诺贝尔物理学奖获得者朱棣文，美国华人歌手费翔和高尔夫球手泰格·伍兹也毕业于此。现在在该校工作的有10位诺贝尔奖得主、5位普利策奖得主、84位美国科学院院士、142位美国艺术科学院院士、14位国家科学奖得主。斯坦福大学无疑是对美国经济影响最大的大学。1900年以来，美国经济总量一

斯坦福大学

直保持世界第一，但是经济的发展水平和质量却不及欧洲。20 世纪中叶斯坦福大学异军突起，培养了无数的科技和商界精英，让美国人在计算机网络时代继续领跑世界。2000 年的时候仅仅一个硅谷的 GDP 已经超过了中国 GDP 的 50%。加州伯克利大学位于东部海湾的脊部。它建于 1868 年，是美国最有名的高等学府之一。伯克利的教授中有 136 位美国科学院院士，仅次于哈佛；有 91 位美国工程院院士，共有 25 位校友获得了诺贝尔奖。美国旧金山艺术大学（Academy of Art University）位于旧金山市中心，成立于 1929 年，是美国规模最大的私立艺术高校、全美国顶尖的艺术院校。还有旧金山州立大学、加州大学旧金山分校、旧金山城市学院、旧金山艺术学院，等等。我访问斯坦福大学时，斯坦福大学教授、美国前国务卿舒尔茨亲口说，斯坦福校园里，有 2000 位中国学子。

　　七是创新发明多。硅谷是发明家的摇篮、乐园和天堂。斯坦福大学附近的硅谷成了世界大学产业化运作的典范，在硅谷中杨致远创立了雅虎，拉里佩奇创办了谷歌，飞利浦纳特创办了耐克公司。发明家法德尔作为苹果公司史蒂夫·乔布斯（steve jobs）的设计顾问，提出了最初的 ipod 概念，并负责组建和领导开发团队，

位于硅谷的谷歌总部

开发了一款又一款 ipod，最终设计了十八代 ipod 和三代 iphone，其影响毫无疑问遍及世界。硅谷在乔布斯之后又演绎了新的传奇——很可能是更大的传奇——特斯拉电动车刮起的热潮，让马斯克一跃成为硅谷乃至世界最耀眼的"神人"，他的真空管道车 Hyperloop 计划让世界疯狂，他在十年苦斗近乎破产边缘制造出了一款出色的跑车，彻底把同行甩在了身后。他还是全球首位成功发射火箭的私人老板，因而被称为"史上最牛创业者"、"最励志的企业家"和"最励志的超级偶像"。

左上：旧金山大教堂　右上：天天像过节一样的唐人街
左下：旧金山唐人街街口　右下：旧金山日本城

八是名胜多。旧金山又称"圣弗朗西斯科"、"三藩市"，对旅游者来说，是最理想的旅游胜地。旧金山市由西班牙人建于1776年，1821年归墨西哥，1848年属美国。19世纪中叶该地在采金热中迅速发展，华侨称其为"金山"，后为区别于新的采金中心——澳大利亚的墨尔本，改称"旧金山"。在这里，遍布全市的维多利亚时代建筑让人赏心悦目，希腊罗马式的"艺术宫"、雕龙镂凤的唐人街城门、地道东洋味的日本城五重塔、北滩上漆着意大利彩画的餐馆一样让你目不暇接。旧金山最有名的风景是渔人码头、艺术宫、金门大桥、海湾大桥、九曲花街、恶魔岛、市政厅、红杉林、阿拉莫广场、格雷斯大教堂和泛美金字塔（又译"传斯美国金字塔"、"全美金字塔"），等等。在有限的时间里，把这些风景名胜都看完实在不容易，我常驻美国，恶魔岛等地方我也没有去过。当然，有的地方我去过不止一次。有几个风景名胜给我的印象最深。

第一个是渔人码头。渔人码头的历史可以追溯到19世纪50年代。当时，一位商人为了方便自己的木材生意，在这里修建了一个面积在170平方米左右的码头。没想到，码头刚一建成，就引来众多劳工，廉价的餐馆与酒吧也纷纷落成，生意十分火爆。那一时期，活跃在渔人码头的多是意大利移民，他们的淘金梦破灭后，凭着一手捕鱼的好技术，把渔人码头办成了旧金山水产品

旧金山渔人码头

的集散地。旧金山有美国"最漂亮的城市"的美誉，作为旧金山的招牌景点，渔人码头不仅受到游客的欢迎，也被本地人视为一个休闲的好场所。到渔人码头，在浓浓的"海味"的熏陶下，平日里十分繁忙的旧金山人显得十分惬意。

第二个是金门大桥。金门大桥于1933年动工，1937年5月竣工，用了4年时间和10万多吨钢材，耗资达3550万美元。整个大桥造型宏伟壮观、朴素无华。桥身呈朱红色，横卧于碧海白浪之上，华灯初放，如巨龙凌空，使旧金山市的夜景更加壮丽。当船只驶进旧金山，从甲板上举目远望，首先映入眼帘的就是大桥的巨形钢塔。钢塔耸立在大桥南北两侧，高342米，其中高出水面部分为227米，相当于一座70层高的建筑物。塔的顶端用两根直径为92.7厘米、重2.45万吨的钢缆相连，钢缆中点下垂，几乎接近桥身，钢缆和桥身之间用一根根细钢绳连接起来。钢缆两端延伸到岸上锚定于岩石中。大桥桥体凭借桥两侧两根钢缆所产生的巨大拉力高悬在半空之中。钢塔之间的大桥跨度达1280米，为世界所建大桥中罕见的单孔长跨距大吊桥之一。从海面到桥中心部的高度约60米，又宽又高，所以即使涨潮时，大型船只也能畅通无阻。

旧金山金门大桥

夜幕下的九曲花街

　　第三个是九曲花街。旧金山的罗姆巴大街（Lombard Street）在经过俄罗斯山时，有一段著名的九曲花街。该街建在一段平面夹角40多度的马路上，有九个"S"形大弯，每个弯旁都种植有数百种名贵花卉。汽车在弯中缓缓行驶，别有一番情致。当初在19世纪20年代的时候，这是为了使繁忙的交通有所喘息而设计建造的，如今却成为旧金山最吸引人的一条街。

　　第四个是艺术宫。艺术宫建于1915年，是为了巴拿马"太平洋万国博览会"所造，茅台酒就是在这里获得金奖。艺术宫当时曾吸引了1800万名游客参观，但

旧金山艺术宫

在会后就被废弃,一直到 1962 年才委请著名德裔建筑师梅贝克(Bernard Maybeck)来设计重修,他专长细部装修,这是这座"艺术宫"精雕细琢风格的由来。这座仿古罗马废墟的建筑主要是要向世人展现一个视觉上的壮观美感,艺术宫是当时博览会最后开工的主要建筑,起建于 1913 年 12 月 8 日。艺术宫主要是一个圆顶的大厅,配上拱门和石柱。在建筑艺术宫时,因考虑到这只是为了举办博览会而建的临时建筑,所以工程师以一些简单的建材(石膏及纤维的混合物)来搭建。1915 年 10 月的艺术保存日,支持保存艺术宫的人士收集了 33000 个签名并且筹集了 35 万美元的经费来重建艺术宫并使用永久性的建材,原本应该拆除的艺术宫在旧金山居民的反对下得以保存。当博览会结束后,就只有艺术宫免于拆除,艺术宫最初是由旧金山艺术协会(the San Francisco Art Association)所保养,该协会还募集了额外的资金来保护艺术宫。第一次世界大战后,艺术宫成为市立公园系统的一部分,美国联邦经费也用来修缮及重建艺术宫的装饰,1934 年旧金山休闲及公园处建造了十八个有灯光照明的网球场,直到 1942 年第二次世界大战时,艺术宫成为美国陆军所使用的停车场,美国陆军战后于 1947 年将艺术宫归还给旧金山市政府。时至今日,艺术宫成为旧金山人流连之处,水塘中的天鹅和水鸭与艺术宫的水中倒影相映成

巴拿马国际博览会举办地——旧金山艺术宫，茅台酒在此获得金奖

趣，探索科学博物馆（Exploratorium）与艺术宫剧院（The Palace of Fine Arts Theatre）也位于此，是假日休闲的好去处。

第五个是市政厅。市政大厅是由小约翰·贝克韦尔和小阿瑟·布朗于1915年设计的。它浓缩了当时风行的建筑艺术学院式风格。巴洛克式的圆顶以罗马的圣·彼德教堂为模型，它是一座巨型、古典和对称的杰作。入口上方三角墙上的雕塑是法国艺术家的作品，"加利福尼亚的财富"、"贸易"以及"航海"都反映了宏大的观念。市政大厅也是旧金山的政治心脏，是政治家们的巨大舞台。

九是同性恋多。2004年2月12日—3月11日，刚刚上任的市长嘉文·纽森和其他官员开始发布同性婚姻证书，成为美国同性婚姻问题的焦点。在加州最高法院裁决违法前，共有4161对同性伴侣领取了结婚证。旧金山是世界著名的同性恋大本营，不仅同性恋商店门口有象征同性恋的彩虹旗子挂在上面，而且，同性恋者还泰然自若地在住房屋顶插上彩虹旗，与异性恋者比邻而居。同性之间的婚姻，目前在美国已被视为合法。
同性恋情侣公然在街头拥吻，早已司空见惯。旧金山的同性伴侣家庭在全
美各城市比例最高，男同性恋多于女同性恋。据统计，五个 35 岁以上的
男性人口中就有一个是同性恋。旧金山的卡斯特罗区可能是全球最著名的
同性恋聚落，是同性恋者集中点，类似纽约的格林尼治村。每年 6 月最后
一个星期的星期日，在旧金山市区的市场街（Market Street）会举行"男
女同性恋自由日"大游行。这不仅是旧金山市区里同性恋者的节日，也
是旧金山市所有民众的狂欢庆典，同时也会吸引全美乃至全世界的游人来
到旧金山。

旧金山市政厅

2014 年 6 月 29 日星期日，旧金山"同性恋骄傲大游行"再次把市中
心市场街变成狂欢的海洋。1000 位女同性恋者骑着重型机车作为开路队
伍，紧接着，男同性恋者脚踩单车进场。据悉，当天共有 200 余个来自旧
金山湾区以及全美的同性恋队伍、300 多家参展商加入 2014 年旧金山同
性恋骄傲大游行活动，吸引了约百万人的观光人潮。周日的同性恋大游行
中，无论是游行者还是围观民众，很多都穿着五颜六色的衣服；还有很多

游行者穿着清凉的比基尼或赤裸上身欢快前行。2014 年旧金山"同性恋骄傲大游行"的主题是"让我们的世界和游行一起多姿多彩"（Color Our World with Pride）。活动从上午 10：00 开始，在市场街与 Beale 街交叉口开始作为起点，一直到市场街与八街街口为终点。加利福尼亚州副州长纽森夫妇、旧金山市市长李孟贤夫妇，以及一众市府政要参加了狂欢大游行。李孟贤和夫人特意身着红色短袖衫，配合游行主题。苹果公司巨头库克率几千名公司员工参加了游行。库克表示："我们在庆祝同性恋的节日，同时也为世界传递关怀和友爱的精神。作为旧金山市民我感到十分骄傲，在这里我们与各族裔的同性恋者、非同性恋者一起把城市变得更鲜艳更美丽。"数据显示，围观当天游行的民众约有百万余人。"场上"与"场下"的气氛一样热烈，且各有特色。很多华裔民众来到场边围观，与亲朋好友一起如同欢度节日一般快乐。

第一篇　直击美国名人

第一章　美国首位女议长的"清水金婚"

恩爱无价，百岁良缘方一半，看巾帼英雄再添色彩；
天地有情，平生荣耀起三藩，愿商界巨子更鼓雄风。

这是笔者为美国众议院少数党领袖、前议长、美国民主党政治家南希·佩洛西女士夫妇金婚庆典撰写的对联。

2014年2月的一天，笔者收到佩洛西女士的邀请函，邀笔者出席其金婚庆典。同事们告诉笔者，这是中美建交35年来，作为美国主要政治家之一的佩洛西第一次邀请中国驻旧金山总领事出席这样的活动。

"刺人的"首位女议长

1940年，佩洛西出生于美国东部马里兰州巴尔的摩一个政治世家。作为市长，她的父亲曾统管巴尔的摩长达十二年，她的哥哥也当过这座城市的市长。佩洛西的身材和形象保持得非常好，透出一种成熟的魅力。特别是一张大嘴，让这位有意大利血统的美女议员微笑起来极具"杀伤力"。在公共场合，她总是衣着考究，干净利落，说起话来简洁有力。

美国媒体将佩洛西与时任国务卿赖斯、前第一夫人即后来的希拉里国务卿形容为当时美国政坛的"三朵金花"。对当时的总统布什来说，这三朵花中竟然有两朵是"刺人的玫瑰"，而佩洛西的"刺"尤为坚硬。此前有人调侃，她只是一个花瓶，民主党选她做领袖只不过是为了给本党塑造形象，争取选民罢了。但佩洛西用自己的强势告诉这些人，他们错了。

佩洛西生活在加利福尼亚州，她为丈夫生了五个孩子才参加竞选，并且取得了成功。直到最小的女儿上了中学，她才愿意代表民主党竞选国会议员，而那时她已经47岁了。

佩洛西和希拉里

佩洛西1987年当选为国会众议员，2002年秋，她在众议院全体会议上以绝对优势当选众议院民主党领袖，成为国会主要政党中的第一位女性领导人，即美国历史上首位女议长。在男性一统天下的政治舞台上，她脱颖而出。这时，佩洛西已是66岁的老太太了。1月4日是美国新一届国会开幕第一天。中午，美国历史上首位女议长南希·佩洛西在六个孙辈的簇拥下来到了议会大厅，包括上年11月刚刚出生的小孙子。

佩洛西受到众议院七十一名女性议员的热烈欢迎。一些女参议员也跑来为佩洛西创造历史的一天欢呼。佩洛西发表就职演讲时感慨地说："我当选为议长，说明了美国的族裔平等和美国希望。这对于国会来说是历史性的一刻，也是我们等待了两百年的时刻。对于我们的女儿和孙女们来说，我们今天是打破了大理石天花板。"佩洛西表示，她的成功说明了美国妇女"从厨房到国会"的全部历程。

作为美国历史上首位女议长，南希·佩洛西称美国女性为此等待了两百余年；佩洛西说感谢家人支持，使她完成了从厨房到国会、从女人家到政治家的嬗变。身为议长的佩洛西当时是美国总统一职第三号继承人。

令布什头疼的人

当然，不少中国读者也知道，2008年4月22日，新华网刊登国际时评指出："假如眼下在中国的互联网上做一次民意调查，评选谁是中国民众最反感的人，那么，美国国会众议院议长南希·佩洛西恐怕会进入前几名。原因何在？因为她在西藏问题上是非不分，颠倒黑白；因为她奉行双重标准，一再干涉中国内政；因为她不断伤害中国人民的感情，损害中美关系。"文章指出，佩洛西为广大的中国民众所反感，是同她近期鼓动"西藏独立"、煽动"抵制奥运"的拙劣表演分不开的。从在印度会见达赖到呼吁布什总统拒绝出席北京奥运会开幕式，从在奥运火炬传递方面发表不负责任的言论到在美众议院推动通过涉藏问题反华决议案，佩洛西以其双重标准粗暴干涉中国内政而乐此不疲。

美国众议院议长佩洛西

佩洛西当选众议员后，在重大涉华立法上一直投票反对中国。她曾以"缺乏民主和人权"为借口，表示反对或主张附加条件给予中国最惠国贸易待遇，并连续十年投反对票；她曾就所谓中国人权、贸易、武器销售、人民币汇率、西藏等问题，多次批评美国政府；她曾和另外两名美国议员在天安门广场打出标语，上演"有预谋的反华闹剧"，遭到中国警方的阻止。这些行为，被泰国《亚洲时报》评论为"与20世纪50年代的冷战气氛更为相符，而与21世纪的复杂世界格格不入"。

当然，佩洛西还是一个令布什总统头疼的人物。布什在中期选举开始前的五天之内跑了十个州，每到一个州他都会大声疾呼，警告美国民众绝不能让民主党控制众议院，因为一旦民主党控制众议院，就将会出现一位女议长。这位女"议长"过去表决的纪录是："反对爱国者法案，反对成立国土安全部，反对拿下萨达姆，反对继续对恐怖分子监听，反对中情局对恐怖分子的审讯，认为解放2500万伊拉克人民是一项错误，认为即使抓到本·拉登美国也不会更加安全。"

当然，实事求是地说，佩洛西出任美国议长后，也为促进中美之间的友好往来与合作做出了种种努力。

后来，由于民主党失去了在众议院的多数席位，佩洛西随之也失去了议长的职务，但她仍然是少数党领袖，仍然是有着很大影响力的政治家。因此，收到佩洛西的请柬后，笔者马上决定应邀出席，同时为使这次活动取得最好的效果，笔者特意咨询了旧金山著名侨领、佩洛西多年来的朋友方李邦琴女士的意见。

"一毛未拔"的庆典

方李邦琴现任美国"泛亚公司"董事长，是美国著名的华人企业家和社会活动家，名副其实的"女中豪杰"。方李邦琴是美国著名的英文传媒大亨、方氏报业帝国掌门人。在她的公司旗下除了房地产、印刷业、贸易公司外，还有多个英文媒体：《亚洲人周刊》（AsianWeek）、《独立报》报系《Independent》等。为了表彰方李邦琴在促进美国繁荣进步和提高华人在美国的社会地位方面的贡献，2000年9月8日，旧金山市市长威利·布朗向她颁发"杰出华人奖"，并且宣布这一天为"方李邦琴日"（Florence Fang Day）。当年佩洛西从旧金山出道时，方李邦琴曾给予有力的支持。因此，佩洛西和方李邦琴这两位巾帼名人关系早就不同一般。

佩洛西与著名侨领方李邦琴（左）

　　笔者首先要问的问题是：佩洛西是美国著名政治家，她的金婚庆典，笔者送什么礼物合适？方李邦琴回答说：任何礼都不要送，千万注意，千万！你送礼，害了人家了，电视上镜头一出现，观众不知道佩洛西得了多大的好处，讲都讲不清了。因笔者是第一次与佩洛西见面，我们商定好，庆典这天，我们一起去。

　　第二天，我们如约按时到达庆典现场，700人的庆典人气旺盛，但所见所闻给笔者留下难忘的印象。

　　庆典借一家荣誉军人俱乐部礼堂举行，而不是在星级酒店，场地非常普通。

　　没有任何人站岗，没有人查看请柬，任何人都可以进入会场。

　　没有任何人送礼。

　　一人一杯矿泉水，对任何人都没有安排寿宴。

　　庆典现场没有任何特别的装饰和布置，连座位也没有。

　　现场没有旧金山市任何重要官员，如市长、市议长、警察局长、大法官等，见到的唯一一个重量级人物是一位日裔女国会议员。我问方李邦琴为什么没有看到一个高官，她说，佩洛西一直走的是草根路线，她请的朋友主要是平民百姓。

庆典没有任何仪式，庆典开始前，大家排队一一与佩洛西握手，表达对金婚的祝贺。70 多岁的寿星也一直站在那里，左手拿一杯水，右手与人一直不停握手，还不时与来客合影，对谁都是一脸笑容，对谁要求合影都不拒绝，一点架子都没有。

庆典开始后，只有佩洛西致辞对大家表示感谢，没有别的人发言，当然也没有任何人对寿星吹牛拍马、歌功颂德。

笔者和佩洛西握手致意时说：佩洛西女士和先生金婚快乐！按照中国的传统文化，今年是马年，祝你马到成功！

方李邦琴在一旁介绍说：总领事是诗人，他按照中国的方式为你和先生五十周年金婚大喜专门写了一副寿联。佩洛西非常高兴。

佩洛西的丈夫保罗·佩洛西先生是佩洛西政治事业上的坚强后盾，这位投资银行家让夫妻俩坐拥一千六百万美元的不动产，让佩洛西成了美国议会中排名前八位的富翁。资产的富足为佩洛西开展募款活动提供了条件。实际上，佩洛西最初能够在民主党内部站稳脚跟，就是因为她出色的募款能力。佩洛西经常会在家中举行豪华奢侈的宴会，为民主党集资。在宴会上，佩洛西最爱说的一句话就是："感谢上帝，给了我保罗。"

佩洛西的金婚庆典，是笔者有生以来参加过的唯一一次金婚庆典，也是笔者参加的唯一一次"一毛未拔"的寿宴。

第二章　旧金山市长访华摊上什么"大事"

2013年4月5日，笔者打点行装前往美国旧金山，出任中国驻旧金山第十一任总领事，飞机抵达后，当地政府和侨界人士对笔者的到来表示了热烈欢迎，让笔者感受到了旧金山人的友好与热情。而这一天，旧金山市市长、华人李孟贤正在中国进行正式访问，但他的这次出访，却被旧金山记者称作是"摊上大事了"，这是怎么回事呢？

出访经费来源引质疑

此次访华，李孟贤市长拜会了国家副主席李源潮，会见了国务院侨办主任裘援平、北京市市长王安顺、广州市市长陈建平等，与中国文化部副部长赵少华签署了《关于建立文化伙伴关系的备忘录》，与南航商谈了开通广州至旧金山直航的问题，他还向中国推销了旧金山的产品，在清华大学发表了演讲，并顺便去了广东台山祭祀先祖。在笔者看来，这位市长的访华之旅再正常不过了，这次出访可以说取得了圆满成功。然而，笔者在旧金山一下飞机，就看到当地一些媒体对市长访华提出了质疑，质疑的内容不是该不该访华，而是访华的钱是从哪里来的。媒体暗示李孟贤访华费用存在猫腻，有记者甚至借用当年央视"春晚"的一句流行语，调侃李市长的访华之旅"摊上大事了"。

笔者还在北京时，中国驻旧金山总领事馆已通过外交途径与旧金山市政府约定，笔者将于4月12日上午在市政府拜会李孟贤市长。在等待与李孟贤见面的这几天里，笔者密切关注当地有关李孟贤访华的舆情动态，并指示总领事馆有关部门了解事情的来龙去脉。

原来，李孟贤是后院起火，他摊上的"大事"并不是发生在中国，

旧金山第一位华人市长李孟贤

而是发生在他主政的旧金山：在他出访期间，旧金山市政府道德委员会和加州公平政治行动委员会接到了市民的三起投诉，投诉指出，李孟贤出访中国的费用是由旧金山中华总商会出资捐助，涉嫌违法，要求予以查处。

据了解，美国只有总统、国务卿等联邦官员出国访问的旅费由国家财政报销，各州、各县市的财政预算没有官员出国访问的费用，因此，这些官员出访不得不寻求民间的捐助。而加州法律又有规定，官员接受个体赠送礼物和捐款，每年不得超过440美元。李孟贤这次出访中国，共花费11970美元，分别由中华总商会的41名成员捐助，每人的捐款数额并未超过440美元。但据《旧金山纪事报》报道：投诉者称这笔钱全部由中华总商会支出，所谓41名成员只不过是充当人头而已，并非真的捐款者，整件事由中华总商会顾问、旧金山侨界著名的亲北京人士白兰女士操办。

坦然面对投诉没脾气

面对公民和媒体的投诉、举报和质询，李孟贤这样的美国高官能够出以公心，坦然应对。李孟贤市长返回旧金山后，马上接受了市政府道德委员会和加州公平政治行动委员会的质询。他一下飞机，等候在机场出口大厅的记者们劈头第一个问题就是要他讲清楚出访捐款的事。李孟贤不回避，不发火，不给投诉、质疑的公民、记者穿小鞋，更不利用公权力打击报复对方，而是诚恳待人，如实回应。其实，这么做的并非只有李孟贤，要想在美国为官，这么做是唯一正确的选择。否则，即使没有什么大不了的事，也可能使你"摊上什么大事"。

对于这件事，笔者关心的问题有三个：第一，市民的投诉是不是事实？第二，如果是事实，对李孟贤有没有影响？第三，如果不是事实，李孟贤能否以"干扰公务"、"造谣诽谤"为由反诉对方？

从目前情况来看，投诉的内容是不符合事实的。在媒体提出质疑后，中华总商会发表声明，称其赞助资金来源于随行代表团41个不同企业或个人，并不违法。随李孟贤一起访问中国的旧金山市前市长布朗也在《旧金山纪事报》撰文介绍李孟贤访华情况，盛赞访华成功，并称中华总商会顾问白兰使李孟贤受到中国国家副主席接见，功不可没，以间接方式说明了李孟贤访华经费来源的合法性，驳斥了有关不实质疑。4月12日上午，笔者应邀到市政府拜会市长。李孟贤满面笑容，谈笑风生，如果投诉内容属实，他恐怕难以这般轻松。

欢迎李孟贤市长夫妇来官邸做客

笔者了解到，旧金山过去就曾发生过官员违规接受捐助出国访问的事，事件发生在2009年，违规的是出访中国的三位华裔市议员，而操办这事的正是白兰，这也难怪大家这次会怀疑到她身上。事情经披露后，三位议员被迫退回了全部捐款，"公务考察"成了"自费旅行"。由此也可以看出，若李孟贤出访经费来源确有违法，那绝对是"摊上大事了"，按照美国法律，李不但要退回中国之旅的全部费用，甚至还可能遭到起诉。

当地人告诉笔者，投诉是人们监督政府官员的合法行为，在报纸上写文章对市长访华的经费来源是否合法表示质疑，也是舆论监督的题中之义。人们对市长涉嫌违法的投诉和记者就市长涉嫌违法作的报道，即使与事实有出入，也不会有被打击报复的风险。相反，如果市长因此便对投诉者和记者说三道四，或者打起了官司，那十有八九是市长输。

政府须对纳税人负责

堂堂一市之长竟因访华经费来源问题被投诉、被举报、被批评，而且他还不敢有半点脾气，在笔者看来，这件事的背后有很多值得我们思考的东西。

第一，美国地方政府没有为官员出国访问安排财政预算。旧金山是全世界最富裕的大城市之一，并不缺市长的出国费用。因为旧金山是世界重要的国际贸易中心，也是美国西海岸金融重镇。全美500强企业有10家总部在旧金山，世界著名高科技中心硅谷也在旧金山，苹果、谷歌、雅虎、惠普、英特尔等6000多家高科技企业在此落户，中国大型企业在旧金山开设分支机构的有200多家。撇开这些不说，光是到旧金山旅游观光的游客，一年就有1600万人次，单这一项就为其创造了75亿美元财富。旧金山的财政收入可谓天文数字，市政府会缺李孟贤市长到中国访问的钱吗？但事实是，旧金山市政府就没有市长出国访问的财政预算，而且不单是旧金山，美国各州、各县市的财政预算历来没有官员出访费用一说。

第二，纳税人的钱不能随便乱花。在美国，财政支出必须对纳税人负责，即使目的崇高、出发点正确，制度规定不能报销的就是不能报销，没有半点通融的余地。像市长出国经费这样的事，换作在中国，根本就是小事一桩，或者根本就不是什么事。所以，中国的百姓一定也很难理解，世界知名城市旧金山市的堂堂市长，为公事而非为私人出访国外，何以旅费都不能报销却要由私人捐助。早些年，中央电视台开办的《让世界了解中国》节目曾邀请我国威海市市长与美国华盛顿州雷德蒙德市市长通过电视互相对话。威海是中国一座普通中等城市，雷德蒙德市虽然不大，却是微软等几家世界级大公司总部所在地。对话结束时，中国市长邀请美国市长访问威海。美国市长说：市政府没有他出访的预算，要看能否找到企业募捐。中国市长说：你来访的交通食宿等一切费用，我威海全包。美国市长很吃惊，他心里一定在琢磨这是什么市长，难道不怕市议会弹劾他。中国市长更是满脸疑惑，美国市长怎么回事，这点权力都没有，当什么市长？其实，岂止市长，美国的州长也一样。李孟贤市长访华刚回来，75岁的加州州长杰利·布朗（与前述旧金山前市长布朗非同一人）紧接着4月中旬也访问了中国。他出访的费用又是哪里来的呢？是由91个捐款人出资捐助的，要知道，加州是世界上第九大经济体，但州长同样不能乱花纳税人缴纳的税款。布朗的前任、好莱坞影星阿诺·施瓦辛格任内也曾出国访问，费用也大多由私人公司和单位买单，有时他甚至还自掏腰包。中国有句俗话："三年清知府，十万雪花银"，这话到美国就不适用了，施瓦辛格当了7年加州州长，没领一分钱工资不说，还倒贴钱，比当影星起码少赚了2亿美金。

第三，高官出国访问，花了多少钱、钱哪里来的、在国外谈了什么，老百姓有知情权。李孟贤市长回到旧金山后，面对新闻媒体将他访华的具体行程一五一十地告诉了选民和听众。哪些事情有成果、哪些事情有进展、哪些事情有希望、哪些事情没谈成，记者问什么，他答什么。李孟贤雄心勃勃，希望从中国引进15亿美元，用于旧金山的房地产开发。笔者原准备拜会他时当面询问结果，却不想他接受记者采访时早就通报给了媒体，在笔者见李孟贤时，报纸上已登出来了。

美国高官出国访问，花钱方面注重节约，并不大手大脚，这是因为访问过程和如何花钱都是透明的，受到法律、媒体等多方面的约束。以这次李孟贤市长访华为例，李共花费11970美元，按当时汇率，折抵人民币约74000元，作为堂堂旧金山市的市长，吃住行等加在一起，这笔钱并不算多。

第三章 美国副总统拜登的尴尬

美国副总统拜登来自于特拉华州，是美国著名律师和政治家，31岁时就当选为美国参议员，是美国历史上排名第五的年轻参议员，也是特拉华州在任时间最长的参议员（1973—2009）。他曾于1988年和2008年两度竞选美国总统，均告失败，并于2008年和2012年两度作为奥巴马的竞选搭档。拜登在美国政坛呼风唤雨几十年，最近却遭遇了令他十分尴尬的事情。他本人滴酒不沾，同时是美国最有影响的一名反毒品的斗士，曾被誉为"缉毒沙皇"，素来以"大嘴"著称，然而，他的儿子却因涉嫌吸毒被海军开除，女儿也染毒。拜登家族因拜登地位显赫而深陷毒品丑闻，拜登本人嘴再大也尴尬难言。

副总统之子被开除军籍

据美联社2014年10月16日报道，美国海军表示，美国副总统拜登之子亨特（Hunter Biden）在今年2月被开除，之前他在海军预备役部队担任公共事务军官。考虑到隐私法，海军方面此前没有正式公布开除亨特的原因。拜登副总统办公室拒绝对此发表评论。报道援引知情人士的话说，亨特2012年加入海军预备役，有少尉军衔。因为2013年6月亨特被化验出毒品阳性，未能通过例行吸毒检测，2014年2月14日已经被从海军预备役除名。已婚并有三个孩子的亨特2月16日晚发表声明说："在美国海军服役是我本人的荣幸，对于自己受到行政处分一事，我感到悔恨与难堪。我尊重海军的决定。带着家人的爱和支持，我将前进。"一名官员说，不知道亨特是何种毒品阳性，海军对亨特的处理同其他吸毒的下级军官没有什么不同。拜登有过两任妻子，共有两子一女，其长子博·拜登也是一名军人，曾在伊拉克服役。亨特·拜登是其次子，时年44岁，被开除军籍后到一家投资公司担任律师。2015年早些时候，他也曾引起外界关注，当时他加入了乌克兰一家私有天然气公司的董事会，而拜登和奥巴马政府其他人士恰好在致力于使乌克兰摆脱对俄罗斯能源的依赖。一些人猜测，拜登家族可能同乌克兰天然气市场有利益输送关系。对于这些猜测，拜登办公室公开予以驳斥，并称亨特是"私人公民"，他所从事的工作同副总统无关。

副总统之女深陷吸毒丑闻

此前，拜登之女也陷入了"吸毒门"，2009年3月，有关拜登女儿阿什莉（Ashley Biden）吸毒被拍成录像的传言在白宫曾引起轩然大波。阿什莉时年27岁，是拜登与第二任妻子吉尔唯一的孩子。阿什莉2002年曾因妨害治安被捕，道歉后才免遭起诉。一名自称是阿什莉朋友的男子通过两名律师，向美国《纽约邮报》展示她在家庭聚会上吸食可卡因视频片段，高价叫卖并称将抖出更多猛料。其中一名律师名为托马斯·邓拉普，另一名拒绝公开姓名。邓拉普说，拍摄者是阿什莉一名男性朋友，在她知情情况下拍摄。拍摄者称，他于当月在拜登家乡特拉华州一次家庭聚会上

拜登副总统和女儿

拍下视频。视频全长43分钟，律师向记者展示了其中90秒的内容。视频中，一名看起来20多岁的女子把吸管放入鼻孔，吸入白色粉末。这名女子有着白皮肤、棕色头发，酷似阿什莉。拍摄者一直跟拍阿什莉，随着她在屋内活动而移动，看起来并非偷拍。阿什莉对着镜头大喊："关掉这玩意儿！"八卦网站"雷达在线"自由职业记者也报道说看到过这段视频。这家网站说，一名男子把可卡因和美钞卷成的纸卷递给阿什莉，后者吸食一部分后，开玩笑说"量不够足"。律师展示女子吸食白色粉末的镜头后，随即停止播放。拍摄者希望媒体能购买这段视频，但遭《纽约邮报》拒绝。拍摄者起初向媒体开价200万美元，后降至40万美元。

这两名律师说，一家美国媒体已与拍摄者取得联系，有意出价25万美元买下视频。另一家海外公司也有此意，出价22.5万美元。这两名律师拒绝透露拍摄者姓名，因他害怕身份暴露而遭起诉。但律师说，这名男子与阿什莉熟识，曾和她一起多次参加有非法毒品的聚会。那名不愿公开姓名的律师说："给钱越多，他提供的料就越多。她还在视频中谈及父亲。"

为丑闻背后的权力制约点赞

联想到美国总统奥巴马早在自传中就披露，他自己年轻时也曾吸食大麻和可卡因，联想到副总统拜登本人几十年来一直致力于严厉缉毒，他自己的女儿和儿子却先后深陷毒品丑闻，这说明美国的毒品确已泛滥成灾。难怪吸毒被西方人称为"美国病"，难怪美国仍然是全球第一号毒品超级大国。据联合国麻醉品管制署统计，美国每年销售毒品量约占世界毒品贸易总额的33.4%，仅大麻、可卡因、海洛因的年销售额就在1000亿美元以上。美国吸毒人口及狱中吸毒者均为世界第一。

美国副总统拜登一家深陷吸毒丑闻一事引起了笔者系列思考：

——美国海军严肃军纪值得赞许。虽然明明知道吸毒者是副总统的儿子，但海军从军纪面前人人平等出发，毫不犹豫地将副总统之子与其他被发现的吸毒军人一样予以除名，同时，主动向媒体披露，这不能不令人称道。

——拜登的儿子亨特面对自己受到的处分，不是借助父亲的权势来予以摆平，也没有说"我爸是拜登"之类的混账话，而是公开表示"感到悔恨与难堪"，表示"尊重海军的决定"，表示要"带着家人的爱和支持，我将前进"，他的这一态度无疑也值得肯定。

——媒体的舆论监督作用在曝光拜登家族吸毒丑闻事件中得到了充分体现。美国独立以来，新闻媒体对美国反腐始终发挥着促进作用。这次媒体报道拜登之子被开除海军军籍，一是涉及美国副总统，事关副总统的面子，高一点说，还事关国家形象；二是涉及军方，事关海军乃至整个美军形象。但媒体该报道的报道、该点名的点名，确实起到了舆论监督作用。美国官方也没有因为事件涉及副总统、涉及军方而进行任何干预。

美国副总统拜登

——拜登虽深陷毒品丑闻，但仔细想来，拜登与此有关的几点表现无疑也值得肯定：一是拜登之子早为人父，已有三个孩子，军衔却只是一个少尉，等于是最低级的军官，这至少说明，拜登没有以权为儿子谋官。二是拜登没有利用自己的权力和影响摆平儿子和女儿的毒品丑闻，例如，对军方施加压力，使其对儿子网开一面；对媒体施加压力，在网站上删除不利于拜登家族的有关报道，等等。顺便说及，身为奥巴马左膀右臂的副总统拜登，在反腐倡廉、廉洁自律方面是能够自觉接受监督的。例如，在

2008 年的总统大选中，拜登接受了超过限额 10.6 万美元的政治捐款，但没有按照规定及时返还给选举委员会；同时，其竞选班子为搭乘私人飞机的头等机舱支付了 7911 美元，但监管人员认为，拜登竞选班子应当支付 34800 美元的机票费用，也就是说，机票钱没有给够，其差价款事实上已变相成了一种不适当的公司政治捐款。结果，风头正劲的在任副总统拜登不仅要上缴超额收取的 10 万多美元，还支付了 8 万多美元的罚款。

政要的儿女因违法乱纪被绳之以法在美国并非个例。例如，1996 年，副总统戈尔 13 岁的儿子小戈尔被华盛顿地区的圣·阿尔巴斯私立学校勒令休学，原因是在学校舞会上吸食大麻。当时学校按照校规公布了这一事件，但没有点到小戈尔的名字，因他是未成年人。后来有新闻媒体欲将小戈尔曝光，副总统戈尔打电话提醒媒体，自己的儿子是未成年人，要求他们依法不要公开这件事，媒体照办了。2000 年 8 月，当时的戈尔副总统正作为民主党候选人竞选美国总统，小戈尔在开车时被北卡罗莱纳州高速公路巡逻队拦住，他被指控在限速 55 英里的区域超速驾驶，警方对他处以 125 美元的超速驾驶罚款，并下令不准他在该州开车。2007 年 7 月 4 日，已成年的小戈尔锒铛入狱，小戈尔驾驶的蓝色普锐斯轿车在圣地亚哥高速公路上超速驾驶并携带大麻，于 4 日凌晨 2：15 在一座加油站被警方拦住。警察目睹了小戈尔违章驾驶的全过程。更糟糕的是，当警察将小戈尔从车里拖出来时还闻到了大麻味。这时的戈尔已不再担任副总统，但却在全力冲刺 2008 年的总统竞选。警察在车内发现了少量大麻以及止痛药维柯丁和治疗多动症的阿迪雷尔等药物。事发地圣塔安那县发言人埃莫米诺说："他（小戈尔）没有这些药物的处方。"小戈尔被拘留在狱中，保释金为 2 万美元。前副总统戈尔没想到在美国独立日这天得到儿子被捕的消息，特别是还涉及毒品。此前，在 2000 年的总统大选中，戈尔败于小布什，儿子一再惹是生非无疑对戈尔的 2008 年竞选带来负面影响。

第四章　李敦白印象

　　李敦白（Sidney Rittenberg）是中国共产党早期历史上很少的外籍党员之一，今年93岁了。他和毛泽东、周恩来、刘少奇、朱德、任弼时、邓小平、宋庆龄、李先念、习仲勋、廖承志、王震、陆定一、陶行知、王光美、江青等都有非常密切的私人交往，周恩来推荐他去延安，聂荣臻给他开的条，李先念、王震是他的入党介绍人，以毛泽东为首的中央五大书记集体批准他入党。他与毛泽东打过牌，与江青跳过舞，同王光美相过亲。他亲历了很多重大历史事件，是唯一跻身中国政治核心圈的外国人。美国人认为他是中国特务，中国人认为他是美国特务，苏联人认为他是国际特务，他因此而在新中国的监狱蹲了16年。他在中国生活了35年，一些美国人认为他背叛了美国。然而，改革开放以后他回到美国，一些中国人和在中国的一些外国专家又认为他背叛了中国、背叛了革命，这是不能原谅的。李敦白回到美国后还开了一个公司，变成资本家了，这就更不能原谅。

年轻时的李敦白

四次特别见面

2013 年 4 月 5 日，我出任中国驻旧金山大使衔总领事。李敦白生活在与华盛顿州首府西雅图邻近的塔科马。华盛顿州属于旧金山领区，我因工作关系，多次与李敦白夫妇和家人近距离接触，同时保持着其他形式的密切交往，其中有四次给我留下特别深刻的印象。

在西雅图看望延安时代加入中国共产党的美国友人李敦白先生

第一次是与李敦白夫妇在西雅图的君悦·海亚特酒店首次见面。2013年 10 月 18 日，我和李敦白夫妇都出席西雅图商务科技高峰会，会址就在我们入住的酒店。我们通过电话约定在酒店见面。想不到在酒店大堂办理参会手续时，我们相遇了，约好第二天中午餐叙。

次日上午 9：00，400 人参加的高峰会开幕。中午，我在酒店请李敦白夫妇吃西餐，并赠送他们抗战电影光盘集、茶叶等有特色的中国礼品。17：00 与华盛顿州副州长欧文一起，在大会上为李敦白颁发"促进中美友好终身成就奖"。李事先不知道，对他来说确实是一个惊喜，与会人员为他获奖报以经久不息的掌声。李敦白夫妇激动不已，与他们告别时，李说我们见面是"一见如故"。分手当晚，我写了一首诗请同事转给他：

七律　赠九十二岁美国友人李敦白

行年九二好身姿，犹效晚蚕勤吐丝。
美婿美媛成美眷，奇人奇事富奇思。
数朝元老谁言老？一世情痴心未痴。
斗换星移志不改，荣膺大奖惜迟迟。

　　第二次是邀请他出席在旧金山召开的何凤山义人精神国际研讨会。2014 年 3 月 30 日，中国驻旧金山总领馆与以色列驻旧金山总领馆和美国犹太人协会在旧金山联合召开此会。"中国的辛德勒"何凤山在第二次世界大战中，在中国驻奥地利总领事的岗位上，不顾德国法西斯威胁，为犹太人颁发签证，拯救了成千上万犹太人的生命。我和何凤山有"六同"之缘：同乡、同是博士、同当过教授、同是外交官、不同时期同在驻埃及使馆工作过、同在旧金山生活过。何凤山在旧金山去世，何的女儿定居在旧金山。李敦白是犹太人，对于我提出的开会设想他深表赞成，他在会上作为犹太人代表之一发表演讲。人们对这位 92 岁的老头竟然还能脱稿演讲惊叹不已。开了一上午会，晚上请他夫妇到官邸参加为研讨会贵宾举行的招待会。李敦白夫妇下午早早到了官邸，我们交谈了很长时间。

祝贺李敦白夫妇迁入新居

李敦白送笔者他的英文自传

　　第三次是在塔科马见面。2014 年 7 月 19 日，我到西雅图参加一年一度的海洋节大巡游。当晚，我们到塔科马一家西餐馆见面，他夫妇及女儿、外孙女和我们一起用餐。我们谈了三个小时左右。他送我一本九州出版社刚刚出版的《我是一个中国的美国人——李敦白口述历史》。我则送他一本河北美术出版社刚出版的我的诗集《海漾诗涛》，诗集中刊有第一次见面后送给他的《七律·赠九十二岁美国友人李敦白》。

　　第四次是一起出席 2014 年 9 月 4—6 日博鳌论坛西雅图会议。3 日晚上，我邀他们夫妇在四川饭店餐叙，给他们送上月饼。他和澳大利亚前总理陆克文还有我于 5 日同场先后演讲。在他 20 分钟的演讲中，听众几次全场起立鼓掌向他致敬。因他花 118 万美元在西雅图市内买下一套 180 平方米的豪宅，刚刚搬家，我于 5 日中午到他新居祝贺乔迁之喜，一起用餐。他送我一本英文自传 the man who stayed behind，并亲笔签名。

　　多次见面，感受到李敦白虽年已 93 岁，却精力充沛，反应灵敏，行走自如，记忆力惊人。其夫人王玉琳 80 多岁了，看上去像 60 来岁。李敦白喜欢戴一顶中式鸭舌帽子，第一眼见到他，顿生愉悦之感。一个西方人戴顶中式鸭舌帽子，给人戴来的愉悦效应，比戴着鸭舌帽子演小品的赵本山一点也不少。他情商极高，坦诚睿智，谈吐幽默，喜开玩笑，有相声小品演员一样的本事，既有讲不完的故事，也会讲故事。他讲有的事情，听者忍不住笑，但他一脸严肃。例如，我说他身体真好，他回答我他得过肺病。我问他为什么得肺病，他告诉我在中国坐牢期间，用的是"三用脸盆"：晚上接尿，早上用水冲冲再洗脸，再擦擦就用来打饭吃，他断定，自己的肺病就与这"三用脸盆"有关。他看到我听到这话笑起来，用眼直直地望着我，意思恐怕是：这有什么可笑的？

四大深刻印象

　　多次见面，李敦白给我留下了四大印象。

　　首先，李敦白是一个真正的理想主义者。了解李敦白，可以帮助我们感受理想主义者的真诚，追寻生命的力量与真谛。他 1921 年出生于美国一个中产阶级家庭，他父亲跟他说过一句话：资本主义确实不好，但是目前在世界上你还找不到比资本主义更好的制度。但李敦白并不盲从他父亲的观点，而是坚持自己的理想。他告诉我，他小时候，家乡有一批基督徒，同时也是共产党。这句话我琢磨了很久。基督徒和共产党员两种截然不同的身份，怎么能合二为一？我想，两者都同情弱者，都主张公平、正义、平等，这应该是基督徒转向共产主义，也是李敦白参加共产主义运动的一个内在原因吧？作为一个深度参与了中国当代历史进程的美国人，他年轻时以一颗赤子之心，抱着改造旧世界、追求新世界的美好愿望，在上大学的时候就秘密加入了美国共产党，参加争取平等权利的运动，参加劳工运动。第二次世界大战结束时李敦白来到了中国，担任"昆明美军军法处赔偿损失部专员"期间他目睹一个黄包车夫之女被美军军车撞死，却仅拿到 8 美元赔偿的事件，使他对美援下的旧中国感到深深的失望。1946 年 9 月，他启程奔向延安。一路上，李敦白偶尔骑马，但大部分的路途都步行完成。他从张家口出发，途经 4 个省，突破封锁线，渡过黄河，走了 45 天，在 10 月到了延安。他投身跌宕起伏的中国革命和建设，长达 35 年。

李敦白以参加中国革命的方式来践行他的理想。他生活在苏联教条主义横行、"左"的东西泛滥的时代，因此，他的言行举止难免留下明显的时代痕迹。他觉得他是一个美国人，但更是一个中国共产党党员，所以他要更加积极；中共对他这么好，他自己应该积极响应革命的号召，比土生土长的中共党员还要更严格地要求自己；为了中国革命，即使被冤枉、蹲大牢，他也不后悔，反而认为这恰恰是为革命应该做出的牺牲。所以，被从监狱放出来后，他更加觉得中共伟大、毛泽东伟大。他对毛泽东等中共第一代领袖人物，有发自内心的崇敬，也有明显的个人崇拜。他觉得只要是毛泽东发动的，就一定是对的。在延安时他认识了江青，当时觉得江青非常贤惠，知书识礼，温文尔雅。"文化大革命"初期，他才发现江青确实跋扈，但并不反感，反而很欣赏那时候的江青，认为这是一个革命者应该有的、可以被理解的激进姿态。"文化大革命"中，在江青与周恩来之间，他更倾向于江青，觉得江青代表了理想，代表了革命，代表了荣誉。1967 年 4 月 10 日，在江青支持下，清华大学批斗王光美，动员他去。周恩来劝他不要去，李敦白却认为，周恩来属于老去的革命派，江青代表更革命的新生代，所以他参与了对王光美的批斗，江青也很支持李敦白。他以饱满的革命热情投身"文化大革命"，他的积极与高调因他外国人的身份而特别引人注目。也许，他太深入地介入了中国的政治。突然，一夜之间，他被软禁，继而被正式批捕。入狱前，他看到他的批捕书上有 13 个中央领导的签名。在监狱中，审讯人员反复问他跟王光美是什么关系；后来，有人要整周恩来，也企图从他这里打开缺口。

他出狱后，"对当时金钱至上的现实不能适应"。他说："我为社会主义坐了多年牢，出来却发现社会主义已经没有了。"为了防止"姓资""姓社"的问题困扰改革开放，邓小平曾提出"不争论"的方针。作为老共产党员的李敦白当时很不理解，看到关于"不争论"的文件后，他对妻子王玉琳说："看来我们该走了。"他对我谈起这段历史时，觉得当时不一定自己对，因他听国内朋友讲，不争论对改革开放起到了保护作用，应当肯定。不过，他认为"不争论"即使在当时可以理解，但时至今日，无论如何也不能再坚持了。他承认："我的思想僵化是问题的一方面，另一方面则是这个社会显然染上了我早年深恶痛绝的病态。"由此可见，李敦白一生坚持社会主义，在这个问题上始终不动摇。理想主义形成了他人生的一根完整的链条，他人生的每一个选择、他的不少言行，都可以找到理想主义的影子。

与李敦白夫妇在一起

我曾问过他：现在自己做老板，开公司，你现在还相信共产主义么？他回答："作为共产主义的理想，一个未来的没有阶级、没有压迫，充满着富裕、公正、世界和平和天下大同的社会，我很久之前就开始相信了，并且现在比之前更加相信。青年人会理解并认同我的世界，也定会重新点燃那些看似消失的理想之火。我很开心可以和能够帮助实现这些目标并且和中国取得双赢的好人们合作。这并不阻碍我热心地推动美中友谊和理解，或者在美国追求进步的政治。"我觉得，他的理想主义是社会主义、共产主义的理想主义，同时，又有清教徒济世救人的情怀，其终极和本质无疑是对人类公平正义的追求，这点显而易见。

其次，李敦白是一个爱中国的爱国主义者。他大学毕业后参加了美国军队，在部队时，被选拔去斯坦福大学学了一年中文，由此一生与中国结下了不解之缘。他对中国的感情特别真、特别深，在中国受了那么多委屈，最后还那么热爱中国，真是一颗中国心。他本来是美国人，但他始终把自己当中国人，用他自己的话来说：我热爱美国人民，我也热爱中国人民。可以说，我是一个"热爱中国的美国人"。在中国的35年使他产生了浓厚的中国情结，他到中国来的时候，事实上第二次世界大战已经结束了。1945年10月，第二次世界大战刚刚结束，作为美国共产党员，他到昆明与中共地下党接上头。"李敦白"这个中文名字是昆明的一位书商帮他起的，是他的英文名字Rittenberg的中文音译。这个名字与唐代大诗人李太白（李白）的名字十分相似，李敦白与李太白一样富有强烈的浪漫主义色彩。1946年初，他被美方调到了上海陆军总部，做赔偿损失的工作。后来，他到了中原解放区，认识了李先念。在中原解放区，他作为联合国的工作人员，住了一段时间。当时，他从一个美国将军那里获悉了一个重要情报，他报告了李先念，这使他开始赢得中共的信任。后来他去了延安，在那里有两三年时间，在新华社从事广播英文稿翻译的工作。

在中华人民共和国成立之前，即1949年初，他因被苏联指控为美国特务而被逮捕，关进了监狱，直到1955年出狱。出狱以后，李敦白在中央广播事业局工作，和钱钟书等一起参与了毛泽东选集的英文版翻译工作。有趣的是，李敦白当时特看不起钱钟书。毛泽东几次请李敦白等人去吃饭，钱钟书不参加。20世纪60年代，李敦白参加了中国很多的政治运动，包括大跃进，尤其是"文化大革命"。1968年李敦白再次被关进监狱，直到1976年被放出来。"文化大革命"中，李敦白一度成了大红人，甚至可以说有点红得发紫。"文化大革命"初期，不同的造反派都寻求李敦白的支持。他支持哪派，跟江青一说，这派马上就红了。这个造反派组织让他戴上其袖章，跟他照个相，另一个造反派组织一看，急了，也让李敦白戴上他们组织的袖章，也跟他照个相。李敦白当时认为这就是革命，他特别积极，特别高调地深度介入了中国的"文化大革命"，完全把自己卷到政治斗争当中了。李敦白在"文化大革命"期间的表现，应该说是相当天真。在"文化大革命"这种特殊的情况下，在中国的外国人特别积极的，恐怕他是第一个。

　　李敦白一个最大的特点是从来不拿自个儿当外人。有的时候，他看起来比中国人更像中国人。回美国以后，他一直来往中美之间，关心中国的外宣，觉得中国的外宣做得不好，所以几次见面说到中国这方面的事情总有些着急。他赞扬习近平主席提出的中国梦，说这是异常重要的。有中国梦，也有美国梦。有什么不同呢？美国梦基本上是个"我"梦，而中国梦更多的是个"咱们"梦。李敦白说中国30多年来的发展，成了人类历史上从来没有过的奇迹。但也出现了一股逆流，那就是极端个人主义，放弃社会主义合作精神，拼命通过损人来利己，甚至贪污腐败、行贿受贿。他殷切期望中国克服这股逆流，在实现中国梦的过程中，大力发扬为人民服务的奉献精神，继续创造新的奇迹，为人类做出新的贡献。谈到新的一届中央和习近平主席敢打老虎，他眼中闪烁着兴奋的光芒，说是很提气。在博鳌论坛西雅图会议的演讲中，他提到中共查处周永康腐败案件，赢得听众满堂喝彩。

　　再次，李敦白是一个乐观主义者。李敦白在中国生活的35年期间，曾经先后两次坐牢，而且是单人牢，长达16年之久，这是一个很罕见的经历。他在监狱中读马克思的《资本论》、黑格尔的《小逻辑》，读亚当·斯密的《国富论》、大卫·雷卡多的古典经济学理论和《毛泽东选集》。能够带进监狱的物品肯定有限，李敦白不忘带上《毛主席语录》，这是他从外面带进去的唯一一本书。1966年10月，就在这个语录本的扉页上，毛泽东在天安门城楼上给李敦白留下了亲笔签名。在监狱里，他把毛主席语录背得滚瓜烂熟。在监狱这样一个特殊的环境里，李敦白自己发明了智慧疗法，把爱和勇气重新带入自己的生命。回美国的时候，他已经

毛泽东为李敦白题字

59 岁了，面临全家人如何谋生的问题。这是一个极大的挑战，但他乐观面对，成立了"李敦白有限公司"，做的主要生意是把美国资本引到中国来，不仅解决了经济窘迫的问题，而且过得很滋润。他买新居前住在一个岛上，占地 2 公顷，拥有宽敞的住宅和一大片果林，这是他回美国后赚来的。回美国后他仍十分关心中国的事情，做中美之间的桥梁。他对中国的政府机构特别好，做生意从不在中国这边收钱。他的外孙女是从杭州领养的，领养时只有 4 个月。为了让她掌握中文、记住中国，李敦白特意把她送到中国读了几年书，如今外孙女在华盛顿上大学了，能讲一口流利的中文和英文。他指着妻子和外孙女说，他家只有妻子和外孙女是纯正的中国血统，他几个儿女是中美混血。

最后，李敦白是一个爱妻主义者，而且很充分地表达爱。通过与李敦白的交往我才知道，原来，同样加入了中国共产党的另一个美国人马海德夫妇给他介绍的第一个对象，是叶剑英当时的秘书、后来成了刘少奇夫人的王光美，他请王光美吃了一次回锅肉，王光美也回请他吃回锅肉，但他跟王光美没谈成，因为彼此对对方都没感觉。他对妻子的爱溢于言表，每次见面都对我说：我找到了中华民族的优秀女儿王玉琳作为终身伴侣，得到了幸福的家庭生活和最好的工作伙伴。在他看来，虽然坐过红色中国16年牢，但一生总体感觉是很幸运的，幸运的很大成分是妻子王玉琳，她是天使下凡，化装成凡人，化装成中国人，给他带来健康、快乐和幸运。

四首拜寿小诗

2014年8月14日，是李敦白93岁大寿，我提前两天写七绝四首祝贺他生日：

七绝　贺李老敦白同志九十三岁大寿

四海为家天作庐，平生轶事胜奇书。
往来中美不言老，高寿九三伟丈夫。

横流沧海不知年，独步千秋望大川。
比翼双飞结硕果，献身大道写新篇。

夕阳织就温馨景，几代同堂日日娱。
往事如烟情比浪，爱心无际共江湖。

期颐在望意犹长，拜寿赠诗谊更醇。
万里征程重策马，一轮明月照山岗。

收到我贺诗的第二天，李敦白给我发来电子邮件：

多谢袁大使的盛情好意！能为中美两大国人民的相互了解而付出一点微薄之力，乃是我一生的福。这使得我不至于白活了。我对于中国人民是又感谢又爱戴的。大使阁下大大地夸奖了我，我会把你慷慨激昂的诗，当作鞭策自己鞠躬尽瘁的努力。我深信，中美关系的发展、深化，关系着全人类的前途。

李敦白似乎生来就是有大理想大情怀的人，他一生关注人类的前途和命运。93 岁的老人，还从全人类前途的视角看待中美关系，又把中美关系的发展与他"付出一点微薄之力"结合起来，要鞭策自己鞠躬尽瘁，实在令人钦佩。我跟他约好，他百岁生日时，一定要叫上我撮一顿，他爽朗地回答我：OK！

（本文经李敦白夫妇审阅）

第五章　从朱棣文重返斯坦福大学说起

2013 年 5 月 12 日，我陪同北京市市长王安顺访问斯坦福大学。参观一个实验室时，该实验室一位接待我们的教授介绍说：朱棣文辞去美国能源部部长的职务，将重返斯坦福大学，回到这个实验室工作。他宁愿失去部长的位子，也不愿失去斯坦福大学教授的职位。虽然此前已通过媒体知道朱棣文主动要求不再担任能源部部长，但听到朱棣文的同事亲口对我们说朱棣文更看重的是斯坦福大学教授的职位，我仍然不由得对此思考良久。

不当部长当教授

斯坦福大学的朋友们告诉我，朱棣文祖籍在中国江苏太仓，是斯坦福大学第一位华裔教授。朱棣文 1948 年 2 月 28 日出生于美国密苏里州圣路易斯，1970 年毕业于罗彻斯特大学，获数学及物理双学士，1976 年获加州伯克利大学物理学博士，并在学校从事两年博士后研究；1978 年到贝尔电话实验室工作，1983 年任该实验室量子电子学研究部主任；1987 年任美国斯坦福大学物理学教授，1990 年任该校物理系主任；1993 年 6 月被选为美国国家科学院院

美国国家科学院院士、
美国能源部部长朱棣文

士。1997 年，瑞典皇家科学院诺贝尔评审委员会宣布，朱棣文和美国国家标准与技术研究所科学家 W. 菲利普斯及法国科学家 C. 科昂—塔诺季成功地发明了用激光冷却捕陷原子的方法，三人同时获诺贝尔物理学奖。2004 年 6 月朱棣文被任命为位于加利福尼亚州的美国能源部下属的劳伦斯·伯克利国家实验室主任，8 月 1 日正式上任。他成为首名掌管这个国家实验室的华裔人士。该实验室每年预算规模 6.5 亿美元，辖下有 4000 名员工。2008 年 12 月朱棣文被任命为美国能源部部长。

美华裔能源部长
朱棣文宣布辞职

任职时间最长 将重返教学研究岗位

美国能源部长朱棣文（前）在回答媒体提问。

据新华社华盛顿 2 月 1 日电 美国能源部长朱棣文 2 月 1 日向能源部员工发出公开信宣布，自己已向总统奥巴马表达了辞职的想法，一旦继任者确定，就将离开能源部。

朱棣文在信中说，他在奥巴马去年 11 月赢得竞选后不久即向白宫表达了去意。他说，自己和妻子希望能回到加利福尼亚州，重返教学和研究岗位。

在朱棣文宣布这一决定后，奥巴马发表声明，感谢朱棣文对美国新能源产业发展和减少对石油进口依赖做出的贡献。

朱棣文是世界著名物理学家，1997年获得诺贝尔物理学奖。他2009年1月20日就任美国能源部长，打破了历来美国能源部长由有政治或商业背景者担任的惯例。

到本月 2 日，他将打破由小布什政府时期能源部长斯潘塞·亚伯拉罕创下的纪录，成为美国历史上任职时间最长的能源部长。

朱棣文的父亲朱汝瑾是太仓人，母亲李静贞是天津人，他的祖父母也是太仓人。他们上世纪40年代来到美国育有三子，朱棣文排行老二。

朱棣文辞去内阁部长重返教学岗位的报道

2013 年 2 月 1 日，能源部部长朱棣文向美国总统奥巴马提出辞职。他当日向下属发出公开信，宣布接任人选确定后，他将辞去部长一职，回到加州重返教学和科研岗位，他表示很期待重返学术界。当月 21 日朱棣文向《斯坦福日报》说："我想回到结合物理学、生物学和生物医学的领域，那是很令人兴奋的新领域。"斯坦福大学人员说，朱棣文将同时在斯坦福大学物理系以及医学院分子和细胞生理学系任职。

高官返校很普遍

朱棣文选择当教授是个别现象吗？不是。从 4 月 5 日来到加州出任中国驻旧金山总领事，至今不到 4 个月，我亲眼目睹了不少朱棣文之类的现象。

——舒尔茨卸任美国国务卿之后到斯坦福大学当教授，同时到一家公司兼职。舒尔茨是美国资深政治家和著名的经济学家，曾被尼克松总统先后任命为劳工部长、财政部长，曾担任里根政府的国务卿。王安顺市长访问旧金山期间，我于 5 月 13 日在官邸为王安顺市长和旧金山华裔市长李孟贤安排了一个饭局。因李孟贤市长 2014 年 4 月访问中国时，与王安顺

笔者与美国前国务卿舒尔茨、斯坦福大学教授见面

市长在北京见了面，这次王安顺回访旧金山，正好与李孟贤见面。想不到在我为两位市长安排的这个饭局上，斯坦福大学胡佛研究所研究员舒尔茨兴致勃勃地赶来参加，虽然他已 92 岁高龄，但仍耳聪目明，谈锋甚健。正是在与他的交谈中，我才了解到他卸任国务卿后，能上能下、能官能民，既在斯坦福大学商学院担任教授，又兼任贝克特尔公司的高级顾问，后到胡佛研究所任职至今。

——密歇根州州长格兰霍姆卸任后到加州伯克利大学当教授。6 月 24 日，江苏省省长李学勇就推进江苏与加利福尼亚州合作事宜来到旧金山，我陪同李学勇省长与加州参议院议长斯坦伯格率领的加州团队见面，在相互介绍、逐一握手时，我惊异地发现，排名在加州能源委员会主席、加州参议院共和党领袖等之后的一位女士，竟是卸任不久的密歇根州州长格兰霍姆，她离开官场后到加州伯克利大学当教授，她的丈夫在同一所大学当教授。他们夫妇俩随加州参议长一起来见李学勇省长。

——美国第 19 任国防部长威廉·佩里卸任后到斯坦福大学胡佛研究所当研究员。6 月 10 日，我陪同中央党校常务副校长李景田来到斯坦福大学佩里的办公室，当李景田校长和佩里就中美关系广泛地交换意见时，我发现曾任里根政府国防部副部长和克林顿政府国防部部长的佩里，身上显示的主要是

笔者与美国前国防部长、斯坦福大学教授佩里合影

学人而不是政客的气质。我还惊异地了解到，他在斯坦福大学还担任数学教授，难怪他与诺贝尔经济学奖得主哈里·马科维茨一起大力推荐斯坦福大学教授萨姆·萨维奇的专著《平均值缺陷》。在我看来，国防部部长和数学家这两个角色之间的差异实在太大。我很难想象，眼前这位文质彬彬、温文尔雅的博士，不仅在 1980 年率领在中华人民共和国成立后的第一个美国军事代表团访问了我国，而且，在 90 年代中期由李登辉访美引

发的台湾海峡危机期间，正是他直接下令派遣两艘航空母舰的编队到台海两岸对峙的附近海面"游弋"。

——小布什总统时期的国务卿赖斯卸任后回斯坦福大学任教。2014年5月，根据国务院侨务办公室的安排，湖南省社会科学联合会主席郑佳明和湖南省文联主席唐浩明来旧金山作中国传统文化的演讲，期间，我陪同他们到斯坦福大学胡佛研究所参观蒋介石日记手稿。在那里，研究所的湖南老乡、曾在台湾工作过的郭岱君研究员等热情接待了我们。她帮助我们阅读了多个时期的蒋介石日记，并与我们一起午餐。我们聊了许多话

在斯坦福大学胡佛研究所参观蒋介石日记

题，其中聊到了康多莉扎·赖斯等胡佛研究所的美国政界元老。我了解到，仅在斯坦福大学胡佛研究所，除了有前国务卿舒尔茨、前国防部长佩里、前国家安全事务助理艾伦在任教，还有前国务卿赖斯在任教。在这些政坛元老中，前国务卿赖斯最年轻。她1954年11月14日出生于美国亚拉巴马州的伯明翰，15岁时便考上斯坦福大学，1981年，年仅26岁的赖斯成为斯坦福大学的讲师。1989年1月，刚满34岁的赖斯出任老布什总统的国家安全事务特别助理，开始了从政生涯。4年期满卸任后，赖斯进入斯坦福大学胡佛研究所任高级研究员。1993年，赖斯出任斯坦福大学

教务长，她是该校历史上最年轻的教务长，也是该校第一位黑人教务长。在 2000 年美国大选时，赖斯作为共和党总统候选人小布什的首席对外政策顾问，为布什出谋划策。布什当选总统后任命赖斯为总统国家安全事务助理。她一直是布什总统的得力助手。赖斯于 2005 年 1 月出任国务卿，她是继克林顿政府的马德琳·奥尔布赖特之后美国历史上第二位女国务卿。赖斯卸任国务卿后随即回到斯坦福大学胡佛研究所任研究员。赖斯既担任过老布什总统的国家安全事务助理，也担任过小布什总统的国家安全事务助理和国务卿，每一次卸任，她都选择回斯坦福大学教书。

笔者与美国前国务卿、斯坦福大学教授赖斯合影

朱棣文等政坛大佬卸任后回斯坦福大学教书，有如下相似性：

一是年轻时都受过最好的教育，从政前都在大学教书，都是知名教授；

二是不恋栈，一卸任，就回到学校工作；

三是没有任何特权，不享受国家领导人待遇或部长待遇，没有警卫员，没有官方配的秘书，没有公车配备，一切跟其他教授一样；

四是上班来真的，按时上下班，该指导研究生指导研究生，该上课就上课；

五是愿意干多久就干多久，舒尔茨 92 岁了，照样上班（其他美国人也一样，只要健康和愿意，就可以不退休，不存在到点退休一刀切现

乐于从教的朱棣文博士

象）。

　　上述高官卸任后，都回到斯坦福大学继续教书，是否只有斯坦福大学为卸任高官提供教职呢？不是。美国任何地方都一样，任何高校都一样可以提供教职。例如，亨利·基辛格是中国人民最为熟悉的当代美国著名外交家、国际问题专家，1973年诺贝尔和平奖获得者，曾任美国尼克松政府国家安全事务助理、国务卿，福特政府国务卿。基辛格1950年毕业于哈佛大学，先后获文学硕士、哲学博士学位，1951—1969年任哈佛大学国际关系研究班执行主任、国际问题研究中心负责人、讲师、副教授和教授。1977年基辛格卸任国务卿后，也就是一介平民，想的也是重操旧业，回哈佛大学教书。谁知因离开学校太久，哈佛大学早已取消了留给他的教授职位，竟然不同意聘他为教授，于是，他转而到乔治敦大学任客座教授，兼任全国广播公司顾问、大通曼哈顿银行国际咨询委员会主席、阿斯彭学会高级研究员等职。1982年他开办基辛格"国际咨询"公司并担任董事长，1983年任美国广播公司新闻分析员。从声名遐迩的美国国务卿，变成美国广播公司的新闻分析员，基辛格照样干得很投入。

能官能民是常态

　　为什么美国政坛大佬们能上能下、能官能民会成为社会常态呢？
　　一是选举制度使然。美国行政当局是典型的"一朝天子一朝臣"，每次换届选举后伴随着政府大换班，牵涉官员的变动达4000多项。例如奥巴马第一次当选总统时，华盛顿一下子就换掉了几百位最高级别的官员。有意思的是，美国的更换都是很平和进行的，波澜不惊，没有人哭哭啼啼，没有人要找政府给补助，更没有人认为自己不得志。今天你还是一个研究所的研究员，大选还没有结束，你就有可能被白宫挖去当教育部部长；而今天的国防部长，明天就失去了工作，成为一名普通公民，你得去大学当教授，或者去一个公司当顾问赚钱养家糊口。美国的选举制度决定了任何一个党都不可能永远在台上，赢得了大选就成为执政党，就可以当官；一旦失去大选成为在野党，即使是总统也得下台。所以能上能下、能官能民是制度决定的，不是哪个高官德性好。

朱棣文在白宫记者招待会上

二是旋转门机制使然。"旋转门"是美国政治运行最具特色的现象之一。政府部长等高级阁员不是由议会党团产生，也极少来自公务员，而是来自精英荟萃的智库。不少大学的研究机构扮演的就是智库的角色，卸任的官员很多会到智库从事政策研究，而智库的研究者很多也会转到政府担任要职，这种学者和官员之间的流通就是美国的"旋转门"。"旋转门"机制使得智库的舆论影响力渗透到政策制定的方方面面。通过"旋转门"，美国智库不但为下届政府培养人才，使得"在野"者的知识有"入朝"转化为权力的通道和可能性，也为前任政府官员提供了一个休养生息、再次入朝的机会和平台。美国智库为学者们提供与政策决策者进行紧密接触的舞台和进行政策研究的最佳环境，使他们不但了解政策研究，还了解政治现实。美国历届政府都大量依赖智库学者来填补高层职位。例如，卡特政府曾吸纳了三边委员会、对外关系委员会、布鲁金斯学会等智库的数十位成员。奥巴马组阁之后，2007 年成立于华盛顿的小型智库新美国安全中心有超过十位政策专家获得政府职务，如助理国务卿坎贝尔、副国务卿斯坦伯格等。通过"旋转门"，掌握大量专业知识的智库学者们成功地将知识转化为权力。

三是高官卸任后去当教授、去公司工作在美国比起普通公务员来说要体面得多，收入要高得多。华人何奇恩在美国当了十几年公务员，其著作《我在美国当公务员》一书已在中国内地出版，按他的说法："在美国，联邦公务员是一份既不很吃香又不太丢人，旱涝保收，有比较优越的福利待遇，但没有任何额外收入的工作。不过，如果问美国的孩子长大了想做什么职业，他们的回答五花八门，护士、厨师、幼儿园老师，但是绝对不会说当公务员，也很少有大学生主动向往这个职业。"如此说来，卸任高官去高校教书、去公司任职毫无疑问是一个自然的选择。

第二篇　直击美国慈善

第六章　感受美国的蝙蝠侠行动

2014 年 4 月 9 日，是我到旧金山工作、担任中国驻旧金山大使衔总领事一周年。一年内，我目击了两次蝙蝠侠行动，亲身感受了美国的慈善传统和文化，这也引起了我一系列的思考。

大小蝙蝠侠

什么是蝙蝠侠行动

什么是蝙蝠侠行动？简单地说就是美国官方和民间联手实施、上万名志愿者参加的一个大规模的慈善行动。

上：小蝙蝠侠在车中
中：小蝙蝠侠走出汽车
下：小蝙蝠侠在行动中

5 岁的迈尔斯，出生 18 个月后被确诊得了白血病，经治疗病情得以稳定，处于康复阶段。他最热爱的人物是电影《蝙蝠侠》中的英雄——蝙蝠侠。在与白血病魔抗争的时候，他总是从具有神力的超级英雄，尤其是蝙蝠侠的事迹中得到鼓励，梦想当英雄惩恶扬善。为了让孩子拯救世界的梦想成真，美国一个叫梦想成真的慈善组织发起了蝙蝠侠行动，由志愿者配合出演，让整个旧金山变成了哥谭市。哥谭市是电影《蝙蝠侠》中出现的一个虚拟城市，被认为是蝙蝠侠的故乡。蝙蝠侠行动得到旧金山市 1.2 万人的报名支持和配合，就连总统奥巴马夫妇也参与其中，为其加油。

迈尔斯家在美国加州北部一座小城，距旧金山约 600 公里。2013 年 11 月 14 日，迈尔斯被邀请到旧金山，抵达旧金山时，他只知道会领取一套蝙蝠侠装束，全然不知一场规模浩大的圆梦行动正等待着他。

美国媒体以"演职员表"的形式介绍了参加蝙蝠侠行动的有关人员，不妨全文转载如下：

演职员表

男一号："蝙蝠娃"，5 岁的迈尔斯扮演。

男二号："蝙蝠侠"，杂技演员约翰斯顿扮演。

蝙蝠侠的"跟班"罗宾：迈尔斯的家人扮演。

哥谭市市长：旧金山市警察局局长格雷格·苏尔扮演。

检察官和联邦调查局探员：均由真实人物扮演。

1.2 万名"龙套"演员：均为报名的志愿者。

几万名群众演员一路为"蝙蝠娃"喝彩。

道具：迈尔斯乘坐的"蝙蝠车"实际是一辆兰博基尼赛车，由热心车主出借。

演职员表的最后文字为"特别鸣谢：美国总统奥巴马夫妇"。

从这张演职员表的阵容就不难看出，为什么蝙蝠侠行动不仅感动了整个旧金山、轰动了整个美国，也在全世界产生了广泛影响。

蝙蝠侠行动的内容

2013 年 11 月 15 日上午，在梦想成真基金会的策划组织下，迈尔斯身穿"蝙蝠侠"衣，乘坐电影中"蝙蝠侠"的座驾"蝙蝠车"，出现在旧金山闹市区街道上。旧金山警察局局长格雷格·苏尔扮演哥谭市市长，向"蝙蝠娃"求助，请"蝙蝠娃"迈尔斯开始他为时一天的打击犯罪行动。在一名成年"蝙蝠侠"和多名警力陪伴下，蝙蝠娃迈尔斯坐着警方护送的兰博基尼车穿越城市，开始"拯救行动"：先是英雄救美，从诺布山区的缆车轨道上救下一个生命垂危的少女并拆解一个"爆炸物"；接下来是勇抓劫匪，逮捕抢劫市中心金库的蒙面人，挫败一起抢劫案；接着迈尔斯在联合广场周围的汉堡包专柜前吃午饭补充能量，但是当他正在吃汉堡的时候，警察局长打给他一个电话，让他看窗外。他看到一群志愿者扮演的求救者，呼喊着要他去救助旧金山巨人棒球队的吉祥物"海豹卢先生"，因为企鹅先生将海豹卢先生绑架后驾驶着可变形逃逸车逃跑了。在一场疯狂追逐之后，迈尔斯在体育场解救下"海豹卢先生"并送往市政厅。警方、市长和民众通力配合"蝙蝠娃"迈尔斯抓"坏蛋"、"拯救"城市。

　　整个活动得到了精心设计，梦想成真基金会鼓励所有喜爱蝙蝠侠以及其他任何超级英雄的粉丝都来观看和感谢蝙蝠娃的英雄行为。该基金会详细列出并公布了蝙蝠娃展开无畏英雄行动的时间和地点。《旧金山纪事报》特为这次活动出了一期特刊，改名为《哥谭市纪实报》，并在头条写上"小蝙蝠侠拯救世界"。

市长李孟贤将旧金山市钥匙授予小蝙蝠侠

　　这项慈善活动带给人们非同寻常的温暖，全城的人集结在一起完成这项善举，无疑是动人的，而实现梦想的小迈尔斯在蝙蝠车里露出了开心的微笑。旧金山市市长李孟贤在市政厅接见了迈尔斯，感激迈尔斯的英雄行为，并送给他巧克力做的城市钥匙，表达这座城市对"小英雄"的表彰。加州多名官员事后也给迈尔斯打电话，称赞他"勇敢"。成百上千充满爱心的旧金山市民为他欢呼——不少人热泪盈眶。美国总统奥巴马也向超级小英雄迈尔斯表示祝贺。奥巴马夫妇在社交网站上留言，鼓励迈尔斯"除恶"。在一段事先录制的短小视频中，奥巴马说："加油，迈尔斯！去解救哥谭市。""第一夫人"米歇尔在"推特"网上写道："蝙蝠娃，感谢你抓住了这些坏蛋。你激励了我们所有人。"

第二次蝙蝠侠行动发生在几个月之后。2014 年 4 月 8 日，2014 赛季 MLB 常规赛在美国旧金山举行，亚利桑那响尾蛇队对旧金山巨人队。身患白血病的 5 岁少年迈尔斯再度穿上蝙蝠侠服装，乘坐带有蝙蝠侠标志的兰博基尼跑车为旧金山巨人的新赛季首场主场比赛开球。成千上万球迷和市民为蝙蝠娃再次圆梦而鼓掌欢呼。

奥巴马总统为小蝙蝠侠行动在电视上鼓劲

多种多样的蝙蝠侠行动

蝙蝠侠行动的目的是传递爱心，扶助弱者，弘扬人人助人的美德，从这个意义上讲，美国的蝙蝠侠行动多种多样，常办常新。例如，据美国福克斯新闻 2014 年 4 月 13 日报道，最近，驻扎在世界各地的美国空军战士开始流行剃光头。到目前为止，已经有驻扎在三个大洲的超过 400 名现役美国空军飞行员把他们的头发全部剃光了。他们之所以这么做是为一个 5 岁的癌症患儿打气。

布雷登·米切尔出生于 2008 年，就在他出生前，布雷登的飞行员父亲在一次训练任务中不幸身亡。2014 年 2 月，厄运再次降临到这个小家伙身上，布雷登被检测出患有肾母细胞瘤，病情已经发展到第三期。肾母细胞瘤是一种肾脏癌症，主要发生在 2—5 岁的儿童身上。

在接受化疗之后，布雷登开始掉发，这让他受到很大的打击。布雷登从小喜欢飞机，这让他的母亲想到向自己丈夫生前的飞行员好友求助。迈克尔·德维塔是一名空军上校，目前在第 23 轰炸机飞行中队里服役，是 B—52 轰炸机的飞行员。德维塔跟布雷登的父亲曾是军中袍泽，在 2008 年的那次训练事故中，布雷登父亲驾驶的飞机跟德维塔的飞机相撞，结果他没有及时跳伞最终丧命。科瑞·普利斯顿上校通过德维塔得知了布雷登

身患癌症的美国男孩化身小蝙蝠侠

母亲克里丝蒂的困难，并开始想办法鼓励布雷登·米切尔。

普利斯顿向他的军中好友求助，请求他们剃光头然后拍照给布雷登看。普利斯顿告诉他们，最好能拍集体照，并且在飞机前面拍，这会让 5 岁的布雷登感到自己并不孤单。迈克尔·德维塔非常赞成普利斯顿的想法，他说："这是一个鼓励小布雷登的好办法，也特别容易做。我非常愿意这样做，我在军中的好友们也都支持这种做法。我们希望能把这个做法推广开来，让其他的飞行员也参与进来。"德维塔表示，这样做有两个目的：一个是让喜欢飞机的布雷登看到更多不同的飞机；另外一个就是告诉他，一个人有没有头发并不重要。

最早响应这个提议的是远在阿富汗服役的美国空军士兵，在辛达德空军基地服役的 90 名士兵一起剃了光头并在飞机前合影。他们把照片寄给了远在美国俄亥俄州的布雷登。如今这项爱心举动已经在美国空军中扩散开来，驻在意大利以及美国佛罗里达州、亚利桑那州、北达科他州等地方的超过 10 个空军基地的士兵们都加入了这项"为布雷登光头"的行动。普利斯顿告诉媒体说，不只是男性飞行员，也有数位女性参与到这项行动中。

德维塔说："我们这样做是为了让他保持对抗癌症的斗志，支持布雷登撑过化疗阶段。剃头是小事，跟癌症斗争才是大事。"

对蝙蝠侠行动的思考

美国普通老百姓非常热心慈善事业，慈善事业在美国有着广泛和坚实的群众基础。按志愿者占总人口比例和慈善捐赠的规模来看，美国无疑是世界上独一无二的慈善国度。我亲眼看到，美国处处有雷锋，美国不存在老人摔倒了该不该扶的问题。国内的媒体和学者们更喜欢引用下面一组数据：13 岁以上人口中的 50% 每周平均志愿服务 4 个小时；75% 的美国人为慈善事业捐款，每个家庭年均捐款约 1000 美元。在美国，非营利性的慈善组织共有 140 多万个。这些组织的规模差异较大，有跨国的大型组织，也有很小的社区组织。它们关注文化、教育、卫生，以及消除贫困、为弱势群体服务、妇女与儿童权益保护、就业、环保、社区改造等问题。《时代》周刊曾发表文章称："在每一位比尔·盖茨的身旁，都站着数以百万计的普通百姓。"值得注意的是，比起拥有巨大财富的人来说，低收入的人捐款的比例更高。有人做过统计，年收入在 1 万美元以下的家庭，他们捐出收入的 5.2%；年收入在 10 万美元以上的家庭，他们的捐款比例仅为 2.2%。对此，有一种解释是，因为低收入的人更接近社会底层，因此也更了解那些需要帮助的人的需求。媒体报道为迈尔斯投入了大量公共和民间资源，但无人质疑是否值得。《时代》周刊说，旧金山市从未出现过这样英勇或者说欢乐团结的局面，在每一站点，成千上万的人高呼迈尔斯的名字。许多人自制标语写着"迈尔斯，你是我们的英雄"。迈尔斯的母亲说，梦想成真对我们这个家庭意味着过去三年的一个结束，我们给儿子的不再是药物。梦想成真基金会旧金山湾区负责人帕特里夏·威尔逊说，迈尔斯 6 月刚完成一次化疗，我认为今天给了我们正在恢复中的超级英雄一点点童年。人生病时，需要他人支持。一座城市支持一个病孩，是一件好事。

　　慈善文化是美国传统文化不可分割的一部分。美国的慈善组织名称形式五花八门，但由各类教会和基金会管理的是其中的绝对主力，如基督教救世军、圣·芳济格会、比尔·盖茨－巴菲特基金会、洛克菲勒基金会、卡耐基教育基金会、克林顿艾滋病基金会等。作为一个移民国家，美国慈善活动的源头可以追溯到西方的传统。西方传统的慈善事业起源于基督教教会，由于基督教教义中的"普世"思想，教会一直都将救助贫苦作为宗教义务之一，教会的一些慈善方式如现场捐款等深深地影响着现代的慈善事业。早在中世纪，欧洲就出现了有组织的慈善事业，17 世纪初已产生了宗教组织之外的慈善组织。美国的慈善事业秉承了欧洲的传统。不仅

为小蝙蝠侠鼓劲加油

如此，美国波士顿大学美国史研究专家彼得·罗格还认为，美国本身的历史也是美国慈善事业的渊源之一。在"五月花号"来到北美大陆之时，船上所有的人都没有自己的私人财产，各种器具都是公用的，一旦一个人出现了困难，就会有很多人前来帮忙。在《美国的慈善事业》一书中，历史学家罗伯特·布雷姆那还澄清了一个事实，即美国土著对待第一批移民的态度比这些移民对待他们更显"基督徒"式的善良。宗教和历史的双重交错，使得美国人对慈善事业充满了高度的热情。直到今天，在美国的中小学课堂上，老师还经常会给学生们讲一些慈善家及其创业的故事。

民间力量才是美国慈善主力军

民间力量比各级政府在慈善事业中起的作用更大。在美国，由于联邦政府和地方政府的财力、人力和能力都很有限，社会慈善事业基本上全由各类民间非政府组织实施，政府仅仅负责监督规则的执行及协助。多年运作下来，各类慈善组织已积累了相当丰富的经验和雄厚的资产，2004 年全美慈善组织拥有的资金已超过 600 亿美元，远比政府和许多企业财大气粗。美国一旦有地方出现灾害灾难，最早到达灾区的救济物资和人员绝大部分都来自民间慈善机构，其后还会源源不断供应，政府则提供专业救灾、医疗及防疫人员、警务人员、设备机械和部分资金援助。慈善组织提供的慈善救济内容方式也是五花八门，如为流浪者、退休老人提供免费午餐，为困难家庭和人员提供生活用品及补助，为困难家庭在学子女提供奖学金助学金，为重大疾病且经济困难患者提供医疗费用，为遭受重大灾难家庭提供救济补贴，为经济困难的诉讼当事人提供法律救济，开办弃孤儿童、无家可归者、被虐待妇女收容机构。基督教救世军还在全美多座大城市开办了规模巨大的免费超市，其中的商品应有尽有，任何人皆可随意进入免费自取，出口处没人会检查你是否有"低保或贫困户"证件，多年前还经常有一些不顾颜面的中国旅行者混入取物，得意而出。

旧金山市民万人助小蝙蝠侠圆梦

美国富人在美国慈善事业中起到了表率作用。一提起美国的慈善事业，人们自然就会想到世界三大主流财经杂志——《福布斯》、《财富》和《商业周刊》的全球慈善家及慈善企业排行榜，谈到赫赫有名的安德鲁·卡耐基、比尔·盖茨和他的夫人梅琳达·盖茨、戈登·摩尔及其夫人贝蒂·摩尔、沃伦·巴菲特、乔治·绍罗什、詹姆斯·斯托尔斯等慈善大腕。与欧洲国家相比，美国在现代慈善事业的起源与理念方面有着许多独特之处，私人基金会也远比欧洲发达。一般认为，现代慈善事业始于美国，美国钢铁巨头、公认的私人慈善事业奠基者之一安德鲁·卡耐基更是被公认为现代慈善事业的开创者，他的名言"拥巨富而死者以耻辱终"为世代慈善家所传诵。卡耐基曾说过，致富的目的应该是把多余财富回报给同胞，以便为社会带来最大、最长久的价值。卡耐基一手创立的卡耐基基金会是最早的一批现代慈善组织之一。商业化的操作理念渗透于现代慈善组织的运作，并与宗教慈善传统和美国式的平民社会观念一起，构成了现代慈善事业的灵魂。作为美国标准石油公司的创始人，当年雄心勃勃的洛克菲勒采取了一系列非凡的行动来聚敛财富。在石油大王洛克菲勒大展宏图的岁月里，对金钱财富的痴迷和追逐被他视为人生最大的乐事。然而自打退休之后，这位家财万贯的富豪一点也快乐不起来，他在遗嘱中曾经写下"死而富有是一种耻辱"这种类似禅语的句子。他资助经济拮据的人，把原来从社会中取得的财富回馈给社会，做到了完全的超脱世俗。比尔·盖茨在福布斯世界富豪排行榜上连续多年位居榜首，在美国《商业周刊》杂志发布的"现代50位最慷慨的美国慈善家排行榜"上，比尔·盖茨也是排名第一，他的捐款总额达到256亿美元，占他现在资产总数的60%。比尔·盖茨在向外界公开的遗嘱中，宣布把全部财产的98%留给自己创办的"盖茨基金"。"盖茨基金"创立于1999年11月，它启动的第一年，就投入60个捐助项目，捐款总额达14.4亿美元，比美国政府的捐款还多3亿美元。比尔·盖茨计划每年为"盖茨基金"新注入10亿多美元，其中60%的资金将用于贫困国家对抗疾病的项目上。当有记者问他创立"盖茨基金"的初衷时，他说："财富是一种责任。目前全球有28亿人生活在贫困之中，有13亿人每天生活费不足1美元，有8亿人处于饥饿状态，有60%的人生活在基本卫生设施匮乏的地区。作为全球的首富，我有责任让自己的财富变成别人的幸福，为更多的人消除饥饿、贫穷和疾病。"所以早在2000年，在西雅图举行的一次"在发展中国家拓展电脑应用"的大会上，比尔·盖茨就语惊四座地说出了自己的观点："世界上最贫困的8亿人口最需要的是医疗保健，而不是手提电脑！"正是因为有了这种把自己的财富变成别人幸福的责任感，"盖茨基金"发挥了它应有的作用。它已经使非洲一些国家的儿童疫苗接种率有了大幅度提高，平均每个儿童的接种费用从以前的不足 1 美元增加到现在的 10 美元。据统计，这些疫苗挽救了 30 万个生命，在未来 10 年拯救的生命将达到几百万人。让自己的财富变成别人的幸福，自己也就拥有了给予的幸福。我想，比尔·盖茨获得的幸福与财富有关，但比财富本身更有意义。旧金山华人中富人多，同时义人也多。全美湖南同乡会联合会荣誉会长钟武雄为家乡捐资助学等，累计达 2000 多万元人民币。北加州湖南同乡会会长谭吴保仁女士长期为湖南湘西地区捐献善款，她一再让我给她帮一个忙，那就是帮她找到真正需要捐助的项目和人士。当我为她落实了一个捐助项目后，她多次由衷地表示感谢。

美国政府在慈善事业中做什么

政府角色到位对慈善事业健康发展至关重要。据白宫 2014 年 4 月 11 日公布的奥巴马夫妇 2013 年纳税申报单显示，总统夫妇在 2013 年总收入约为 50 万美金，扣除费用后的净收入为 481098 美元，其中缴税 20.4%，即 98169 美元，捐助慈善将近 60000 美元，就是说，奥巴马总统夫妇十分之一多的收入作为善款捐出去了。慈善组织的财源主要是企业与个人的捐款及自有资产的赢利，政府补贴十分有限，但它提供的企业与个人捐款免税和慈善资产赢利免税政策对慈善组织的生存发展起到了极大的支持作用。国家对基金会的运作有大量的免税减税优惠，使得慈善基金会可以获得其他企业无法企及的高回报。美国政府既不对民间慈善事业设置什么严厉的准入门槛，更不敢花费纳税人的钱设立什么"副部级、正局级"的全国慈善总会之类的机构，一切均由民间和非政府组织去操办，没有问题政府乐得清闲，出了麻烦犯了罪自然会有法院拿你是问。在美国的大多数州，首席检察官有权监督和管理慈善机构，并对其活动进行规范。慈善机构也必须经常性地报告其业务活动和财务状况，如果慈善机构的董事未能履行其职责，州首席检察官则有权迫使该董事从他的私人财产中划拨出足够的资金对慈善机构遭受的损失给予赔偿。但总体来说，美国政府在监督非营利机构方面的立法相当宽松。各个慈善组织每年会向国税局详细报告本年度经费的来源和支出情况以及各项活动经费的来龙去脉，这主要是检查慈善组织的活动是否符合免税规定。虽然对于慈善组织如何使用所募集的捐款，政府并没有严格的规定，很大程度上靠自律，但政府对慈善组织利用捐款余额所办企业的监管极其严格，以防止有关人员借机自肥。为了不坐吃山空，美国的慈善组织一般会利用剩余捐款去投资理财，办企业赢利，此类投资所得自然也全部免税，但其职员的个人所得却不属免税范围，个人工资奖金福利也受到严格控制（大量志愿者根本不领任何薪酬），当然也不可能列支什么中国特色的招待费公关费。对此类企业的法律监管极其严格，税务官不时会光顾查账（但绝不会吃你一顿饭拿你一件礼品），很少有人胆敢作花账作假账或让他人"挂靠"牟利，因为一旦露馅儿处刑极重，可能让你这辈子再难翻身。

美国现代慈善事业的发达，还离不开制度的建设。在《美国慈善法指南》的作者阿德勒女士看来，"美国慈善部门以其活力、多样性、经济实力和成长速度而格外引人注目。一个影响慈善业发展的重要因素是，美国有一个对慈善部门发展有利的法律环境"。例如，完善的遗产税和慈善基金管理制度刺激着美国慈善事业的发展。一方面，美国的遗产税、赠予税以高额累进著称，当遗产在 300 万美元以上时，税率高达 55%，而且遗产受益人还必须先缴纳遗产税，后继承遗产，所以富豪的后代要继承遗产会遇到重重阻碍。而另一方面，建立基金会或捐助善款则可以获得税收减免，捐出多少钱就在所得税中相应扣除多少。进行慈善捐助不仅可以减少损失，而且有助于树立公众形象、产生模范效应。大部分慈善组织属于美国国税局501（C）（3）条款规定的机构，它们不仅是免税的，即不需要支付税款，而且这类机构得到的捐

大蝙蝠侠和小蝙蝠侠

款对捐赠者来说，还享有法律规定的限额扣除税收的待遇。这些税收待遇具体包括：（1）免税；（2）所得税豁免；（3）捐赠减税。

　　媒体以及关心慈善事业的民众的监督对慈善事业的健康发展来说不可或缺。每个公民都拥有对慈善捐款使用情况的知情权，各类媒体更是关注基金会的运作情况。1992年美国联合慈善基金会（联合之路）主席阿尔莫尼滥用捐款的丑闻就是由新闻界最先披露的。再一点就是民间专业评估机构的监督。如美国慈善信息局，它制定了衡量基金会好坏的九条标准，其中包括：董事会管理职能、目标、项目、信息、财政资助、资金使用、年度报告、职责、预算。它每年分四次公布对全国几百家基金会的测评结果，公众往往根据它的公报来决定给哪个基金会捐款。

　　美国慈善事业的发展经历了漫长而又曲折的历史，并积累了许多经验。这一切对当代中国慈善事业的发展无疑具有重要的参考和启迪意义。中华民族素有积德行善、扶危济困、乐善好施、同情弱者、济世为怀的传统美德，慈善事业在我国历史悠久、源远流长。改革开放以来，慈善作为一项事业正在当代中国逐步发展起来，并在社会发展的重要领域发挥着独特的作用，伴随着市场经济的发育和社会主义和谐社会的构建，大力推进慈善事业的发展已提上了重要的议事日程。2005年11月，我国公布了《中国慈善事业发展指导纲要（2006—2010）》。因此，借鉴国外有益的经验，弘扬我国优秀的文化传统，加快管理体制改革，激活中国慈善组织的创新能力，进一步完善有利于中国慈善事业发展的法制和税收环境，逐步形成中国"本土化"的慈善救助模式和符合中国国情的慈善事业发展道路，无疑是十分必要的。具体地说，需要从以下三个方面开展工作：一是弘扬我国文化传统，培育现代慈善理念；二是优化激励机制，加速积累慈善资源；三是建立和健全融自律、互律与他律于一体的社会约束机制。中国传统的慈善价值观，如乐善好施等，一旦恢复和光大，并和现代价值观融合起来，就会使整个社会形成以慈善来表达关爱之心的风气，最终会演化出共同的行为准则，催生出一种新的道德理念，从而为建立一个更加和谐的社会奠定基础。

第七章　感受美国的食品银行

　　2014 年 5 月，和友人一起到美国夏威夷州檀香山，无意中发现，当地有慈善食堂每天中午、晚上按时为流浪汉和其他穷人免费提供餐饮，且不需要证人证件。慈善机构操办此事，州政府提供部分资金，爱心人士也提供捐助。我问朋友：如果有钱的人、旅游的人、其他的人都来吃怎么办？那样的话，坐吃山空，肯定办不长久。朋友回答我说办了多年了，不会出现这种情况。如果不是朋友亲手指给我们看，如果不是亲眼目睹，说实话，我真难以相信。因为，提供一顿两顿、提供一天两天，不难做到，年复一年、日复一日免费提供，这要投入多大的人力、物力和财力？不久，我了解到美国还有一家家的食品银行，向低收入者免费提供食品，我还亲自前往察看，这引起了我更大的兴趣。为什么呢？在中国为流浪汉和其他穷人办免费食堂还路途遥远，但办食品银行我个人感觉则已具备现实的基础。

休斯顿的食品银行捐赠投递箱

什么是食品银行

　　什么是食品银行？食品银行是为低收入者免费提供食物的银行。食品银行是一个形象的说法，实际上是指免费为低收入者提供食物的一个平台、一种方式、一个系统。食品银行是专门收集"已过保质期但未过保存期"安全食品的地方，然后把这些食品分配给各类贫困人群，既减轻了社会底层人群的生活压力，又避免了食品的不必要浪费。食品加工和销售进入工厂化生产时代，社会上存在大量浪费现象。超市中即将过期的食品以及剩余农产品需要销毁处理，一方面耗费人力和财力，另一方面却无法满足一些群体日常的食物需求。因此国外一些公益组织自发建立食品银行，收集那些卖不出去但还能食用的食品，发放给低收入人群。美国食品银行提供的食物为免费供应，按照食品银行的规则，凡是贫困人口，据实填写家庭状况表后，均可到社区申请食品券，然后凭券到食品银行领取食物。有些地区，食品银行更是派人到社区分发食物，方便人们领取。个人经济状况改善后，可归还食品领取卡，美国各大州均建立了食品银行。

奥巴马总统全家在食品银行为穷人分发食品

　　国内媒体早有文章介绍国外食品银行，特别是美国的食品银行。例如，2010 年 7 月 26 日，《南国都市报》刊载了余平的文章《美国的食物银行》，作者几年前到美国，因暂时的原因一度成了食品银行帮助的对象。作者从自身角度着眼，这样介绍美国的食品银行：

底特律的一家食品银行

　　我刚到美国的时候薪水微薄，妻子要照顾刚出生的女儿无法出去工作，生活非常拮据。社区为我家申请了食品券，每月可以免费获得 400 多美元的食品。可到了月底家里的境况还是捉襟见肘，房东杰克先生告诉我社区附近有一家食物银行，可以到那里领一些生活必需品。

　　到了食物银行，工作人员给我一张"家庭状况表"，上面列有姓名、家庭地址、家庭人数、工作状态、月收入等项目。低收入者只要来这里填写表格，就可以当场得到领取食品的红色卡片。我问申请人是否需要出具各种证明，她说不需要，如实填写就可以了。她的态度自始至终都很和蔼，让我这个生活在贫困线以下的人没感到自卑。填完表后我就去领食品，食物银行里有面包、西红柿酱、薯片、饼干、水果、蔬菜等，基本可满足日常生活。我还欣喜地发现这里连婴儿奶粉都有，真是解决了我的燃眉之急。我害怕自己领食品时被熟人看见，觉得会丢面子，可偏偏遇到了邻居汤姆，他是开着车来的，后备箱里装满了领到的食品。汤姆高兴地和我打招呼，说每月只有一次机会，让我多领一点。我很纳闷，前几个月汤姆还是小康之家，怎么一下子沦落到和我一样要吃救济了？他撇撇嘴说："无力偿还贷款，破产了！"原来美国人不喜欢存钱，贷起款来却不顾自己的偿还能力，因此很容易破产。如果一下子找不到工作，没有收入，食物银行也为这些"负翁"提供了保障，至少不会挨饿吧！汤姆神秘地说，走进食物银行的美国人，不少都是曾经的大款呢！能每月在食物银行领取食物，我家的温饱问题解决了。过了两年，我的事业有了起色，经济状况改善后，我就把那张领取食品的卡片退给了食物银行。以后的日子我经常给食物银行捐献食物，后来我得知其实很多食物银行的捐献者都曾是食物银行的受益者，当然包括我的邻居汤姆先生，他两年后也走出了困境。

在食品银行里，有着各种各样的吃的，比如面包、薯片、水果、蔬菜以及高档巧克力、咖啡、茶叶等，基本可以满足人们日常的饮食需要。同时，一些食品银行不仅提供食物，还提供生活必需品，如肥皂、卫生纸、洗涤剂等。

至于食品银行的食物和其他用品是不是劣质产品、是否有损健康，余平在上述《美国的食物银行》一文中

持乞讨牌的乞丐

这样回答："食物银行里的食物虽然是免费供应的，但绝非伪劣产品，甚至不少食品还很有档次。比如说顶级巧克力法芙娜，我在沃尔玛曾看到过，只是因为价格昂贵不舍得买，没想到在这里免费领到了。我领的这一大堆食品都在有效期内，只是离过期的日子较近罢了。工作人员说，即将

过期的食品在超市不好卖，老板就会捐献出来。当然这里也有生产厂家和个人捐献的食品。"

食品银行是怎样产生的

　　食品银行，一个专门从事给穷人发放食物的公益机构，当然，跟银行是没有任何关系的。在20世纪60年代，一个叫亨格尔的人在亚利桑那州一个食堂做义工时，面对将快要过期的食物丢掉而造成的浪费觉得可惜，便开始收集这些食物，服务于他人。食品银行这样的专门从事食品发放的公益机构也就逐渐开始出现在美国社会当中。

　　一开始亨格尔收集这些食物用于慈善食堂，但是后来他发现，慈善食堂根本用不了那么多，所以他产生一个想法，可以创建一个专门储存食物的仓库，像银行那样，然后将食物分发给那些需要的穷人。后来他将想法跟教堂的负责人和义工们说了，得到大家的一致赞同，于是，亨格尔就租下一间库房，在义工们的帮助下，第一年就搜集了12万公斤食品，由36个社区组织分发给有需要的人。世界上第一家食品银行——美国亚利桑那州圣玛丽食品银行联盟于1967年就这样建立起来了。

　　由于食品银行可以解决穷人的吃饭问题，同时还防止了食物浪费，所以得到了社会广大人士的认同和支持，不久食品银行就在美国各地建立起来，美国政府也在1976年开始给亨格尔的食品银行提供补贴，以鼓励这种慈善行为。现在，美国各地已有超过200家食品银行，1/8的美国人受过其接济。

　　食品银行中的食物主要来自团体机构的捐赠，捐助者还包括一些零售商店、酒店、食品经销商等，此外，个人也成为食品银行的重要捐助力量。很多穷人在食品银行"白吃"了一段时间之后，生活逐渐变得好起来了，作为回报，也会成为食品银行的捐助者。这也正是公益慈善行业想要看到的：感染更多的人参与进来，使人人成为公益事业的参与者、支持者、捐助者。

　　虽然说食品银行会获得大量捐赠，但是有的时候也会供不应求，因此它们也经常在报纸和公共场所刊登广告，比如，火鸡是感恩节的必备菜，所以在感恩节到来之前，食品银行就会在报纸上刊登诸如"食品银行急需 3000 只火鸡"等广告，人们可以直接捐赠火鸡，也可以捐献现金、支票或超市礼品卡，食品银行会用这些钱和礼品卡买来火鸡送给穷人。

在具体运作方式上，食品银行除了接受企业和个人的食品和资金捐赠外，还可以成本价对菜农的滞销季节性农产品如蔬菜、水果等进行收购，对超市剩余的"临界食品"和"过期食品"进行强制统一的收集、分类。对于保质期和保存期几乎相同的鲜活食品，如熟食、乳制品、面包、现制糕点等统一进行销毁处理；对保存期大大超过保质期的密封干货等食品，统一由"食品银行"收集并免费分发给会员。

旧金山一家食品银行在工作

自食品银行成立以来，给穷人发放过多少食物呢？以得克萨斯州首府奥斯汀市的一间食品银行为例说说，这家食品银行成立于 1981 年，有 6 万平方米的食品分配中心，据统计资料显示，成立 32 年来，一共向贫困民众提供了 2900 万磅（合 1315 万公斤）食物、2450 万份餐饮。其中，来这里工作过的义工总人数为 19000 人，年龄从 8 岁到 94 岁不等。

我国已具备成立食品银行的基础

食品银行在全美铺开后，2006年阿根廷、加拿大、墨西哥和美国4国的食品银行网络共同组建了全球食品银行网络，在18个国家开展工作。到2011年时，欧美国家已约有160家食品银行。欧洲食品银行与食品生产部门、大型超市签订协议，将卖不出去但还能食用的食品收集起来，集中分配后再以最快速度发放出去。欧盟为平抑物价经常划拨资金从农民手中购买剩余农产品，如粮食、面粉、牛奶、肉类等，然后再将农产品交给食品银行处理。在比利时的农产品拍卖市场上，比利时政府对当天卖不出去的水果和蔬菜进行收购，直接搬运到等候在外的食品银行货车上，食品银行再通过全国各地分发点送到穷人手中。加拿大食品银行的服务对象主要是儿童、残障人士和移民群体。其中，移民群体占40%以上，在他们融入当地社会、适应当地生活前，"食品银行"向其提供了较大帮助。2009年香港政府推出了"短期食物援助计划"，资助5家非政府组织营运食品银行，向有需要的人派发米、面、罐头等。除了政府以特价向批发商购买食品外，部分商户也积极捐赠，该计划已为超过4万人提供了食物援助。

食品银行用车

　　那么，中国内地有食品银行吗？回答是肯定的。据媒体报道：我国首家成立的食品银行公益机构是由深圳市芳草地社工服务中心于 2011 年开始运营的，主要面向低保、低残、流浪等弱势群体和经济困难人士，为他们提供暂时性的膳食支持，目前主要以龙岗区和坪山新区为重点，辐射全深圳，依托于社区服务中心，利用周边企业及各类慈善资源所提供的食物和其他可用物资，发放给社区内或社会上有需要的低保、低残等弱势群体。

　　收集已过保质期但未过保存期的安全食品，分配给各类贫困人群，既减轻了社会底层人群的生活压力，又避免了食品的不必要浪费，这种一举两得的做法对我国应有一定的启发和借鉴作用。毫无疑问，建立符合中国国情的食品银行可在一定程度上为社会底层人群的生存"托底"，还有利于完善中国的食品安全监管体系和建设低碳节约型社会。目前，我国基本具备成立食品银行的物质基础和社会需求，可在一些大中城市试点建立食品银行。食品银行可主要针对基本社会保障体系难以覆盖的城市外来工作、生活和就学人群，如进城农民工、异地工作人群的未成年儿童、来自贫困地区异地就学的学生等。在项目实施过程中，政府可发挥积极作用，将相关项目列入年度财政预算，并与非政府组织展开合作，形成政府为主、非政府组织为辅的启动机制，此后逐步向非政府组织过渡，最终将食品银行纳入政府构建的社会保障体系。

第八章　一次特殊的招待会

  2014 年 6 月 15 日是父亲节，在父亲节的前一天晚上，中国驻旧金山总领事馆官邸举行了一次特殊的招待会，招待的对象不是美国的高官，也不是来自国内的重要代表团，而是从中国内地领养的儿童和他们的父母。武汉木偶戏、天门糖塑、黄陂泥塑和四川"变脸"、魔术等艺术家、民间艺人也应邀到场与领养儿童家庭一起互动。我在驻外期间举行过上百次招待会，这次特殊的招待会给我留下的印象最深，引起了我一系列的思考。

被收养的 Avi 和爸爸 Donnovan、
妈妈 Alyson、姐姐 Isaiah 全家出席了招待会

特殊的客人

客人来自旧金山湾区的近三十个家庭，一般是一对父母带上认养的一个中国儿童，个别的有带上认养的两个中国儿童的。认养中国儿童的父母，多数是有钱的美国白人。客人来官邸做客，一家一辆汽车，近三十家近三十辆车，加上记者和为小孩表演节目的艺术家等的车，很快把官邸周围的空闲地方占满了。

说客人特殊，是因为来的客人主要是从中国内地认养的小孩，小孩有的来自城里，有的来自农村，多数小孩是女性，多数小孩长相平平，有些甚至可以说不那么好看，更特殊的是，不少小孩有先天性缺陷，包括肢体残疾甚至智障。

被认养的中国孤儿在美国家庭中不少并非唯一的小孩，有的美国家庭领养了不止一个中国孤儿，有的家庭自己生有儿女，又领养了中国的孤儿，有的家庭领养了来自印度或其他国家的小孩，同时又领养了中国的孤儿。我在招待会见到一位温文尔雅的先生，他说他有一个很可爱的男孩子，但是他领养了一个中国女孩。我问他，你和你太太都很年轻，为什么不自己生一个女孩呢？他说，我们已经有了一个孩子，他得到了我们很多的爱，但是还有很多的孩子没有父母爱，所以我们应该把爱分给其他的孩子。

客人特殊，招待会的举办方式和时间也特殊。平常举行招待会在晚上6:00或6:30开始，这次招待会却是下午4:30开始，因小孩活动不适宜晚上；我的英文致辞尽量浅显易懂，使用的词汇简单，尽量用简单句，而不是复杂的从句。为特殊的客人设计了特殊的活动：请旧金山湾区的华人杂技魔术家张建东为客人表演变脸、魔术、乐器独奏等节目；请来自中国河北的艺人为小孩子表演吹糖人、泥塑和木偶戏；安排抽奖活动；人人赠送礼品，安排自助晚餐并特意包饺子等。

特殊的招待会气氛也特别，招待会正式开始前，官邸到处是小孩开心的笑声和大人们的喝彩声。有的小孩在兴致勃勃地学习做泥塑，有的小孩聚精会神地看表演吹糖人，有的小孩和家长告诉记者们，小孩出生在中国什么地方、来美国多少年了，等等。来自新华社、中新社、国际广播电台、《人民日报》、ICN电视台、美国中文电视台等多家媒体的记者都来招待会现场采访，既采访被领养的小孩及父母，也采访我。我在招待会中致词说："关爱儿童是人类最珍贵的特点之一，看到收养家庭和孩子们漂洋过海穿越国境，我十分感动；也十分欣慰地看到孩子们在美国家庭中获得他们本来应有的关爱。希望孩子们能够像家长们爱你们一样爱自己的养父母，也同样希望你们牢记中国这个拥有五千年历史的国家是你们的祖国。"

通过这次招待会，我了解到，旧金山湾区领养中国儿童的家庭是通过"美国湾区收养组织"的协调来实现的，从20世纪90年代起至今，已有1000多名中国儿童进入旧金山湾区有关家庭发展成长。"美国湾区收养组织"中国项目协调人蔡小庆女士称，领养中国儿童的步骤并不简单。"我做这一行已经快20年了，为中国儿童找到领养家庭的同时也帮助了旧金山湾区有领养需求的家庭，在中美两国移民部门、儿童收养中心联络并递交收养申请、填写表格，通常一个孩子的收养过程会持续几个月左右。"现在旧金山湾区美国家庭到中国领养孩子的数目，平均每年2000人左右，虽然这个数字比高峰时少了许多，但中国仍然是该组织国际领养项目中最大的国家。蔡小庆本人也收养了几名儿童，她的儿子目前已经8岁，她说："就现在而言，中国需要被收养的儿童越来越少，这是我们希望看到的，因为这说明中国百姓的生活水平在不断提升，也说明了中国国内的收养量提高。"

开创美国跨国领养先河的是霍尔特女士和丈夫哈里，他们居住在美国俄勒冈州，有6个孩子。1954年12月在一部纪录片里，他们看到朝鲜战争之后，留在孤儿院里的孩子的惨状，于是决定收养8个朝鲜孤儿。当时，社会上不鼓励跨国领养，也没有法律依据。为了领养朝鲜孩子，霍尔特写信给国会，请求国会同意。两个月后，国会通过了第一个著名的领养法《霍尔特提案》。霍尔特的行动影响了世界，被世人尊称为领养孩子的祖母，她说："所有的孩子都是美丽的，只要有人爱他们。"这对老夫妇去世后，他们博大的爱心一直在美国被发扬光大。那么领养一个中国孤儿要多少钱呢？蔡小庆告诉我大约25000美金，包括律师费、代理费、往返车旅费等。看来领养一个中国孤儿花费不小。蔡特别说，领养成员需要经过严格的背景审核，18岁起不能有任何犯罪记录，"仅有爱心和经济能力是不够的"。

特殊的朋友

　　我在官邸举行美国领养中国儿童家庭招待会，同一个特殊的朋友杨应瑞先生有密切的关系。是他向我介绍了旧金山湾区美国人领养中国孤儿的大致情况，使我产生了举办美国领养中国孤儿家庭招待会的念头，是他为这次招待会做了许多准备工作，如将总领馆的邀请函转发到每一个有关家庭、为与会的每一个家庭提供一袋礼品，等等。

　　杨先生夫妇是美籍华人，与中国驻旧金山总领事馆往来合作已有多年的历史。他祖籍广东汕头，幼时家庭动荡，16 岁赴港投靠亲戚，21 岁赴美留学并于 1985 年在旧金山创办太子行公司，经销西洋参系列产品获得成功。2014 年 5 月 20 日，我邀杨先生夫妇餐叙，谢谢他们多年来热心慈善事业和中美友好。通过交谈，我了解到领养小孩在美国是一个越来越普遍的现象。美国年轻一代对于生孩子的观念越来越淡薄了，因此在美国早就有国际性领养孩子的机构专业人员，如俄罗斯、罗马尼亚、中南美洲等国，都是领养儿童比较多的国家。到中国去领养儿童是近 10 年中发展起

与慈善家杨应瑞夫妇合影

来的，很多人喜欢去中国领养。现在全美领养中国儿童的数量是每年平均5000人，而且有逐年增加的趋势。杨跟儿童福利事业结缘，缘于一次他在祖国内地的旅行。途中，他无意间看到饥餐露宿的流浪儿童，顿生恻隐之心，萌发了收养一个中国孤儿的念头。经过联络，天津市民政部门帮他找到了一个可以领养的女婴，他和太太为女儿起名为"欣怡"，英文名字叫"MilissaJoy"，皆为快乐之意。他说：我们夫妇最大的心愿，是希望女儿一生快快乐乐。领养欣怡后，杨应瑞感到了从未有过的快乐，由此完全改变了他们的人生理念和家庭生活，他们夫妇不只是要培养好自己的女儿，还要更多地投入慈善事业。

1994年，杨应瑞在美国成立了慈亲基金会，专门帮助那些需要领养中国孤儿的美国家庭。在基金会的积极运作下，近百名中国孤儿在大洋彼岸找到了温暖的家。但是，此刻的杨应瑞已经不仅仅关注能够被收养的孤儿，他更关注那些没有被收养的，尤其是身体残障的孤儿。他打算出资在国内兴办一所福利院。2001年，在民政部协调下，杨应瑞牵头的美国慈亲基金会与天津市武清区民政局合作成立了和平之君儿童福利院，区民政局提供土地及配套设施，美国慈亲基金会负责建筑主体及装修、办公用品购置及全部费用；日常运作经费的60%由美国慈亲基金会负担，其余由区民政局负担。为了同时让附近社区家庭里的残障儿童得到免费的康复服务，通过杨应瑞促成，2002年1月，世界宣明会与武清区民政局签订合作协议，由宣明会出资建设和平之君儿童康复中心，中心日常运作经费全部由宣明会负担。

慈善家杨应瑞在招待会上致辞

正因为杨应瑞是一个特殊的朋友，总领馆这次招待会特别安排他致辞，我代表总领馆特别颁给他一个感谢状，感谢状上印上了我专门为杨先生夫妇写的一首诗：

　　七绝　赠美国慈善家杨应瑞夫妇

　　大爱无疆时与人，
　　高标厚德九州钦。
　　满怀信义垂三范，
　　情系故园菩萨风。

　　诗中"三范"是说中国民政部《社会福利》杂志 2013 年第 12 期载文报道杨先生事迹，称杨的慈善事业是"国际范儿、温暖范儿和开放范儿"。

特殊的理念

　　招待会过程中，我同许多被认养的小孩及其父母见面、聊天、合影，他们的幸福、兴奋之情深深地感染了我。这场招待会解决了我脑海中一直盘旋着的两个疑问。

　　一个疑问是，领养小孩在中国也是常有的事情，其中最重要的一条是不要让小孩知道任何有关自身的来历，以免将来长大时要找自己的生身父母而引起不必要的麻烦。但是，我看到的美国的领养家庭却不是这样。招待会过程中，一对一对的父母对他们领养的小孩说：告诉总领事，你出生在中国什么地方。这些孩子都能说得出来他们来自哪里，有天津的、重庆的、广西的。我了解到美国人家庭领养中国孩子不仅不隐瞒，而且还鼓励他知道中国文化，了解自己的身世，学习汉语，甚至想方设法为他们创造了解自己身世的条件。我问几个小孩，回到过中国你出生的地方吗？他们回答说爸爸妈妈带他们回去过。

　　让小孩知道自己的来历这会不会在将来引起麻烦？我把这个问题向杨应瑞提出来。杨应瑞说，对于女儿欣怡的身世，他们夫妇并没有隐瞒。他们认为，要使欣怡的生命快乐，一定要给她正常的心理、健全的心灵，让她坦然面对现实。在女儿读小学三年级后，他们告诉了她被收养的经历，并请她最信任的班主任老师帮助解释。欣怡很快明白过来，她动情地告诉父母，你们这么爱我，根本就像我的亲生父母一样，我也会加倍爱你们的。招待会上，我问欣怡：你到过你出生的天津吗？她告诉我：爸爸妈妈带她去过，她还到了父母在天津推动成立的天津和平之君福利院，看望了在福利院的孤儿们。

招待会礼物赞助商、湾区慈善家杨应瑞先生
和妻子携同养女欣怡一起出席了招待会

　　有意思的是，我在招待会上还见到了一位来自长沙的弃婴和她的养父母，弃婴出生时名叫周仁，到美国后改名为阿比盖尔（Abigail），今年17岁了。阿比盖尔的父母从未隐瞒养女的身世："她很小的时候我就告诉她，她来自中国，领养组织会定期召集领养的小朋友了解中国文化。"阿比盖尔8年前回到长沙，根据档案找到了自己被遗弃的地点。她说："长沙很美，风景如画。我被遗弃在一所大学校园内，我还在那里拍照留念。"

　　在领养孤儿的家长们看来，中美两国人民的领养观念有所不同，可能跟文化不同有关吧。美国家庭认为生儿育女是为这个国家的，不是自己的私有财产，所以小孩到了18岁之后就可以独立，搬出家庭居住。现在越来越多的人不愿生育，所以在领养孩子方面那种把小孩当成自己的私有财产的观念也就很淡，让孩子知道他们是从哪儿来的就没关系了，即使他们长大后去中国寻根，作为父母的美国人也是很乐意的。家长们说，当然今天我们领养中国儿童，最大的心愿是希望中美两国友好，我们中间很多人是热爱中华文化的。不管领养动机如何，今天只要领养了中国儿童，他就一定是中国文化的爱好者。这也是我们为什么要常常聚在一起，让孩子们接受中国文化的教育的原因。

　　第二个疑问是，就笔者在国内多年的亲身观察和经历来看，国人领养小孩，一是喜欢领养健康的男孩，二是喜欢领养健康漂亮的女孩。而美国人在中国领养小孩，领养的男孩不多，领养的女孩不少也是先天有缺陷的孩子。来总领馆参加招待会的被领养的中国孤儿，不少明显是残障儿童。据了解，是这些家长主动挑选残障儿童领养。这是为什么呢？

和长沙弃婴阿比盖尔（原名周仁）及养母合影

　　通过与家长们交谈，我了解到，这些家长之所以愿意挑选残障儿童来领养，是因为他们领养孤儿，并非出于养儿防老等功利性目的，而是受美国慈善文化独特理念的影响，养成了怜悯的心态，把领养残障孤儿看成是行善，既然是行善，就自然而然把关爱优先给最需要关爱的人，这样一来就不难理解，为什么在招待会上，那么多特殊客人中有那么多的残障儿童；也不难理解，为什么一些美国夫妇，本来自己生有儿女，有的还不止一个儿女，却仍然领养孤儿，特别是特意领养残障孤儿。招待会上，一位来宾跟我说，他们夫妇曾在中国的儿童福利院做义工，此前，他们已办好了领养一个中国孤儿的手续。做义工期间，她和她先生非常喜欢一个双手残疾的孩子，那个孩子可以用臂部夹着笔画画儿，他们觉得这个双手残疾的孩子更需要关爱，因而很想领养他，只可惜重新改换领养手续非常繁琐，可能还得等很长时间，他们只好忍痛割爱了。事过多年，他们仍然非常惋惜地说："看来我们没有缘分。"

也正是基于这一理念，杨应瑞在天津创办的和平之君儿童福利院，收养的113名儿童全都是需要给予特别关爱的，其中60名为脑瘫患儿，34名为先天愚型，8名为肢体畸形，其他11名分别为青光眼、智迟、先天白内障等。

招待会上，我在接受媒体采访时表示，把艺术家与孩子们的互动做为此次招待会的活动之一，首先是为了向领养中国儿童的家庭表示感谢，"因为这些家庭领养中国儿童以后，他们都会告诉孩子们祖籍在哪里。这些中国儿童生在中国，长在美国，心系中美，会在将来成为推动两国往来与合作的重要力量"。

我说的是心里话，也是现实情况，完全不是外交辞令。

第三篇 直击美国社会（上）

第九章　政治献金制度下的合法性腐败
——美国特色的腐败现象(上)

美国是用金钱和资本构造起来的金元帝国，万事离不开钱。美国拥有人类有史以来最为成功的民主宪政体制，但也毫不例外地打上了金钱的烙印。笔者认为，最具美国特色的腐败现象是政治献金背后的利益交换，这让美国的法律处在尴尬境地。你要是没钱，根本就从不了政。要想当官，不论哪一级，总要竞选，竞选就要有经费，就要拉赞助。赞助拉得多，以后高升的希望就大。做到州长的，哪个背后都得有几个响当当的大财团。总统竞选就更不用说了。我在担任中国驻旧金山总领事期间，观察到美国不仅经常有、到处有腐败现象，而且不少腐败现象具有典型的美国特色。

美国多党制离不开政治献金

美国政客要当官得分两步走。首先，他们要获得有钱人、大公司和势力集团的支持。有了钱他们才能去招兵买马，打广告，然后再去取悦选民。美国的法律允许接受政治献金，并且进行了严格的规定。美国竞选法规定，为特定的候选人提供政治捐款（俗称"硬钱"），在一次选举中对每位总统候选人和国会议员候选人捐款额的上限是1000美元，个人在一次选举中可为政党捐献的钱不得超过2万美元；用于捐给政治行动委员会的上限为5000美元，每年个人所允许捐献的资金总额不能超过2.5万美元；捐款超过200美元的都要有详细的记录。企业或工会曾被禁止直接出资帮助国会议员候选人和总统候选人进行竞选，但他们可以组成政治行动委员会和个体资助集团，为政党发展募集资金（俗称"软钱"），其数额不受限制。虽然"软钱"不能直接用于候选人个人，只能用于为政党及其各级组织动员选票，但其实质又有什么区别呢。2010 年 1 月，美国最高法院裁定废除大企业提供政治献金的限额规定。政治献金从来都不是"公益善款"，背后必然有着利益交换，这是美国法律的尴尬所在。

美国形形色色利益集团的政治献金不仅为竞选者提供了资金的支持，更为利益集团本身开辟了一条条通往国会山和白宫的特殊通道，以及对美国各项政策的制定施加影响的渠道。因为，不论是哪个党派入主白宫，或在国会山中占据多数，对美国政府制定的政策都会产生重大的影响力。为了报答金主们的慷慨，这些党派和政治人物必将制定或采取一些有利于自己金主的政策。而这些利益集团中既有美国的各大财团，也有些来自世界不同国家和地区的。

巨额的政治献金不但容易诱使人"做手脚"，而且，因为接受政治献金在很多时候与受贿界限模糊，所以只要没有明显的利益交换和对价关系，很多人都把自己的受贿推到政治献金上，以此脱身脱罪。尽管对政治献金进行必要的规制已成为共识，但是要规范政治献金也绝非易事，相关法律总是有漏洞可钻，由此也就出现了很多政治献金丑闻。

不少人说，美国的政治选举制度客观上为官员腐败创造了条件。在 20 世纪前后的几十年间，美国的竞选经费主要来源于公司、银行、铁路和其他商业集团以及"肥猫"（有钱的大老板）。当时许多选民对此十分不满，他们担心，政治与金钱的联姻太过密切会造成腐败。选民的呼声在 1904 年得到了响应。在 1904 年大选中，以改革者面孔出现的西奥多·罗斯福（Theodore Roosevelt）承诺不接受任何公司的捐赠。他最终击败民主党候选人奥尔顿·帕克（Alton B. Paker），部分原因是选民认为帕克与华尔街的大公司关系太过密切。然而，选举后所揭露的事实显示，罗斯福事实上从公司高级职员和董事那里筹集到了大笔经费。摩根公司向罗斯福捐赠了 1 万美元，相当于今天的 200 万美元以上。纽约人寿公司也直接捐赠了 5 万美元。罗斯福大约 3/4 的竞选经费来自铁路和石油公司。针对一系列对丑闻的指控，罗斯福很快作出了回应，他建议进行竞选经费改革。在罗斯福的推动下，1907 年国会通过《蒂尔曼法》，禁止银行和公司在联邦选举中进行政治捐款。

华尔街与美国的政治献金难脱干系

　　然而，选举离不开金钱，没有钱，就不能在电视和广播上播出竞选广告，不能组织各项与竞选有关的活动。没有竞选广告和其他与竞选有关的活动，就难以让每个选民都知晓候选人的政治理念，从而保障选民应有的知情权及选择权。"金钱是政治的母乳"确实是美国选举政治的写照。但是，政治与金钱的联姻容易造就腐败。虽然美国采取了不少措施防止政治的"母乳"成为"毒汁"，避免民主选举被腐蚀成权贵们的金钱游戏，但是，不可否认，政治献金制度确实催生了不少腐败现象。在美国政治发展进程中，一些曾被看作是腐败的行为逐渐演化成政治过程中的正常部分，比如利益集团可以向竞选者提供巨额竞选资金，甚至进行权钱交易。

政治献金制度的一个牺牲品

　　谁募集的大选资金多，谁获胜的机会就大。外交使团观察、分析、预测谁获胜、谁失败，一个重要的依据就是看谁募集的大选资金多些、谁的少些。我在旧金山工作期间，旧金山领区的加利福尼亚州、阿拉斯加州、内华达州、华盛顿州、俄亥俄州都进行了州长、议员、州务卿等选举，观察大选是总领事馆的分内之事，我因职责所在得以全过程、多角度地了解美国的大选。加州州长布朗，尽管早已年过七十，但大选资金远远超过竞争对手，结果是毫无悬念地赢得了大选，得以连选连任；奥克兰市华裔市长关丽珍输掉了大选，是因为对手募集的大选资金遥遥领先。

加州首位华裔参议员余胤良却没有这么幸运，他竞选州务卿不但未能成功，连参议员位子都丢了，而且还被指涉嫌腐败而被捕入狱，成了美国政治献金制度的一个牺牲品。余胤良是加州首位华裔众议员，后来又成为首位华裔参议员。2014 年，余胤良宣布竞选加州州务卿。州务卿在州政府中的地位仅次于州长、副州长，实权则大于副州长，是负责州政府日常事务的政要。这是加州历史上第一次有华人竞选州务卿。在白人至上的美国社会，作为黄种人的华人，仍然难以享受到与白人同等的尊严，身为华人的余胤良，即使早已是

加州州长布朗尽管早已年过七十，但财大气粗的他轻松赢得大选

美国公民，要想赢得州务卿的大选，其难度也非常之大。为了赢得竞选，余胤良必须募集足够的大选资金，在募集资金的过程中，余胤良可说是千方百计，其中包括不得不权力寻租，对提供竞选资金的金主承诺以将来的利益输送作为回报。他在募集大选资金的过程中被人抓住了辫子，美国联邦调查局派探员对他"钓鱼"，大选还没有开始，余胤良就被美国联邦调查局抓进了监狱，他虽然经取保候审，得以免除缧绁之苦，但不仅失去了

竞选州务卿的资格，连州参议员的位子也保不住，不得不宣布辞职。美国旧金山前黑人市长布朗公开表示：是政治献金害了余胤良，没有钱选不上，募集到足够的钱难免不腐败。

加州奥克兰华裔市长关丽珍在大选中落败，人们认为竞选资金不敌对手是原因之一

加州第一位华裔参议员余胤良

政治献金制度使腐败公开化

我在旧金山工作期间，奥巴马总统两次来旧金山募集大选资金。美国的政治人物募集选举资金的一个通常做法是举行各种集资晚宴，请来各路政坛人士，再留一些空位给各大公司。每个空位都有明码标价，想要参加的公司就要掏钱。集来的钱用于竞选、搞大型活动等，提高政界人士声望。所以一个愿打一个愿挨，完全用不着背后塞钱送礼。

2004年11月的美国总统选举，布什阵容共花费3亿6000万美元，一举击败了民主党候选人克里而卫冕成功，使得此次选举成为历史上最为昂贵的一次总统大选。布什阵容远远超过4年前的1亿9000万美元。而克里阵容也不示弱，共筹集竞选资金3亿1700万，用掉2亿4100万美元。

奥巴马2008年竞选总统时，花费的金钱又远远超过布什。据《纽约时报》报道，美国民主党向联邦选举委员会新提交的报告显示，奥巴马总计筹得的竞选经费高达近7.5亿美元，创下美国总统选举历史上个人筹款纪录。整个选举之路中，有超过395万人为其捐款助威。奥巴马是20世纪70年代美国选举制度改革以来首名依法放弃公共资金而选用个人捐款的总统候选人。直至大选结束，奥巴马选举经费中还有近3000万美元的"盈余"。

政治献金的来源不外乎财团、政治团体、个人以及政府竞选资金。商界捐献给布什资金最多的是金融、保险和地产界等大财团。捐献最多的州是布什的老家得克萨斯，加州和佛州紧跟其后。

参议员和众议员的竞选也毫不逊色，从几百万到上千万不等。如众议院共和党籍议长丹尼斯·哈斯特在2003—2004年共收到政治捐款480万美元，花费近500万，其中约60%来源于个人捐款。参议员开价更高，如参议员伊丽莎白·多勒在1999—2004年共筹得约1500万美元资金，在竞选中基本上花光。

不提各位州长、市长和地方议员的选举，光2000年的总统和参众两院的选举就花掉了近30亿美元，而1996年的这个数是22亿，1992年是18亿。想想看，这是多么庞大的一笔资金啊。

除了个人、公司和政治宗教团体之外，美国还有三四十个职业游说公司分别为他们的客户在国会谋取利益。例如，台湾为争取美国国会对台湾独立的支持，游说资金少说也有上千万。可见，美国民主政体的实际操作与金钱有多么密不可分的联系，金钱对美国政治运作的渗透已到了无孔不入的地步。

资本家为政客输血有两条途径：一是政治捐款；二是请前政府官员院外游说。美国有一种说法，如果你两者都做，就可以呼风唤雨，要风得风，求雨得雨；如果做其中一项，那你到华盛顿办事，也会受到政客的善待。政客们通常需要花费很多的时间和精力来拉赞助。"软钱"才是美国全国上下所关心的腐败问题。从政就是要当官并且保住职位，而这些在美国都少不了钱。大公司和大资本家不用赤膊上阵，他们完全可以在法律允许的范围内很漂亮地把事情搞定，而且律师也会帮助他们把事情做得很漂亮。大公司和有钱人捐款后获得的好处之一是少交税。如果公司做出错误决策，可以向政府求援；如果是欠债，想要延期偿还，政府会恩准；如果他们想得到什么豁免，政府也会考虑。

拿了钱的政客就会巧妙地运作，让政府制定在宏观上倾斜某些行业的政策或法律。有的时候回报也并不一定要有实际内容，给他们一些荣誉也可以。在美国主要是国家领导人给面子。克林顿在好莱坞有许多好朋友，每次去"化缘"都能带回来很多很多的钱；投之以桃，报之以李，好莱坞朋友们到华盛顿都要去白宫看望他们的好兄弟克林顿，克林顿会很热情地招待他们，还要请他们在白宫的客房林肯卧室留宿。于是有一种说法，白宫简直成了好莱坞明星的专用旅馆。

政客对政治献金不能白拿，必须投桃报李，这不排除在个案上照顾朋友，但一切都做得很隐蔽，不露痕迹。杜勒斯在当上国务卿之前是纽约一家大律师事务所的合伙人。该所的一家客户原本是美国政府反托拉斯诉讼的对象，杜勒斯当上国务卿之后此案便不了了之，其中奥妙很难说清楚。不少从政的人，从政坛退下之后，都自己"下海"或是做顾问，根据在任时的级别，收入各有不同，但都极为可观。这些人靠的，全是当初政坛上的老关系。

多党制并没有解决腐败问题

有人认为，多党制才能从根本上解决反腐倡廉的问题，然而，美国多党（含两党）制建立后，腐败现象一直如影随形，并没有因为政党政治这一"重要的政治发明"和"现代政治制度的杰作"而销声匿迹，政党腐败丑闻在不少多党制国家一直是此伏彼起，甚至有过臭不可闻的时期。18世纪的英国，各级议会议席甚至标价竞卖，候选人贿买选民、操纵选举比比皆是。而此时，正是辉格党和托利党在政坛上异常活跃时期。19世纪中后期的美国，格兰特将军任总统时，任人唯亲、反贪不力，使得本应当成为联邦政府道德楷模和典范的总统内阁贪污腐败成风，连副总统都被爆出受贿丑闻，制造了美国历史上声名狼藉的"腐败内阁"。可别忘了，这个时期美国的民主党和共和党都陷在腐败泥潭里不能自拔，真是"乌鸦别说猪黑"。20世纪尤其是第二次世界大战后，一些国家开始在制度、道德等层面建立约束政党特别是执政党运用公权的权力制衡和监督机制，但仍然没有解决多党制条件下的腐败问题，腐败这一顽症至今仍在绝大多数西方国家不同程度存在。在20世纪八九十年代，数十个发展中国家主动或被动地实行了多党制后，腐败现象不仅没有得到解决，有些国家甚至较之前更加严重。"透明国际"公布的数据表明，2012年世界上最腐败的10个国家与地区中，9个是实行多党制的国家。这更以事实击穿了关于实行多党制能够解决腐败问题的臆断。

　　腐败是国际性的现象，是国际社会共同面对的一个顽症。实行多党制（或两党制）的美国，其腐败程度不亚于世界上任何一个腐败国家。在美国，从联邦、州到地方各级权力机关，都存在腐败现象。上至国会议员，下至普通公职人员，都可能与腐败扯上关系。2014年美国司法部公布的数据显示，过去20年内，共有2万多人因腐败被判有罪，其中后10年比前10年案件增加了3.2%。另据盖洛普公司最新民调显示，半数以上美国受访者认为，腐败是联邦政府首先应该解决的问题，降低联邦赤字、就业、医保等热门议题则位列其后。有腐败就有老虎，反腐败就必然要打老虎，美国也不例外。位于美国中北部的伊利诺伊州就因"盛产"腐败州长而著称。据统计，过去40多年中，该州9任州长中有5人曾因涉嫌腐败案件被起诉，其中4位州长最终锒铛入狱。与中国一样，美国历史上的不少"大老虎"也并非一开始就是十恶不赦的大贪官，其中也有王牌飞行员、越战英雄、警界英豪、黑人政治领袖，不少人还为美国做出过杰出贡献，但当位高权重以后，他们就恃宠生骄、胡作非为，最终锒铛入狱。

　　谈到有美国特色的腐败现象的时候，有一个词经常出现，这就是"期权腐败"。有美国朋友私下告诉我，在美国，许诺给官员将来的好处，比如金钱、实物、职位或者商业机会，都属于行贿行为。美国官员任职时很干净，几十块钱的小礼物都不能拿，但是好处却早已存在那里，等到卸任后大大方方地合法拿就是了。这里有个涉及大军火商的案例。德鲁扬是美国空军的装备部长，希尔斯是美国大军火商的财务部长，在换装"空中加油机"的操作中，军火商许诺，等空军装备部长退役后，就请他来公司工作。装备部长则投桃报李给予这家军火公司以生意上的方便。2002年空军装备部长退役，2003年初进入这家军火公司某部门担任副主任。同时，该部长的女儿和准女婿也进入军火公司工作。而根据美国联邦法律，联邦雇员不得介入与自己利益相关的事务。这位装备部长既然有意退役后进入这家军火公司工作，那么在涉及该军火公司业务的时候，就应该主动回避。而他不但没有主动回避，反而帮助该公司。这事儿很蹊跷，于是，美国联邦调查局和国防部联合展开了调查。调查结果表明，军火商的确事先许诺给职位，装备部长的确提供方便。这就是典型的钱权交易。结果，在当年，这家军火公司的CEO下台，财务部长被判刑4个月，罚款25万美元和200小时的社区服务。空军装备部长被判刑9个月，罚款

5000 美元和 150 小时的社区服务。这样,这两位社会精英被迫充当"扫地工"了。空军装备部长的高薪梦才做了几个月,就被联邦调查局给打碎了。而且,大军火商也受到惩罚:强制性罚款 5000 万美元;民事罚款 5 亿 6500 万美元,而且冻结它与国防部的合同。`

2010 年 1 月 21 日,美国联邦最高法院的 9 名大法官,以 5∶4 的微弱优势通过了一项有关政治献金的法律裁定,废除了 63 年来对公司、非营利团体和工会在美国选举中献金助选的金额上限,对公司和工会在初选前 30 天或大选前 60 天禁止播放竞选广告的禁令也同时取消。这一法律裁定,为扩大金钱在大选中的作用提供了法律依据,从而很有可能使政治献金制度催生出更多的腐败现象。

第十章 一朝天子一朝臣

——美国特色的腐败现象(下)

在美国,与政党政治息息相关的官官相护和裙带关系,成为腐败滋生的主要土壤,其典型表现方式是一朝天子一朝臣,也就是任人唯亲。《汉语成语词典》对"任人唯亲"的解释是:用人不问人的德才,只选跟自己关系亲密的人。任人唯亲成立必须具备两个条件。一是"亲"者不具备胜任能力;二是任人者之所以这样做,是追求个人利益的最大化。说现在美国的政治是一朝天子一朝臣,一点也不过分。

任人唯亲 外交先行

奥巴马登上总统宝座后,立即用大使职位"奖励"捐款人。提名"金主"担任驻外大使是美国的一项政治传统,意在回馈竞选支持者,这并非奥巴马的发明。据俄罗斯之声电台网站记者罗曼·马莫诺夫2013年2月8日报道:美国大使的职位可以买到,但很贵,奥巴马任人唯亲的政策遭诟病。报道说,美国国务院将大换班,专家们预测会更换一些驻外大使。奥巴马总统会将自己人(包括朋友和资助人)安排在有利可图的岗位上,这不是什么秘密。宾夕法尼亚大学教授杰特和约翰内斯通过科学分析的方式编制了一份清单,清楚地表明需要花多少赞助费才能得到大使的职位。

杰特曾在美国国务院任职28年,出任过驻莫桑比克和秘鲁大使,现在从事研究工作。杰特说:"我作为一名职业外交官,很想知道一些圈外人如何进入这行当大使,从中看到一个很有意思的研究课题。我想通过分析研究找到问题的答案,弄明白政治与大使任免之间的关系。我们已经搞清楚，有 30% 的大使岗位提供给奥巴马的朋友和捐赠人，而不是职业外交家。即便在大选中花 200 万美元，也不一定就能得到一个有利可图的位置。"他们研究了谁在奥巴马竞选中花了多少钱，然后与大使任命决定进行对比。最贵的大使职务是驻法国大使和驻摩洛哥大使（显然这也是人们愿意去的地方），他们向竞选基金的直接投入高达 600 万美元。谋求驻英国大使的职位需要 230 万美元。

杰特对记者解释说，这并不是说购买大使的职位，一切都是依法行事的。但他认为这种用人政策有损美国的形象，会导致外交冲突。"他们中的许多人不具有外交工作的必备素质。很多任命是不恰当的。往往会任命一些偶然出现的人，而不是经验丰富的外交官。大使的能力应当与美国的世界领袖作用相符，应当懂得外交工作的特点。任人唯亲的政策会损害美国的世界地位。"

奥巴马总统

美国总统奥巴马提名前总统肯尼迪之女担任美国驻日本大使，消息一公布，立即引发政策评论界的一片质疑声。早在 2008 年奥巴马还未在大

肯尼迪之女被提名为美国驻日本大使

选中大获声望时，前总统之女卡罗琳·肯尼迪就在《纽约时报》上撰文称赞奥巴马颇具其父亲的遗风，大大提振了奥巴马的声望。同时，奥巴马在肯尼迪家族另一政要参议员爱德华·肯尼迪的帮助下，成功击败希拉里，成为总统候选人。舆论指责奥巴马提名门外汉任驻日大使，认为这件事充分证明了奥巴马任人唯亲。美国《外交政策》杂志2013年7月25日文章称，卡罗琳除了写过这篇洋溢着赞美之词的文章外，其资历显然难以匹配美国驻日大使这一职位。作为一名律师，她为家族慈善事业倾尽全力，但是她对日本并没有深入研究，在外交、政府事务方面的经验也很欠缺。尽管拥有深厚背景，但这位大使候选人几乎没有外交经验，这一任命反映出奥巴马政府在外交政策上的武断，甚至有"任人唯亲"之嫌。《外交政策》指出，任命一名毫无外交经验的新手作为美国驻日大使会向国际社会传递出很多不良讯息：第一，美国不在乎此人是否有外交经验；第二，美国政府喜欢任人唯亲；第三，美国外交政策更多以总统为中心而不是以整个政府、整个体制或国家利益为重。文章最后警告称，历史及常识告诉人们，个人权力集中会造成大量经验和观点的流失，一些关键部门或政府在实施重要决策或开展相关工作时将遇到更大阻力，更糟糕的是，这将向全世界传递美国时下的政治导向及价值观。文章最后质问：美国是否要像其他许多国家一样，为任人唯亲的资本主义付出外交上的代价？

奥巴马竞选期间的主要资金筹募人路易斯·萨斯曼得到总统的丰厚回报，被提名为美国驻英国大使。英国《星期日电讯报》2009年2月22日报道，白宫前总统顾问吉姆·努佐说，奥巴马需要能提供大量现金的人，萨斯曼已"支付钱款",如今赢得前往伦敦的机会。努佐说:"奥巴马应选择一名重量级外交官出任驻英大使。在两国关系如今遭受多方压力的情况下,新大使需能加强美英特殊关系。相反,他似乎选择了一位准备去度四年假期的人。"《星期日电讯报》认为,"白宫预计将辩称",萨斯曼之前担任花旗银行副总裁的经历让他熟悉伦敦的金融体系,因此很适合担任驻英大使。萨斯曼来自奥巴马的故乡芝加哥,是一名律师和银行家。作为民主党最富经验的资金筹募人,他多年来为民主党候选人参加大选筹得大量资金。萨斯曼可能会出任美国驻英国大使的消息传出后,奥巴马的用人政策立即受到一些人公开指责。批评者认为,这是"任人唯亲",与奥巴马先前承诺的政治变革背道而驰。美国外交部门官员罗纳德·施皮尔斯认为,这种做法是对职业外交官的"侮辱","那是一种取悦或安抚行为,通常那些(筹募资金的)人都会被当作'大使先生'"。一些批评者认为,英国政府如今担心奥巴马是否会像前任们那样重视英美特殊关系,在此时机,任命一位知名资深外交官出任如此重要职位会"更为恰当"。

值得注意的是,奥巴马对不少其他大使的任命也是按投桃报李、任人唯亲的方式确定的。例如:

美国驻阿根廷大使提名人诺亚·马麦特曾在 2008 年和 2012 年总统大选中分别为奥巴马竞选筹资至少 50 万美元。在 2013 年 2 月 6 日美国国会参议院外交委员会任命听证会上,诺亚·马麦特承认从没去过阿根廷,也不怎么会说西班牙语。

驻挪威大使提名人乔治·楚尼斯这位旅馆业大亨曾向奥巴马和其他民主党人提供政治献金至少 130 万美元。这位外交门外汉在听证会上将挪威的执政党称为极端主义,引起该党的愤怒,他甚至提到了"挪威总统",但挪威是君主立宪制国家,没有总统一职。

驻匈牙利大使提名人科琳·贝尔是一名肥皂剧制片人,也是民主党的筹款人。她似乎对自己将要赴任的国家一无所知,在国会回答"美国在匈牙利的战略利益是什么"的问题时吞吞吐吐、语无伦次。当被资深参议员麦凯恩问及"将怎样与前任大使表现不同"时,美女制片人顾左右而言他,麦凯恩三次向其表示问题核心也不得要点,最后只能表示"显然你不想回答我的问题"。

上述三位大使提名人在出席听证会时相继"出丑",暴露了他们见识狭窄经验甚少，引起外界普遍质疑。对此，国务院发言人玛丽·哈夫 2014 年 2 月 14 日在记者会上坚称"所有的大使人选都非常合格"，大使提名过程由白宫主导，总统和国务卿都支持提名人。她还强调，"捐没捐款"，并不会让大使提名人变得"更合格或者不够合格"。

无独有偶，美国驻英国大使马修·巴曾是奥巴马 2012 年总统竞选团队的财务主席，他帮助筹资 7 亿美元竞选经费，其中他一人就筹款超过 230 万美元。而驻意大利大使菲利普斯是来自华盛顿的律师，在竞选中捐款 50 万美元。约翰·埃莫森曾在洛杉矶帮奥巴马筹得 150 万美元，担任美国驻德国大使。简·斯特森是 IBM 公司的继承人，筹资 240 万美元，在美国驻法大使职位的争夺中领先。此外，其他多国大使职位也都"价格不菲"，获得任命的人都曾帮助奥巴马竞选。《华盛顿邮报》说，这些拙劣的任命凸显了用大使这样的美差回报富裕的捐助者和关系亲近的政客的危险，也为共和党人指责白宫找到了新靶子。这也表明，奥巴马现在已经变得和他的前任一样，把几十个主要的外交职位给了自己的捐助者。

只要捐款多，就能当大使？美国《华盛顿邮报》网站 2014 年 2 月 14 日报道称，关于美国总统是否应该通过任命大使的方式回报政治选举捐助者和自己的死党是一个争论了一个世纪的话题，奥巴马总统一连串尴尬的大使任命再次引发了人们对此话题的争论。奥巴马提名竞选筹款"金主"出任大使的做法再次遭遇挑战。

有数据表明，奥巴马在提名"金主"出任大使方面已开创数十年来历届总统之"最"，背离了其上任之初"多让职业外交官出任大使"的承诺。美国多家媒体援引美国外交人员协会提供的数据称，多年来总统任命驻外大使遵循"三七开"定律，70% 的大使职位由职业外交官担任，其余 30% 由总统的政治伙伴担任。但自奥巴马第二任期以来，提名政治伙伴担任驻外大使的比例已超过 50%。在里根和福特任总统期间，这一比例约为 38%；克林顿与卡特任总统期间，这一比例约为 27%。

奥巴马政府官员解释说，这个数据的增加是因为奥巴马第二任期刚开始时任命的一些职位是一直留给非外交人员的。这个比例将会在未来几个月内有所下降。

当然，担任大使的并非都是奥巴马的政治捐助者，得到大使任命的还包括前白宫助手和奥巴马的竞选助手们，比如驻南非大使、驻丹麦大使和驻坦桑尼亚大使。奥巴马还任命了前白宫法律顾问卡桑德拉·巴茨为驻巴拿马大使。这些都是奥巴马的私人圈子里的人。

对此，哈佛大学的约瑟夫·奈教授评论说："毫无疑问，它削弱了我们的实力。我们的模式看起来似乎比欧洲模式更奏效，当然也比日本模式奏效。它所代表的就是任人唯贤的资本主义。如今，这种模式遭到了破坏，我们的信用也同时受到了损害。"

有必要指出，美国的许多大使职位可以供总统送人情用，是历史形成的潜规则，而且已经司空见惯，大家见怪不怪。长期以来几乎没有人认为这有什么不妥。罗斯福竞选总统，肯尼迪的父亲帮了大忙，所以给肯尼迪的父亲弄了个美国驻英国大使当当，在国外也风光一下。

任人唯亲　司空见惯

美国政府任人唯贤，还是任人唯亲？最好我们还是看看美国人自己怎么看。美国全国广播公司2003年2月28日曾报道说，美国现任政府中家族网络繁杂，且不说最有权势的总统布什家族，副总统切尼、国务卿鲍威尔、大法官安东宁·斯卡利亚和参议院民主党领袖汤姆·达施勒都有家人在政府就任高官。11年前的老布什总统曾经大力宣扬家庭价值观，如今子承父业的小布什正在领导美国政府成长为一个前所未有的庞大家族企业。

庞大的行政部门充斥了家族网络。先看看副总统切尼一家，他的女儿伊丽莎白2003年被任命为副助理国务卿，在鲍威尔的手下干事。伊丽莎白的丈夫菲利普，也就是切尼的女婿，是管理和预算办公室的总顾问。菲利普老板的姐姐德博拉是司法部的助理大律师。再看鲍威尔一家，他的儿子迈克尔是联邦通讯委员会的主席。

号称公正、独立的司法部门也脱不了裙带关系谱。首席大法官威廉姆·伦奎斯特的女儿珍妮特是卫生和服务部的总检察官。另一位大法官安东宁·斯卡利亚的儿子尤金被任命为劳动部的法律顾问。

国会山更是有着千丝万缕的裙带关系，并且和外面的游说公司有着说不清的瓜葛。参议员奥林·哈奇的儿子斯格特是一家著名的游说公司的合伙人，曾经成功地为美国最大的电信运营商威利增、制药巨头葛素兰史克和其他很多公司游说。民主党众议员、交通方式委员会资深成员罗伯特·马修的妻子桃瑞斯,是另一家有名的游说公司的政府关系主管,这家公司的客户包括自行车制造商和全国猪肉生产商协会。

媒体对美国政治任人唯亲的指责并非捕风捉影,一个典型的例子是:阿拉斯加的共和党参议员弗兰克·穆尔克斯基成功竞选州长的职位,他需要任命一个人来干完他的两年议员任期。于是他宣布要在全州广泛寻找接班人,最后出人意料也合乎政治需要地选择了他的女儿琳达。

任人唯亲　由来已久

美国在历史上就存在严重的用人腐败:考虑亲疏多过考量德行。这一点在镀金时代的美国体现得尤为明显,格兰特总统最为人诟病的一点,就是近乎灾难性地大搞裙带关系。

一是用家族的人,特别是妻子的家人当官。还应妻子的要求,任命她的一些"娘家人"做了大官。这也是他在组阁之初就招致舆论强烈反对的重要原因:内阁中有如此多的人不是总统的亲戚就是他妻子的亲戚——竟至几十个之多。

任人唯亲的美国总统格兰特

二是把很多重要职位给了自己以前在军队的同僚,导致事实上重用外行。其中最让人笑掉大牙的是对海军部部长阿道夫·博里的任命。博里是一个既无从政经验又无海军知识的人,唯一不缺的就是钱,而这正是格兰特看重的。但问题是,海军部不仅重要,而且是专业性极强的地方,博里在这里根本就是丈二和尚,自己都觉得像个傀儡。结果,没过三个月他就主动辞职了。像这样的外行领导内行的现象,在格兰特时期比比皆是。对此,参议员查尔斯·萨姆纳愤怒地说:"美国正在遭受着一种如水肿病一般困扰着人们的裙带关系的折磨。"

三是提携劣币,去除良币。任人唯亲的另一面,就是不能给予正直的官员必要支持,导致内阁成员频繁更替,凸显了格兰特时期的政治乱象。以司法部部长为例,1870—1871年在职的阿莫斯·阿克曼,是反对铁路业主不法行为的正直官员,但在铁路业主们的说服下,他不久便被格兰特解职了。解职时,格兰特安慰性地称颂阿克曼是热忱、正直而勤奋的人,并提出以其他职位作为补偿,被阿克曼断然拒绝了。而在阿克曼之前,1869—1870年在职的埃比尼泽·霍尔则是另外一个典型。在任人唯亲成风的格兰特政府中,霍尔是为数不多的以业绩而不是对长官个人的忠诚来任用下属的领导者,他挑选了九位能力出众、为人正直的新人出任新创设的联邦法官职务。这引起了那些希望把自己人安插在这些岗位上的政要和议员们的不满,最终,孤立无援的霍尔在得不到总统支持的情况下黯然离去。无独有偶,在霍尔去职的同一年,内政部部长雅各布·考克斯在其部门实行了按功绩奖励的制度,抵制了任意封官许愿的做法,但同时也与格兰特发生了激烈冲突,在上任不到一年后就愤然离职。

由于任人唯亲,格兰特对官员品行的考量明显不足。尽管做了总统,但格兰特似乎还没有摆脱战时思维,挑选内阁官员用的是当初挑选军事幕僚的模式,看重的是私人关系,而不是他们的声望和公众的需要,因此他比任何其他总统都更多地降低了阁员们的品德标准。

格兰特任人唯亲,独断专行,身为共和党人总统,用人却不征求共和党领导者们的意见,有些内阁部长甚至是从报纸上才得知自己的任命,而这些人也大多很不给格兰特争气,相继丢人现眼地离开了政府。这对格兰特的威信构成了极大的伤害,也使得这位战功卓著的将军成为美国历史上最不称职的总统之一。后世的历史学家愤然指出:"格兰特随和的管理作风,似乎已经被一大群政府内外没有道德的官员当作了腐败的'公开邀请'。"自那以后,象征着裙带之风、上层腐败和任人唯亲的"格兰特主义"一词也变得越发臭名昭著。

任人唯亲　制度使然

　　美国的总统每四年换一届，而每当一个新总统上任时，其前任的联邦政府官员基本上就都不用了，他们明目张胆地用自己的人，根本不像中国官员总是把"任人唯贤"的话挂在嘴边，生怕别人说他"任人唯亲"和"拉帮结派"。一般来说，联邦政府各大部的第一二把手都是由政党指派的。这些人正所谓是一朝天子一朝臣，随着美国共和党和民主党的轮流执政而每四年或八年一换班。这些人大部分是美国总统大选中的有功之臣或是以为政党的关系，总统为了回报功臣及自身政党利益，将他们提名为各大部委的第一二把手。总统提名后，还要得到美国国会的听证认可才能走马上任。这些人上任后，再由他们提名推荐所属各部门的正职以及他们的助手。其所任命的官员都是在大选时为新总统上台出过力流过汗的人，都是自己党派的人，尽管别的党派中有优秀的人才，但新总统一般是不会用的，美国人对此早已习以为常了。

赢得连任的奥巴马总统

　　美国总统的选举耗时耗力，总统大选就像是一场宣传战争，每个总统候选人都有自己的团队和支持者，选举时都是极力在表扬自己攻击别人以争取选民，在选举过程中还消耗了自己的支持者的钱财；一旦自己当上了总统，就会对自己团队和党派的人论功行赏、封侯拜相，至于别人那就靠边了。这就有点像中国过去靠武力打下天下后的场景，自己的亲戚朋友和有战功的都能封赏，而不管别的有本事的人。想当总统的人需要有一批死士为其四处奔走，效犬马之劳；主公上台后自然是要论功行赏，把功臣安插到各个部门任职，总统出访时还不忘记这批小兄弟，组团时都把他们安排进去。

第十一章　感受美国打假

每年 3 月 15 日，中央电视台都会举行维护消费者权益、打击假冒伪劣的 3·15 文艺晚会，美国有这样的活动吗？假药害死人、假酒喝死人、假货坑死人的现象屡见不鲜，美国有没有假冒伪劣？来美国后，耳闻目睹了美国打击假冒伪劣、维护消费者权益的种种情况，颇有心得，颇受启发。

从一桩假酒官司说起

2013 年 4 月 14 日，是我出任中国驻旧金山总领事的第 9 天。当地网上的一条新闻引起我的注意和兴趣，新闻标题是："美国富翁买到假酒获赔 1200 万美元欲设立基金"。买什么样的假酒值得赔 1200 万美元？有没有搞错？我把这条新闻反复读了两遍，没错，就是赔 1200 万美元。我想不妨把新闻抄录如下，以便读者对这桩案件有清楚的了解：

据《世界日报》14 日报道，美国纽约一名在酒类拍卖会中上当的亿万富翁日前获得联邦法院判给他的 1200 万美元赔偿。他表示，可能会利用这笔赔偿金设立基金，对付拍卖欺诈与酒类交易的欺诈行为。能源公司 Oxbow 集团的创办人威廉·科赫在 2007 年向纽约法庭递交诉状，指责经营多家网络公司的科技企业家格林伯格于 2005 年的葡萄酒拍卖会上，在知情的情况下将 24 瓶假冒的葡萄酒卖给他。因此，科赫要求格林伯格退回他购买葡萄酒所支付的 32 万美元。日前，法院裁决科赫可全额索回所支付的金额后，接着又宣判他可获得 1200 万美元的赔偿金。科赫闻判后非常高兴，并在陪审员离席时和

好收藏好酒名酒的科赫（左）

他们握手道谢。

　　不过，格林伯格否认指控，并在法院宣判后发表声明，指审判结果令人失望，因为他相信所有葡萄酒都是真品，而他也将上诉。格林伯格表示，他得知科赫"购买的葡萄酒出了一些问题后"，曾向他提议全额退款。他说："我们认为，我们的做法是诚实的，也试图为相关各方做正确的事。"控辩双方的葡萄酒专家一致认为，在科赫所购买的24瓶葡萄酒中，有1瓶是假冒的，其余23瓶葡萄酒的真伪目前还不确定。但专家在作证时说，有些葡萄酒瓶上的标签是原件的副本。至今，所有葡萄酒都未开瓶，也未被品尝。在法庭上，格林伯格的律师辩说，总部位于纽约的

科赫对获赔结果喜笑颜开

Zachys 拍卖商是根据"当时的情况"出售这些葡萄酒的，意即无论产品当时的品质如何，买方都接受。科赫的律师则指责格林伯格隐瞒其葡萄酒的信息来源与真实性。

读了这条新闻，感到美国对假冒伪劣的打击确实严厉，制假贩假的风险成本不能说不高。我不由得想继续知道，在重拳打击之下，美国制假贩假的情况是否普遍？美国打击假冒伪劣有没有值得中国借鉴的地方？带着这些问题，我一直关注美国这方面的情况。

值得肯定的美国打假环境

在重视维护消费者权益方面，美国始终走在世界前列。现代工业化生产的飞速发展及生产技术的革新运动，促使消费品日渐增多，消费结构日趋复杂，随之而来的便是各种消费事故和难题，对消费者权益造成严重的侵害。为了应对这种问题，早在 1898 年，全世界第一个消费者组织就在美国成立了，1936 年，建立了全美的消费者联盟。第二次世界大战后，各种反映消费者利益和要求的组织在一些发达国家相继出现。在此基础上，1960 年，国际消费者联盟组织宣告成立。之后，消费者运动更加活跃，许多发展中国家也建立了消费者组织，使消费者运动成为一种全球性的社会现象。目前，全世界已有 90 多个国家共 300 多个消费者组织在开展活动。

1962 年 3 月 15 日，肯尼迪在美国国会发表了有关保护消费者利益的总统特别咨文，首次提出了著名的消费者四项权利，即安全消费的权利、消费时被告知基本事实的权利、选择的权利和呼吁的权利。随着消费者权利保护工作的开展，肯尼迪提出的四项权利和国际消费者协会确定的另外四项权利，即满足基本需求的权利、公正解决纠纷的权利、掌握消费基本知识的权利和在健康环境中生活工作的权利，一并成为全世界保护消费者权益工作的八条准则。1983 年，国际消费者协会把每年的 3 月 15 日定为国际消费者权益日。此后，每年 3 月 15 日，世界各地的消费者及有关组织都要举行各种活动，推动保护消费者权益运动进一步发展。1985 年 4 月 9 日，联合国大会一致通过了《保护消费者准则》，促使各国采取切实措施，维护消费者的利益。

严厉的法律是美国打假的最基本手段。在美国，生产、批发、销售假冒产品均属有罪，对生产、销售者一次可罚款数千万美元。这种罚款上不封顶，可以将制售假冒产品者一直罚到破产为止。美国为什么假冒伪劣商品少？并不是美国人多么高尚、多么有良知，主要还是因为作假风险太大，违法成本太高。消费者一旦买到假货，投诉商家一投一个准，商家轻则赔钱，重则坐牢收监。因为惩罚太重，所以，大家习惯老实做事，按规矩做事，"小心驶得万年船"，为的是不让自己辛苦创下的牌子倒掉。

"揭短广告"威慑商家、厂家。美国商家很少有做虚假广告的，原因是害怕被"揭短广告"惩罚。曾有家公司花 3000 万美元做了 6 个月广告，然而不久就有人举报该公司的广告有假。经有关部门调查核实后，该公司被罚再做 6 个月的"揭短广告"：说自己的广告有假，产品质量吹牛，劝大家不要买。更惨的是，这种"揭短广告"的收费标准是普通广告的两倍。有朋友告诉我，他在美国底特律市一个小型商业区，见一家商店倒闭，所有商品乱糟糟地摆满货架、台面。经询问，这家商店在两周前售出一台价值 200 多美元的家用电器。用户在使用时出了故障，投诉到消费者协会。经消协检验确认，该产品是假冒某名牌产品的劣等货。于是，消协根据美国有关法律，判定该店除如数退回用户货款外，另赔偿用户投诉费、时间损失费、往返交通费、精神损失费近千美元。对用户的赔偿仅是处理的一个方面，更主要的是该商店门前被挂上一个"此店售假货"的大牌子。在竞争激烈的商品世界，商店门前被挂上这样的牌子，无疑就断了客源，没有谁还敢买你的商品。

政府机构专门负责打假。例如，美国联邦政府下面有一个被消费者誉为"金刚盾牌"的食品药物管理局。该机构在预防及打击假冒伪劣产品方面发挥重要的作用。笔者在其官方网站上看到，该局制定的联邦食品药物管理办法非常细致、完善，光是各项法规及相关说明就超过了 400 页。大到安全卫生标准的制定，小至广告和促销活动的操作规范，均有涉及，并且每天都会在网站上公示最新的调查进展及处罚结果。我粗略地看了一下，以 2013 年为例，食品药物管理局平均每个月就处理约 5 起产品质量及安全方面的案子。美国商务部下属的国际贸易管理局（International Trade Administration），在其网站上有大量的网页同打假有关。这个网站

2004 年首次推出，为民众提供保护国内外知识产权的资源，使民众能更快速简便地和有关政府部门联系来寻求帮助。比如新网站有一个专栏叫消费者的工具，列举了如何识别假货不上当受骗、如何举报卖假货的零售商，等等。美国食品肉类都要经过联邦食品药物管理局的严格检查才能卖出来，蔬菜被发现污染后，在出产地毁掉；货物分等级出售，比方说，超市卖的苹果个头没达到标准，就装袋贱卖，虽然味道完全一样。而一种新药从研发到动物试验再到上市，至少 10 年以上时间，这就是为什么美国的药那么贵。一种新药上市后，政府会给开发这种药品的企业一定年限的"垄断权"，市场上不允许卖同等成分的另一个名字的药物，因为要保护新药的利益。

　　上百万律师为打假官司服务。美国立法很专业，一般老百姓也不需要担心，因为了解这些法规是专业人员和律师的事情。美国律师人数超过一百万，数量列全世界之首。一旦有消费者起诉商家销售假冒伪劣产品，马上会有律师免费为消费者打官司的。打输了，律师不收取任何费用。不要以为律师傻，他们心里比谁都清楚，这种官司不可能输。一旦消费者赢得诉讼，律师则收取一定比例的赔偿金作为佣金。

不问退货理由的梅西百货商店

无处不在的退、换货制度让假冒伪劣商品无处遁形。在美国，如果你买到自己不如意的产品，可以随时去退货。有的需要说理由，你说不合适就是。美国各商家都有自己的退、换货制度体系。一些大型购物商店如梅西百货（Macy's）或者在线购物网站如亚马逊（Amazon）等规定，除有必要，否则工作人员不得询问消费者退货原因。只要符合退换货规定，经过专业人员查验后，便可退回全部货款与税金，整个过程轻松友好。有些商家如百思买（Bestbuy）等需要有原始发票或购物凭证方能退货。只要消费者提出尺寸不合适、有质量问题、改变了主意等任何"合理"的理由都可以无条件退换。于是，经常看到在各商店的退换货处，美国顾客排队络绎不绝，带着各自的"合理理由"进行退换，有些甚至是已经下水洗过的衣服，一样都能退掉。试想，在如此轻松的退、换货政策下，货真价实的正品尚要接受多次火眼金睛的考验，假冒伪劣产品哪还有藏身之处？笔者在美工作期间，也有先购物、后退货的经历，退货时，拿到柜台稍作说明，店员立即退还了所有费用和税金，还一个劲地道歉，说要向厂家反映质量问题。

消费者敢于投诉维权。遇到假冒伪劣，美国消费者敢于说"不"，敢于和善于维护自己的正当权益；他们认为，打假不能单靠政府和工商人员，不能单靠网络公司的标签；消费者不能"自认倒霉"，如果这样，就是对假冒伪劣产品生产商们和假货的迁就和纵容；只有真正的全民打假，

美国的麦当劳店

才能让假货无市场，才能起到决定性的作用。美国民众喜欢打官司，大到刑事、经济大案，小到篱笆倒掉，只要需要打官司，他们就会毫不犹豫地对簿公堂，拿起法律武器来维护自己的权益。越是大公司，越怕被抓到辫子，像大家知道的著名的麦当劳咖啡赔偿事件，说的是一个叫里贝克的老太太，买了杯热咖啡夹在两腿间加糖，结果不小心洒出来的热咖啡烫伤了她的两腿，让她花掉了 1 万多美元医药费，她投诉公司，但麦当劳公司拒绝庭外和解，最后，陪审团经过 10 多天听证，法官将惩罚性赔偿降低到48 万美元，加上损害赔偿 16 万，麦当劳因此总共赔偿里贝克 64 万美元。

我想，美国的产品就是这样，经过长期的努力，才会有今天的稳定和安全。

美国照样有假冒伪劣

在打击假冒伪劣、维护消费者权益方面，虽然美国建立了行之有效的配套的工作体系，积累了丰富的经验，也取得了明显的成果，但假冒伪劣现象在美国是否绝迹了呢？回答是否定的。

根据美国商务部 2010 年统计，从 20 世纪 90 年代开始仿冒盗版产品的贸易量增长是合法产品贸易量增长的 8 倍。美国海关和边境管理机构没收的盗版产品数量在过去 5 年增长了 125%，仿冒和盗版给美国经济每年造成 2000 亿—2500 亿美元的损失，以及 75 万个工作机会流失，还有假货带来的健康和安全威胁。

据纽约的朋友讲，一般情况下，大街上叫卖的，大都是"名牌"皮包。为什么？因为皮包好摆放，且利润丰厚。比如，一个普拉达牌（PRADA）皮包，在旁边的奢侈品店里开价 1000 美元，在小贩这儿，40美元立马拿去；一个古奇牌（GUCCI）的女式肩包，同样款式店里标价1350 美元，在小贩这里，如果你愿意讨价还价，20 美元也能拿下来。买假货的并非都是穷人，有不少可都是衣着靓丽、从摩天大楼里下班的白领小姐。

有一个笑话说，英国文豪狄更斯 1842 年访问波士顿时，发现美国书店里到处都是他和其他英国作家的盗版书，狄更斯在给友人信中说：看到这种情况，心中"血液沸腾"。为此，他回国写了本书，尖锐地批评美国，不想，这本书也很快在美国被盗版。

　　美国照样有假冒伪劣，因为假冒伪劣的存在是一个国际性的现象。但又必须承认，相对于其他国家，美国的假冒伪劣现象要少得多，在打击假冒伪劣、维护消费者的合法权益方面，美国的成效要明显得多。

　　美国打击假冒伪劣、维护消费者权益的做法无疑值得中国借鉴，其他国家在这方面也有不少成功经验可以给中国提供有益的启示。例如，法国是世界上最早拥有保护工业产权和打击假冒产品联合会的国家之一，法国有着悠久的打假历史和丰富的打假经验。海关、警察、宪兵、司法等政府部门和制造商联合会经常联合起来，举办培训班，提高消费者辨认假冒产品的能力，并互相通报信息，使假货无处藏身。法国制造商联合会专门建了一个赝品博物馆，将查处到的 300 种以上伪劣产品陈列于此，其中包括香水、食品、钟表、皮件、汽车配件、运动器械等。新加坡政府专门推出了一个"黑店曝光"计划。游客一下飞机，马上会收到一张"黑名单"。这是新加坡旅游促进会精心设计的，上面列举了新加坡所有的不合格商品及商店，让游客一目了然，再也不需要担心会买到假冒商品。新加坡设有专门负责游客投诉的法庭。若法庭确认某个商店有违法行为，该商店就会出现在"黑名单"上。"黑名单"免费赠送，携带十分方便，游客在购物的时候可以对照这个名单。

第四篇　直击美国社会（下）

第十二章　美国的"拼爹"现象

"拼爹"其实不是个新词儿。古代这叫封妻荫子，或一人得道鸡犬升天；"文化大革命"期间这叫老子英雄儿好汉。我小时候，还流行顶职接班，父母在什么单位，儿女也理所当然地到那个单位工作，爹是教师，退休后儿子可以顶职继续教书，不管你有没有相应的资格。"拼爹"并非中国特色，而是一种全球现象。这里的"爹"，是泛指，未必是亲爹，干爹也成，叔叔大爷也成，总之家族里出了牛人，其他亲戚跟着沾光，以至于中纪委副书记的夫人多年是临时工，成了一大新闻。出生背景好的人天然占据优势，全世界任何一个国家、任何一个时代都一样。日本首相安倍的外公当过首相，韩国总统朴槿惠的父亲曾是总统。在日本，父亲是议员，可以顺理成章地把选区传递给儿子，天经地义的子承父业。更不要说在沙特等国家，还保留着血统制。"我爸是李刚"这句话流行后，有媒体声称中国进入了"拼爹时代"（依靠父母关系而成功），找工作要"拼爹"，提升晋级要"拼爹"，找对象要"拼爹"，连上中小学上幼儿园也要"拼爹"。那么美国的情形如何呢？

美国人也"拼爹"

肯尼迪家族是美国"拼爹"的典型代表。肯尼迪家族是从爱尔兰威克斯福德逃荒到美国的后裔。家族成员老约瑟夫·P. 肯尼迪于 1888 年 9 月 6 日生于波士顿，第一次世界大战结束后投资股票赚了大钱，成为百万富翁，1960 年美国《幸福》杂志把肯尼迪家族列为美国第十二大家族，估计拥有资产上亿美元。老约瑟夫·P. 肯尼迪的暴富，为下一代"拼爹"

奠定了雄厚的实力基础，之后涉入政坛使肯尼迪家族成为受人关注的美国政治世家。约翰·肯尼迪通过"拼爹"在政治上获得的最大成功是在1960年当选美国总统。他的父亲约瑟夫是实现总统梦的总策划、总导演，他拿出大量的金钱调动新闻界、出版界，狂轰滥炸般地宣传他的儿子。他儿子终于成为美国历史上最年轻的总统。在约翰·肯尼迪组阁时，老父亲让他把弟弟罗伯特安排到内阁中去，罗伯特通过"拼爹"和"拼哥"，如愿以偿地得到了司法部长一职。这是肯尼迪家族政治上的巅峰时刻。

肯尼迪夫妇

　　布什家族是美国"拼爹"的另一个典型代表。老布什是总统，他的儿子小布什也是总统。小布什自己也曾调侃："你知道作为总统的儿子最好的地方是什么吗？就是你可以随时见美国总统。"当然，还可以获得旁人难以企及的政治资源。现在，老布什的次子、小布什的弟弟杰布·布什也很有可能竞选总统。杰布·布什是前佛罗里达州州长，他于2014年12月16日宣布将成立一个政治行动委员会，"积极探索"参加2016年美国总统选举对他而言是否可行。杰布·布什这番话并非正式参选声明，但在圈内人看来"意思相当清晰"。法新社评论说，杰布·布什这番表态的政治含义"再明白也不过了"，几乎等于宣布将参加总统选举。如果确认参选，他将成为希拉里的主要对手。由此，杰布·布什成为共和党阵营内首位粉墨登场的潜在总统竞选者。值得注意的是，

老布什小布什

美国总统布什家族

2014年11月，美国前总统小布什与父亲老布什一同出席新书推介活动时说，他认为弟弟应该参加2016年总统选举，而父亲也认同这一观点。这就是说，两个儿子都热衷于"拼爹"，老布什也乐见儿子"拼爹"成功，如果父子三人联手"拼爹"成功，布什家族将成为美国历史上唯一的一门三总统的家族。

美国（房源）富人榜前十名中有六位是财富继承人，而不是白手起家的创业者，这些经济精英的子女，一开始就拥有无可比拟的巨大优势。

中美"拼爹"现象有什么不同

先从在美国的中国留学生谈起。总体来说，中国留学生在美表现是不错的。赴美留学生由读本科、读硕士、读博士为主，逐渐变为读高中、读初中，甚至读小学的逐年增多。不容否认，到美国读中小学的孩子，费用实在不低，普通工农子弟难得有到美国读中小学的机会，这些小留学生，十之八九不是官二代就是富二代吧？有资格"拼爹"，才使他们有机会到美国去喝洋墨水。"拼爹"现象初看起来一样，没什么差别，可你仔细研究就会发现，同样是"拼爹"，中西之间还是有差别的。同样是"拼爹"，中国人和美国人的"拼爹"有什么不同呢？

一是关爱点不同。处在拼爹环境中的中美两国小孩，都能得到家长的爱，但关爱点有不同的地方。在美国，同样是孩子，辨别出华人华侨的小孩不难，辨别出有"拼爹"背景的中国孩子，即官二代、富二代，更容易。一般美国人的孩子摔倒了，家长鼓励孩子自己站起来，而不少华人华侨的小孩摔倒了，家长会忙不迭地把孩子扶起来；一般美国人的孩子鞋带松了，家长会提醒孩子自己系好，而华人华侨的小孩鞋带松了，爸爸妈妈，甚至爷爷奶奶会蹲下来帮孩子系好；一般美国人的小孩上学，书包自己背，而华人华侨的小孩上学，大人帮孩子提着书包。

二是花钱方式不同。中国的"土老财"喜欢在孩子身上大把撒钱，豪车别墅，应有尽有，不少拼爹的中国孩子还开着凌志、宝马、奔驰在美国飙车，对车毫不爱惜，想换新车就换新车。中国孩子对豪车的这一态度，引得不少美国平民百姓为之侧目。中国"二代"们在国外的豪华消费让人担心和非议，以致出现美国当地家庭为孩子挑选学校时，特别注意班上中国"二代"多不多，防止自己的孩子受中国"二代"们"拼爹"的影响。相比之下，同样"拼爹"的美国孩子花钱要省得多。为了不让"富二代"坑爹，美国富人普遍采取的方针是："富孩子穷养"。例如，美国总统肯尼迪的儿子读书时，看上了一家鞋店的一款新鞋，但父亲给他的钱不够，且不同意临时多给点钱。于是，小肯尼迪对老板说："我很想有一双新款式的鞋，我钱不够，我用什么办法可以得到这双鞋？"老板告诉他，在店里站两天柜台，当临时销售员，这鞋就是你的了。通过临时打工，小肯尼迪得到了这双鞋。在大富豪家庭，未成年孩子中有45%的人在学习之余去打工，近一半的孩子从父母处得不到零花钱。父母花在孩子身上的钱主要是让他们体验生活，而不是买一堆物质的东西令其尽情享受。美国富人文化的一个特征是节俭超过挥金如土，也有一些富人喜欢卖弄自己的财富，但他们不代表美国富人的主流。世界第二大富豪、股神沃伦·巴菲特的儿子彼得·巴菲特当年从斯坦福大学退学，想转行去做音乐，开始准备和老爸借钱买一套贵一点的音响设备，没想到被老巴菲特一口回绝，理由是"不想因为钱而破坏亲情关系"。这件事让小巴菲特难过了很久，可是不妨碍他日后成为一位相当成功的作曲家，靠自己的努力过上了富裕的生活。而在老巴菲特把几乎全部财产捐献给慈善机构的时候，他还给老爸打电话表示祝贺。

三是对社会公益事业的态度不同。根据一项调查，91%的美国富豪表示他们鼓励孩子参加慈善活动，这些家庭的孩子中有2/3的人将自己的钱捐献给慈善组织。小布什总统的夫人带着女儿到南非当义工数十天，为艾滋病人提供服务，相比之下，在中国，不论是那些"拼爹"的孩子，还是他们的家长们，不少人对这样的公益事业都离得远远的。

四是对读书的态度不同。众所周知，美国的高等教育非常昂贵，非一般城市贫民所能负担。美国式的"拼爹"，拼的是更优质的教育，以及教育带来的更好的人脉和父辈给予的更多的历练。美国的富豪或官员虽然会给自己的后代提供舒适的条件，但绝对不是奢侈的条件，而是尽量让子女接受最好的教育和工作历练。以纽约（房源）地产大亨唐纳德·川普为例，他培养子女的做法是，送他们去商学院，然后来老爹的地产公司上班，和所有员工一样，从基层做起，如果做不好，就卷铺盖走人。在国人感觉中，富人的孩子一定上私立学校，从小就培养贵族作风。实际上，美国千万身家的富人家庭中，有55%的家庭是送孩子上公立中小学。中国那些"拼爹"的孩子，不少家长为了孩子进名校，不惜捐钱捐物，可是不少"拼爹"的孩子们愿意念书就念，不愿意念书就玩，反正长大后直接上岗接老爹的班。

五是对劳动的态度不同。美国很多父母是出了名的狠心，很多富人在孩子很小的时候，就有意识地让他们和普通孩子没什么两样。在美国大多数孩子上高中，有些甚至初中就开始自己打工挣钱，在他们心目中，这是一种社会习惯，18岁以后还在用父母的钱是一种耻辱。美国的父母不是要子女自己挣吃饭钱，而是要让子女在工作中体会赚钱的艰辛和努力的重要性。父母不能让孩子形成这样的观念：我可以享受一切，因为我是"富二代"。"富二代"在成长中要培养运用财富和进一步创造财富的能力，如果挥金如土，花天酒地，这样的"富二代"不仅会坑爹，最后也坑了自己。身价75亿美元的巴蒂斯塔认为养孩子最重要的是要让他们先遭遭罪、经历一些痛苦。他教育孩子的高招是让他们干粗活、干脏活，让他们了解什么叫劳动和金钱的价值。富人的孩子有很多也要通过修剪草坪、假期打工等劳动来满足自己的愿望。比尔·盖茨的子女过着自己动手、丰衣足食的生活。即便是"富二代"里绯闻最多的帕丽斯·希尔顿，也是一个掌管多家时尚企业的女商人，她创立了自己的品牌，运营着一家摩托车队，设计了多种时尚产品，拍摄过十几部电影，出过唱片和书。事实上，她的爷爷巴伦·希尔顿早在2007年就把整个家族97%的财产捐献给了慈善机构。美国富人缺少贵族气，有点"贫民富翁"的味道，在养孩子和教育孩子上很实际，按照富豪们的家庭收入，他们在孩子身上花的钱简直可以说是有点"吝啬"。但这种"吝啬"换来的却是"富二代"的自强，这就是那些富豪能维持几代人持续富有的一个秘诀。狠心的"富一代"换来"富二代"的自强。这种狠心教育，对于孩子们从小养成负责任的人生态度，形成独立的人格，懂得谦卑、自律，追求上进，有着极大的帮助。而父辈的社会责任感更会通过言传身教引领子女走出精彩的人生之路。如今，巴菲特的长子霍华德，从事的就是人道主义事业——他长期致力于全球反饥饿斗争。而CNN（美国有线电视新闻网）创始人坦德·特纳的五个孩子更是为环保事业做出了巨大贡献，其中保·特纳更是被《纽约时报》誉为美国最有影响力的环保人士。

　　六是"拼爹"家庭的家长对家庭财产的态度不同。一生打拼积累了数以百万、千万甚至是上亿的财富,到老了这些财产是否都留给子女呢?美国富人的答案并不统一。根据2012年的一项社会调查,高达56%的受访富人并不把财富传承看作是自己应尽的责任。在美国各个年龄段富人当中,47—66岁的富人群体最看得开,他们当中有31%决定死后将财产捐给慈善机构,而不是把全部财产让子女继承。为什么呢?这些富人的想法比较独特,那就是"每一代人都应该创造自己的财富",持这种观点的富人占不将遗产让子女继承人数的57%。有部分富人自己享受所拥有的财富,宁可自己花光也不留给后代。不将遗产全部留给子女而是捐给慈善机构的富人当中,还有54%的人认为,与其留给子女财富遗产,不如在子女成长的过程中对他们进行投资,例如提供最好的教育环境、让他们学会如何创造财富和积累财富。这些富人认为,这样做的结果比单纯为子女留下财富要重要得多,因为人世间人才是最宝贵的财富,人才是创造财富的主体。中国的父母常常难以理解,美国一些超级富豪,宁愿把钱捐出去,也不留给自己的孩子。其实,美国很多富一代的想法,用巴菲特的话说就是:"我希望我的三个孩子有足够的钱去干他们想干的事情,而不是有太多的钱却什么都不做。"美国富人大多不会给孩子留下太多家产;而如果他们不是经商的好材料,家族的产业也不敢轻易交给他们折腾。

　　七是"拼爹"的最终结果不同。相比之下,美国的"拼爹"模式实现"可持续发展"的可能性要大得多。美国"拼爹"家庭的家长们可以把财富和权力放心交给后代,可以使家族企业得以长期经营,使一门生意扎扎实实做个几十上百年,并且与时俱进、精益求精。中国式的"拼爹"却不是一种"可持续"的"拼爹",如果富二代从小认为一切财富都来得理所当然,将来把祖业败光的可能性比美国要大得多。

美国人眼中的"拼爹"现象

　　对"拼爹"现象采取什么态度同美国富人在美国老百姓眼中的形象密切相关。总体来说,美国人不仇富。为什么呢?

　　一是美国富人不少是穷人出身,是白手起家。美国完全是市场经济,在竞争中决定成功与失败。综观美国超级富豪,有几个是做房地产的?又有谁是做色情服务的？2005 年，苹果公司前 CEO 乔布斯在斯坦福大学毕业典礼上发表演讲时坦承，父母赚钱不容易，自己不想花父母半生的积蓄去大学度过四年无意义的时光，于是选择了退学。世界首富比尔·盖茨年轻时不过是一个休学青年，凭借对电脑程序的天然领悟力，创造了电脑视窗的神话；巴菲特也是一介平民，从炒股起家，成了美国数一数二的巨富；洛克菲勒从一名销售员起家，建立了石油帝国；沃尔玛的老店主也是从经营一小店起家的。百事可乐、可口可乐、IBM、雅虎、苹果、甲骨文、特斯拉、星巴克的老板都是普通平民建立了商业帝国，这就是美国。只要你努力，只要你有智慧，你就很可能获得成功。

二是不少美国富人即使富得流油，仍然勤奋工作。美国富人的典型形象是白手起家和努力工作，多数都不靠"拼爹"。在福布斯 400 个最富有美国人排行榜中，70% 的富人是白手起家，30% 的富人是靠继承财产来形成富人的地位。2012 年美国芬迪提投资公司对美国百万富翁的调查显示，86% 的百万富翁是白手起家致富的，只有 14% 的人是靠继承财产成为百万富翁的。而且在美国，越有钱的人工作越辛苦；越没钱的人，反而是可以享享"清福"。调查显示美国家庭净资产超过 100 万美元的富人每周工作超过 40 个小时的人数比例在 60% 以上，而净资产 10 万—100 万美元的人群每周工作超过 40 个小时的人数比例仅五成多一点。白手起家并且努力工作，这样的富人形象更多是中产阶级的"奋斗榜样"，而不是让他们反感的"拼爹典型"。

三是不少美国富人生活简朴。例如，脸书的创办人扎克伯格身家有 168 亿美元，天量财富并没有改变扎克伯格的习惯和风格，他最爱的着装还是 T 恤、帽衫和牛仔裤。扎克伯格开的车是本田讴歌四门轿车，在美国的售价只有 3 万多美元。比尔·盖茨这名已经退休的世界首富现在的座驾，也不过是一辆不超过 10 万美元的保时捷 911 敞篷车。在中国，上百万美元的豪车成为富人的宠物，镀金的汽车受到一些富人的喜爱，但恰恰在这一点上，美国人会说中国富人如同土豪。仅在富人开什么车上，扎克伯格、比尔·盖茨的汽车就能反映出美国富人的节俭和实用风格。美国百万富豪人群中，住宅平均价值在 30 多万美元。美国石油大亨皮肯斯拥有 14 亿美元的财富，他的节俭之道是每 5 年买一次西服，每次只买 3 套。到超市买菜时一定要写好清单，然后带上仅能满足购买物品所需要的钱到商店。根据统计，在美国使用现金购买豪华汽车、珠宝或是电器的人群中，86%的人不属于富人。拥有4000万美元财富的史万科，使用折扣券购物已成她的习惯，而且坚持了很多年。史万科还有一些节俭的做法，例如大宗采购牙膏和手纸这类日常用品，利用批发价和零售价的差异自然节省不少钱。法兰克莉身家有1亿美元，她从不在零售店买鞋子和衣服，而是在网上淘宝，而且专买有折扣的服装。美国第一夫人米歇尔虽然不属于大富豪之列，但奥巴马一年40万美元的收入也不算少。米歇尔最喜欢去的商店是美国大众型商店"标的"，这个商店中的产品价格算是低的，也都是些普通百姓可以消费得起的商品。斯坦福大学教授大卫拥有13亿美元的财富，这些财富多来自他的投资。大卫的节俭习惯是：在豪华餐厅就餐时，一定要将美味佳肴留出一半留给第二天吃，这叫一餐两吃。大卫15年来都是自己剪头发，而开的车是一辆1986年的普通德国车。大卫说，他的节俭习惯来自父母，不挥霍是一种美德。还有一些富人和普通百姓一样，收集折扣券来购物。在积聚财富的过程中，拥有节俭的心态很重要，生活中避免乱花钱并将节省下来的钱用于投资或是储蓄，这是最基本的理财之道。中国人熟悉的美国前驻华大使骆家辉，到商店喝咖啡时都使

比尔·盖茨

用了打折券。根据统计，在美国富人和富裕人群中，74%的人在标的购物，63%的人在家居用品店购物，而在 Tiffany（蒂芙尼）店购物的人只有5%，在 LuisVuitton（路易威登）购物的人比例为2%。在美国富裕人群中，71%的人每月使用纸质折扣券，54%的人每月使用网络上提供的折扣券。

四是富人回馈社会多。美国富人住房大，房产税就交得多，遗产税也交得多。老百姓愿意自己所在的社区多住富人，因为富人多，社区建设也钱多，某个社区有著名的中小学，同那个社区有大富翁和富人多分不开。不少美国富人是慈善家。在美国慈善家榜单中，有29位慈善家在2011年分别捐赠了5000万美元以上的金额，有11位各自捐赠了1亿美元以上的金额。有12位签名支持比尔·盖茨、梅琳达·盖茨和沃伦·巴菲特发起的"捐赠誓言"（Giving Pledge）倡议，承诺把至少一半的财富捐献给慈善机构。比尔·盖茨早已写下遗嘱，把他的上千亿财产全部捐献给国家，只给子女留下3000万美金。

因为有如上因素，美国版的"拼爹"，虽然不时有经济学家和其他知识分子声讨，但是没有引起民众的广泛仇恨。美国主流价值观不认同花父母钱的富二代，在美国，豪车豪宅并不是了不起的炫耀本钱，有钱人比较常见。人们欣赏的，是靠自己智慧和勤奋成功致富的人，而对于大手大脚花着爹妈钱的富家子则是不以为然，所以美国社会对富二代并不会另眼相看。这在客观上造成了一种社会氛围。由于没多少人会觉得所谓的富二代有什么了不起，他们自己也就少了几许炫富的热情。没有人乐意当观众，炫富也没什么劲。因为美国的富人大多是白手起家，依赖自己的勤奋、努力和知识一步步走上富翁之路，所以他们自己也不希望孩子成为寄生虫。

如上所说，美国的"拼爹"不是炫耀财富，而是比拼财富的增长能力和企业经营能力，有钱人所受的教育和经济支持理所当然让富二代有更好的发展。但美国正通过各种措施缓解"拼爹"现象，在更广泛的框架下，创造公平、公正和透明的行政环境，减少"拼爹"现象，尽量让穷人也有实现美国梦的机会。因而，即使是毫无"拼爹"背景，甚至难免受到种族歧视的黑人奥巴马也可以成为美国总统，黑人鲍威尔可以先后成为参谋长联席会议主席、国务卿，连女性黑人赖斯也可以先后成为国家安全事务助理、国务卿。就是说，一个白手起家没有"爹"可"拼"的美国人，通过自身努力至少不会过得太差。即使你没什么大的志向，只想在公司做一个职员或者普通的白领，那么你在美国也能过上并不富裕，但体面的生活——有房、有车、有私人假期，能享受清新的空气、安全的食品和干净的水。

对"拼爹"现象说"不"

不可否认，拥有好爹的人确实机会多一些，如果合理合法地利用这些优势，不是见不得人的丑事儿。不管是过去还是现在，不管是国内还是国外，只要上一辈有权有势，对于后辈的前途或多或少都会有影响。下一辈继承上一辈的政治遗产、经济遗产或思想遗产，是近水楼台先得月，也是自然而然的事。俗话说，龙生龙、凤生凤，老鼠的儿子会打洞，政客的儿子有着三寸不烂之舌，善于忽悠；而财阀的儿子对金钱敏感，有商界圈子可资利用这都是正常的。只不过在一个好的社会，即便"拼爹"现象存在也不会影响平民精英的上升之路。反之则处处能碰上不公平，特权无所不在。有个好爹，可以毕业两年就混上科、处级干部，可如果没有好爹，可能到退休能否混个处级调研员都不一定。在任何国家，如果找一个好工作要拼爹，娶好媳妇要拼爹，得到好生意要拼爹，想当领导也要拼爹，爹成了提拔使用的通行证，成了儿子行凶作恶的保护伞，这就不得不警惕了。

必须承认，人人生而平等是个美丽的泡沫。社会需要的是给每个人公平的起点和机会。在中国，在党风政风不正的有些地方，当官的既掌权用权，还当教授或院士，名头好，来钱也容易。经商的赚够了钱，再混个人大代表或政协委员，混个博士学位并到大学兼个教授，产学研跨界通吃；如果这个爹是一把手，"拼爹"可能意味着赢家通吃，意味着一个人可以垄断机会，使家庭背景、经济实力、人情世故在社会上所占比例超越底线，意味着一个人可以走自己的路，让别人根本看不到出路，从而实际上让人才的流动僵化。对"拼爹"现象必须说不，但"拼爹"现象不可能杜绝。因此，最重要的是，必须使中国的"拼爹率"下降，且低于西方国家。在西方，一般你只能吃一个领域。有政客的资源，就当个政客；有财阀的背景，就去赚钱；父亲是学者，儿子也可能在高校当教授。在美国，大学教授当然可以去华盛顿当部长，当助理国务卿，但前提是，您得辞职去。诺贝尔奖获得者朱棣文舍不得在斯坦福大学的教授职位，不得不辞掉内阁部长的职务。别小看中美在这方面的差别。虽然没有绝对的平等，也没有绝对的不"拼爹"，但只有爹不是万能的，才是真正的好！

无论如何，"拼爹"都是风气不正的表现，不仅影响社会公正，导致阶层固化，不利于社会的进步和发展，而且对于那些备受恩宠的"富二代"、"官二代"而言，也是一种伤害。过度迷信权力和金钱的孩子，其心灵常常是贫瘠的，因为他们习惯了向父母和社会索取而绝少体会为他人付出和为社会奉献的快乐。他们习惯于炫耀和跋扈，而不懂得谦逊、低调的智慧，他们只知道用金钱来满足自己的欲望，而没学会让心灵于安详自在的同时，生长出一棵名叫幸福的大树。"拼爹"无论在中国还是在美国，或是在其他国家，都不是正能量，但中国富人至少应该像美国富人学习一下，如何调教"富二代"至少不坑爹。

在中国，正因为有城乡差别、行业差别等众所周知的原因，人们的机会生来就是不均等的，不是按你的能力、你的努力和奋斗来分享机会、分配财富，富裕起来的不少是贪污腐败的官商勾结者，人们仇富、仇官也就不奇怪了。曾在网上看到有人发帖："小时候以为读好书就会有好工作，现在才知道出身好就有好工作；小时候以为一分耕耘一分收获，现在才知道一点权力一点收获；小时候以为对不起没关系，现在才知道有关系就没关系。"这段子虽说是说得极端了一点，但却生动地反映出了中国人对中国式"拼爹"的极度不满。中国版的"拼爹"引起众怒多半是因为中国式"拼爹"拼的是一种"公权力的世袭"，当然其中也不乏人们的羡慕嫉妒，不少人奢望过一下"拼爹"的瘾，想享受一下有"名爹罩着"的优越感——不工作就能开宝马、开奔驰……凭什么是你而不是我？

"我爸是李刚"，让人悲伤、震惊和思考，从中折射出一个"拼爹"的年代。家庭出身，决定了一个人的出路，有一个"好爹"，就有一个好前程，这是无数事实所证明了的。如今，许多人就以"我爸是XX"作为成才的捷径，作为进步的筹码，也作为违法乱纪的资本。在一系列有关"爹"的事件当中，看得出这个社会两个板块的躁动、焦虑和不安：一个是一些平民百姓苦于寻找出路而对"代际不平"的不满，一个是一些既得利益者在培养接班人的过程中对下一代的放纵。

当然，走出"拼爹"怪圈，除了体制和政策等方面需要改进外，更关键的还在于个人努力。自信、自尊、自俭、自律、自我激励、自我创造、自我担当……这些个人特质的磨砺，是保证人生持续成功的基石。

最后，笔者特别要提及，英国法庭对英国版的一个"拼爹"现象，也曾通过判决说"不"。据英国媒体2013年7月8日报道，法庭日前判处"富二代"劳拉在青少年犯罪机构监禁6个月，同时还判定劳拉禁止驾驶两年，赔偿受害人500英镑。事情发生在上年10月。19岁的劳拉·宾奇在家与两个朋友喝香槟作乐，随后觉得不过瘾，又开着敞篷宝马到一英里外父亲名下的酒吧继续喝酒。检察官称，劳拉喝得太醉，服务员拒绝再给她供应酒水，这激怒了她。随后，醉酒的劳拉在停车场被好心人劝阻不可酒驾，结果她不但不领情，还吵了起来。于是在凌晨1∶20，劳拉开着宝马疾速奔行，车上的朋友不得不哀求她减慢车速，她却突然失去控制撞破三户人家的防护栏，其中一根防护栏杆直接插进了一户人家的沙发里。当时住户马修·弗赖芒正坐在沙发上看电视，所幸未被汽车撞上。正当马修惊魂未定时，劳拉下车试图抢走马修的手机，并叫嚣："你知道我爸是谁吗？他很有钱！"检察官批评劳拉"毫无悔意，对屋主毫不关心，又不道歉"。酒精测试后发现，劳拉血液中酒精含量为127微克/100毫升血液，而法律规定这一标准不得超过80微克。

第十三章　感受美国的爱国主义教育

哪个国家都进行爱国主义教育，相比之下，美国的爱国主义教育比较自觉、比较自然、比较随意，无时不有，无处不在，十分巧妙地渗透在日常生活中。这种润物细无声的做法，效果更扎实，更有感召力。这要归功于美国潜移默化、渗透进日常生活细节的爱国主义教育体系。作为中国驻美国旧金山总领事，常驻美国近两年，我对此深有感受。

爱国教育贯穿在课堂教学中

美国的爱国主义教育从孩子抓起。我亲眼所见，美国中小学校，每天都有升国旗、奏国歌的例行仪式，学生由教师带领，虔诚地面向国旗唱国歌，同时宣誓"我效忠于国旗和国旗所代表的美利坚合众国"。在学校走廊和教室，到处可看到美国国旗、美国地图，以及美国总统和杰出人物的画像。一次，上午10:00左右，我去一所私立高中，恰好传来一段广播，只见到一名学生领着大家宣誓，师生纷纷站起来，手放在胸前。即使听不太懂具体内容的人目睹此情此景，也难免受到震动。

驻旧金山总领事馆许多中国外交官的小孩随父母来美国，在总领事馆附近的小学读书。过一段时间后，有的小孩只要一听到美国国歌的旋律，就会习惯性地起立，把右手放在心口，同时唱国歌，显然，这是在美国小学里受了美式爱国主义教育的结果。

美国孩子从幼儿园开始就要学习画国旗、唱国歌，进入小学后，爱国主义教育课程内容由浅到深，由近及远，从所在的社区、城市、州直到国家，核心是反复渲染"美国是世界上最强大和最先进的国家，做一个美国人最值得骄傲"的观念，内容包括介绍华盛顿、杰斐逊、林肯、爱因

宣誓效忠美国

斯坦、爱迪生等美国杰出人物的生平，学习美国地理和历史，背诵林肯总统就职宣言等弘扬美国精神的著名演说。像"不要问祖国为你做了什么，而要问你们为祖国做了什么"等肯尼迪总统的名言，许多美国学生能脱口而出。

进入中学和大学后，爱国主义教育以公民教育为主。主要内容包括：作为美国公民应享有的权利和自由，以及对国家和社会应承担的责任和义务，包括尊重人类生命、尊重别人权利、诚实、宽容、有同情心、参与民主程序、为共同的目标而工作，以及美国政体和法律常识。年满18岁的美国公民还要参加成人仪式，宣誓效忠祖国。

在美国，无论是小学、中学，还是大学，都必须学习美国历史，但侧重各异：小学生主要学习历史故事、历史伟人；中学生侧重学习历史事实、历史过程；大学生侧重历史的理论分析，对重大历史事件产生的社会背景、重要作用以及历史人物的思想、业绩进行综合学习和研讨。通过对历史材料的精心筛选形成的教科书，并不论述评价美国的社会制度，而是向学生传达美国是一个伟大、强盛、民主、自由的国家的观念，用经济成就、科技成果作为具体教材。大学还进行危机感教育，其目的在于提醒大学生们：美国的地位、利益和权威正在受到威胁，必须保持警惕、保持国力、保持霸业，最终保护自己的利益不受损害。

爱国教育嵌入到文博事业中

阿灵顿公墓不仅是美国著名的国家公墓，也是重要的国家文物保护单位。公墓坐落在首都华盛顿附近，安葬着多位前总统和阵亡军人。公墓的标志性建筑是巨大的硫磺岛美军护卫国旗的雕塑，取材于一张世界闻名的真实照片，反映了第二次世界大战时期在消灭驻守硫磺岛的日本军队的艰苦战役中，英勇的美国海军陆战队队员前仆后继，誓死竖起一面几经炮火、破烂不堪的美国国旗的动人场景。

如今，美国海军陆战队仪仗队定期在此举行升旗仪式，每次降下的国旗就一一赠送给美国各地的中小学。这些中小学的老师在升旗时都会告诉学生，这是一面曾经升起在阿灵顿公墓硫磺岛雕塑上、有着不同寻常意义的国旗。

美国历史不长，但全美各地都有用美国杰出人物命名的地名，还有不少青少年爱国主义教育基地。洛杉矶著名的私人博物馆亨廷顿图书馆，由于收藏了《独立宣言》草稿以及一批美国文学和历史珍贵藏品，成为著名的爱国主义教育基地，每年接待参观的学生好几万人次。我在华盛顿故居、林肯纪念堂等历史古迹前，都曾遇到学校组织学生前来参观。

美国大大小小的各种博物馆星罗棋布，陈列着当年开拓者的用具，展示先民艰辛的创业史。发生过重大历史事件的地方演变为著名的古迹，名人故居改为博物馆。洛克菲勒财团捐资建立的威廉斯堡，是一座再现了美国建立和发展历史的城市，每年数十万青年学生到此参观。科学博物馆专门展示美国在世界科技界的领先水平和辉煌成就，以此来教育年轻一代以成为一个美国公民而感到骄傲自豪。

参观华盛顿故居、林肯纪念堂等历史古迹，游客不必掏钱，完全由政府财政负担。许多地方还有工作人员免费解说。另外，有历史意义的州、市政府、议会大楼同样完全对所有人开放。进去除需过安检外，不用出示任何证件。每天里面也有工作人员负责免费导游，他们会告诉你里面每一

旧金山美国独立日庆祝活动一瞥

个壁画、雕塑的意义；带你走进参、众两院所在议事大厅，告诉你议员们如何进行争论、投票；带你去看一些伟大的州长的画像、他们当年的办公室等，为你讲述他们的典型事迹。

爱国教育融化在文化艺术中

美国开展爱国主义教育的手段丰富多彩，非常注意形式，强调对民众的感染力，让他们乐意接受，以求取得最佳效果。

"9·11"当天，几位参与抢险的纽约消防员在世贸中心废墟附近升起了一面美国国旗，这一感人的镜头被摄影记者拍下后，成了美国爱国主义教育的标志性作品，无数次出现在电影、电视、报纸、杂志和海报上，美国邮政局专门以此照片发行了一枚名为"美国英雄"的邮票，热销一时。现在，在许多城市的升旗仪式上，都会邀请当地的消防员模拟这一场景。

好莱坞电影是进行美国爱国主义教育的典型，作为世界电影业中心，好莱坞出品了大量的"主旋律"电影，在潜移默化中宣扬美国精神，起到了很好的爱国主义教育作用。最典型的是好莱坞电影大片《拯救大兵瑞恩》，因为瑞恩是那个家庭唯一的儿子，政府不计代价地去将他从战场中安全带回来。看着这些美国爱国主义大片，感受着现实中美国政府解救自己公民、保障公民安全的努力，很难不让美国人以自己是美国人而庆幸、自豪。近年来的好莱坞大片《拯救大兵瑞恩》、《93号航班》、《空军一号》、《独立日》、《珍珠港》、《爱国者》等，不仅主题鲜明，而且情节扣人心弦、制作精良、阵容强大、气势宏伟、可看性极强，无不成为获得上亿美元票房收入的当年热门大片。

二战胜利后的经典一吻塑像

美国多位权威电影人士曾经指出，作为美国乃至世界电影最高荣誉的奥斯卡奖的70多年评奖历史，其实从某种意义上来说，就是一部宣传美国精神的历史。

除了电影以外，出版、电视、音乐等其他文化行业在进行爱国主义教育方面也不甘落后。在被列为美国人必读的25部书籍中，《独立宣言》、《林肯传》等爱国主义内容的书籍占了多数。在《珍珠港》主题歌的MTV中，反复出现女歌手站在一辆美式军用吉普上放声高歌的场景，画面上部就是一面猎猎飘扬的巨大星条旗。这首歌和《上帝保佑美国》、《美丽的美利坚》等，都成为美国除了国歌之外最经典的爱国主义歌曲。我多次到赌城拉斯维加斯著名的比拉乔大酒店，酒店的音乐喷泉经常播放的就是上述美国爱国主义的歌曲。

爱国教育落实在公共活动中

我在美国数百次参加侨界活动，其中许多场活动都悬挂中美两国国旗、唱中美两国国歌。我注意到，唱美国国歌时，所有的爱国华人都会面对美国国旗，把右手放到胸前，美国国旗挂左边，他们就面向左边；美国国旗在右边，他们就面向右边。

在美国，开大会或进行大的公共活动前唱国歌，并没有明确的法律规定，但是已经成了一种不成文的惯例。在美国绝大多数达到一定规模的集会上，唱国歌几乎是必不可少的程序，包括学校的全校集会、社区的节日庆祝活动，甚至较大规模的家庭聚会。有的集会除了唱国歌外，参加者还要一起宣誓"我热爱这个国家，保护这个国家"。例如，美国NBA篮球赛、橄榄球联赛或棒球大联盟等重大体育比赛都有一个保留节目，就是在开场前全场起立，由著名歌手演唱美国国歌。而全美几大主要航空展的必备节目之一，也是由身上披着美国国旗的跳伞运动员做跳伞表演，同时全场起立唱美国国歌。

各种集会时，组织者少不了给参与者人手一面小国旗，不少人还自己带来大国旗，一片星条旗的海洋很是壮观。集会中，不时有人驾驶插着国旗的汽车经过，按响喇叭以示支持，有的还会从天窗里探出身子挥舞一面大国旗，集会者也挥动国旗呼应。身处这种热烈氛围中，外国游客也会深受感染。

游行队伍中向美国英雄家庭致敬的彩车

游行队伍中的国旗花车

美国人喜欢游行，几百、几千、几万人的游行常有，几十万人的游行也不缺。只要是游行，爱国主题必备，必定是美国国旗开路。例如，一年一度的西雅图海洋节大巡游、旧金山同性恋大游行和洛杉矶新年玫瑰花车巡游，吸引几十万，甚至近百万现场观众和上千万电视观众观看。尽管每年主题不一，游行也各有特色，但是引领巡游队伍的必定是骑着骏马护卫美国国旗的美军仪仗兵，在花车中也必定有相当内容与爱国主义有关，如名为"为是一个美国人而自豪"的巨大自由女神像花车，以及名为"自由的美国"的林肯像花车。每当这时，观众中总会爆发出特别热烈的欢呼，不少人还会肃立敬礼。

爱国教育体现在日常生活中

美国的爱国主义教育体现在美国人的"住"当中。不仅许多企业自发在办公楼顶悬挂国旗，有的还在楼两侧插上好几面甚至十多面，或者悬

阵亡将士日期间，加州雷偌市街道两旁的灯杆上
悬挂一面面旗帜，宣扬当地的爱国英雄

挂起一幅巨大无比的星条旗，而且美国公民在自己住宅也悬挂美国国旗。美国人民凡是重大节日甚至只要是天气晴朗，都会自觉自愿挂出美国国旗。我住的地方附近有一整条街，住这条街的居民有个长久保持的传统，在自己的住宅上悬挂美国国旗，年复一年，月复一月，日复一日。许多人在个人家的草坪上都插着国旗；还有人把国旗改一改，改成自己的旗什么的。美国法律允许这样。常有国内的朋友访问美国时到官邸来看我，看到前往官邸路上不少人家门口飘着国旗，好奇地问是什么节日，其实根本就是平常的一天，朋友们感到大开眼界，我却已经见怪不怪了。

　　美国的爱国主义教育体现在美国人的"吃"当中。美国法律允许企业生产印有国旗图案的各类食品，美国在许多产品包括开心果、杏仁等小食品的包装上，都印有美国国旗标志。2014 年 10 月 1 日，我出席旧金山市华裔市长李孟贤在旧金山市政府举行的中华人民共和国国旗升旗仪式后，李孟贤举行招待会。我惊奇地发现招待会的饼干上印上了中美两国国旗图案。美方的独具匠心给我留下非常深刻的印象。我特意挑出几块印有国旗图案的饼干，带回官邸请亲友品尝。

与旧金山市长李孟贤在市政厅为中国国庆一起升旗五星红旗

旧金山市长为中国国庆升旗仪式后招待会准备的印有中国国旗图案的饼干

　　美国的爱国主义教育体现在美国人的"穿"当中。美国法律允许企业生产印有国旗图案的各类服饰，包括鞋帽、服装，甚至短裤。许多人的鞋帽上、背心上、内裤上，都印着国旗图案，在海滩上还常看到穿着星条旗图案比基尼泳衣的女郎。不少中国人很可能会认为女人短裤上印上国旗图案是对国旗的不敬，美国人则认为贴身衣物上印有国旗图案，体现的是最爱国的情怀。

　　美国的爱国主义教育体现在美国人的"行"当中。美国法律允许美国各种车辆，包括私车悬挂美国国旗。每逢节日、庆典或集会，家家户户、四面八方的汽车上都悬挂国旗。美国平均每年出售的各种型号的国旗多达上亿面，绝大多数美国家庭都购买不止一面国旗，大的在节假日悬挂在房屋外，小的插在汽车上，有的还在后保险杠上贴上"我们支持美国"等爱国主义口号。

　　美国的爱国主义教育体现在美国人的"玩"当中。美国法律允许企业生产印有国旗图案的各类玩具，就连儿童电子游戏机里都有组合星条旗等类似的软件。每当此时，小孩子们都很激动，都要拍手，给人一种神圣的感觉。

　　美国人把爱国、爱集体、爱家统一起来，也就是说，爱国不是抽象的，爱国体现在爱你的学校、爱你所在的社区，等等。几乎每个学校、每个企业、每个社区、每个市，都有自己的代表颜色、自己的吉祥物、自己的标志设计、自己的一个口号。有点什么活动，大家都穿上同样颜色的衣服，这时候很容易滋生一种浓浓的"为集体而自豪"的荣誉感。美国国有国旗，州有州旗，市有市旗，校有校旗，企业有企业旗帜，在重大活动当中，国旗所过之处，州旗、市旗、校旗以及其他各种旗帜的举旗手，会与人群一起弯下腰，凸显出国旗至高无上的地位。即使不是美国人，在那个场合，也会油然而生出尊敬感、尊严感。

爱国教育融汇在政府行为中

首先，美国历任总统的就职演说，都有唤起美国人民爱国主义精神的警句。例如尼克松说："更重要的是，现在是恢复我们对自己、对美国的信心的时候了。"卡特指出："我相信美国能够更进步，我们能够比过去更强大。"奥巴马说："自建国初期以来，美国便充满了由敢于追梦的普通人所谱写的故事。我们就是这样赢得了未来。"美国历任总统的就职演说更是一次完美的爱国主义教育。以林肯总统和肯尼迪总统为例。林肯总统在第一次就职演说中强调了反对分裂、联邦永久性、宪法神圣，并宣示了他将维护联邦统一的决心，除非美国民众有相反的指示。他是这么说的，也是这么做的。肯尼迪总统就职演说中的名言"不要问国家能为你做什么，而要问你们能为国家做些什么"，更是在世界范围内传诵。但就是这位号召要问"你们能为国家做些什么"的总统，出动军队去执行最高法院的判决，保障一个黑人孩子到州立大学读书的权利。

在"9·11"纪念活动中，纽约市政府安排升起的一面国旗，曾在事发当天飘扬在世贸中心大楼上，之后被美国宇航员带到太空以纪念遇难者，有着特殊意义，而唱国歌的则是曾参加当天抢险的纽约消防员和警察代表。"9·11"当天飘扬在五角大楼上的一面美国国旗，也被美军带到了伊拉克战争前线，并在攻占巴格达后升起。同样是升国旗、唱国歌，这些精心的策划安排都收到了相当不错的效果。

其次，政府广告起到爱国主义教育的效果。例如，在一场球赛当中，政府部门花钱在球场广告屏幕上为美军作广告，屏幕上出现"USARMY"（美军）字样，我看过的一场球赛中，至少四五次出现这一广告。

再次，对大量从世界其他国家移居美国的新移民，美国政府同样不放过对他们开展爱国主义教育的机会。按照美国移民法规定，所有新移民在申请入籍时都必须参加各地移民局组织的统一考试，内容包括对美国政体、宪法和历史的了解，以及作为美国公民的权利和义务。最近，移民局正在改革考试内容，方向是取消死记硬背的内容，增加考察申请人对美国公民权利和义务了解程度的综合分析题。在接受移民官面试时，所有申请人必须明确承诺，一旦成为美国公民，只要国家需要，愿意履行作为公民应尽的义务，比如参军服役。考试不合格，或者在面试中不愿明确承诺今后将履行公民报效祖国义务的人，其申请都不会得到批准。

入籍申请获得批准的新移民，必须参加由各地政府组织的新公民宣誓入籍仪式。这一仪式往往放在美国独立日等重大节日进行，成百上千新移民聚集一堂，面向美国国旗举起右手，宣誓从此放弃效忠原先的国家，毕生热爱并忠诚于美利坚合众国。只有走完所有这些程序，新移民才能最终领到美国护照，成为美国公民。

最后，大选也发挥了爱国主义教育的作用。例如，旧金山湾区居住着较多的华裔和拉美裔，虽然英语是美国的官方语言，但是每个投票点中所有与投票有关的提示、标示牌等都同时使用汉语和西班牙语版本，并且每个投票点都备有至少一名汉语和西班牙语翻译。这当然是当地华裔和墨西哥裔通过政治活动争取来的结果，也有政客们得到尽可能多的选票的考量，但这却让人感觉到个人的权利受到重视，从而增加对国家的认同感。

也许，有人会问：美国经常有各种规模的反政府示威游行，包括要求总统下台、反对现行政府的某一项政策等，激动的人群甚至会焚烧总统的画像，这些情况是否说明美国的爱国主义教育没有到位？答案是否定的。真实情况是，反政府示威屡见不鲜，却几乎看不到有人焚烧美国国旗，尽管按照现行法律，这也是合法的。

美国友人就此对我说：在美国，每个人都有反对现行政府或政策的自由，不过，即使是示威游行，出发点也必须站在爱国立场上，为的是让国家更加完善，否则不仅根本不可能得到支持和响应，而且还会遭到反对和唾弃。他说，在美国，虽然有个别游行或集会出现过焚烧美国国旗的事，但据他了解，绝大多数都是在美国的外国人所为，而且一旦他们做出这一举动，就会遭到其他人的制止和指责。

爱国教育结合到国家节日中

美国是一个节日很多的国家，美国带有政治意义的节日很多，如独立日、阵亡将士纪念日等，利用各种节日庆典进行爱国主义教育是美国一贯的做法。在国家庆典里，人人都背诵"我爱这个国家，保卫这个国家"的誓词；在国旗纪念日里，人人都背诵忠于国旗的誓言："我宣誓忠诚于美利坚合众国国旗和国旗所代表的共和国。"

每年 5 月的最后一个星期一是美国的阵亡将士纪念日（Memorial Day），47 年前被设立为全国公众假期，原意是纪念美国官兵的，现在已经慢慢演变为泛指纪念故人的节日，有一点像中国的清明节。每年这一天，华盛顿都在市中心举行大型游行，其中最吸引眼球的是由各地摩托车组成的"滚雷"（Rolling Thunder）游行。"滚雷"其实是同名的民间组织发起的，其目的是纪念战俘和筹款寻找战争中的失踪人员。几十万辆摩托车轰隆隆地列队经过华盛顿和周边的城区，震耳欲聋，场面蔚为壮观。沿途所有天桥上挤满了观礼的群众，手里都挥着一面小国旗，同时，一些人还挥舞大国旗，建筑物上悬挂着巨型国旗，人们欢呼沸腾，即使是匆匆过客，也会停下来好好思量前人的牺牲。

成千上万人手持国旗观看阵亡将士日游行

华盛顿阵亡将士日　　　　阵亡将士日为死难美国英雄下半旗志哀

阵亡将士日游行队伍中的仪仗队

　　遇上阵亡将士纪念日，连神职人员也投身到爱国主义教育中来了。一天，我到教堂参观，见到许多家庭到教堂作礼拜，礼拜过程有一个固定环节是让孩子们走上前台，主持牧师问他们："你们知道明天是什么日子吗？"孩子们七嘴八舌地说："是阵亡将士纪念日。"牧师说："我们请信众中退伍或现役的军人站起来好吗？"有老人自豪地站了起来。牧师又说："我们请家里有孩子服现役的家庭站起来好吗？"又有数十人陆陆续续站了起来。牧师再说："我们请父母或亲友是退伍或现役军人的家庭站起来好吗？"全场一半以上的人都站了起来。牧师对孩子们说："你们看，明天就是向为我们的自由和安全而付出的亲友们致敬啊！"没有宣讲大道理，没有搞仪式，简单而庄重，牧师就这样向孩子做了一场爱国主义教育：军人、卫国、自由等不再是抽象的符号，而是与每个家庭息息相关，为国家做出血的牺牲让个人和家庭都引以为豪。

阵亡将士日游行队伍中的马队

　　其他各种节日巡游，哪怕小到一个社区的巡游，也少不了护送国旗的仪式。请不到真正的美军仪仗兵，就各显其能，邀请地区国民警卫队或预备役官兵、退伍军人甚至童子军来担当此任。虽然他们的动作并不规范，但态度同样严肃认真，有招有式，有板有眼，照样能博得热烈的掌声和欢呼声。

　　1982 年，美国的阿波斯特托莱德应用研究中心在对 18 个国家进行的一项研究中得出这样的明显结论：同日本人与西欧人相比，美国人最愿意为他们的国家而战斗，对民族认同最感自豪。如果说这个世界上哪个国家的爱国主义教育更为成功，我想美国应该名列前茅。美国式的爱国主义教育润物细无声，甚至大多是民众自发地对自己、对他人进行爱国主义教育。现实中，我接触过的美国人也确实都很爱国，发自内心地以自己是美国人而自豪。我常见到身穿制服的军人，经常在机场等公众场合被陌生人拦住，他们听的最多的一句话是"谢谢你的服务"。"9·11"事件后申请参军的美国人剧增，就是爱国主义思想的推动。

第十四章　硅谷的另一面

　　硅谷是位于美国加利福尼亚州的旧金山经圣克拉拉至圣何塞近50公里的一条狭长地带，是美国高科技人才，特别是美国信息产业人才的集中地。目前在硅谷，集结着美国各地和世界各国的科技人员达100万以上，美国科学院院士在硅谷任职的有近千人，获诺贝尔奖的科学家达30多人，硅谷已成为世界各国高科技聚集区的代名词。多年来，硅谷是美国青年心驰神往的圣地，也是世界各国留学生的竞技场和淘金场。其特点是以附近一些具有雄厚科研力量的美国一流大学斯坦福大学、加州大学伯克利分校等世界知名大学为依托，以高技术的中小公司群为基础，并拥有思科、英特尔、惠普、苹果等大公司，融科学、技术、生产为一体。硅谷拥有大大小小电子工业公司达10000家以上，他们所生产的半导体集成电路和电子计算机分别约占全美1/3和1/6。20世纪80年代后，随着生物、空间、海洋、通讯、能源材料等新兴技术的研究机构在该地区纷纷出现，硅谷客观上成为美国高新技术的摇篮。现在硅谷的高新科技日新月异，平均18个月就上一个新台阶。现在全世界人都知道，在硅谷一夜之间成为百万富翁、千万富翁，都是平常的事，即使亿万富翁也不是不可能的。在硅谷，知识就是工作，知识就是财富，对于所有科技员工来说，除了完成每天的工作，知识更新也是一门必修课。为了跟上高新科技的飞速发展，许多人都不得不废寝忘食，每天的工作和学习时间都在12小时以上，如稍有懈怠，明天就会有被淘汰的可能。然而，硅谷的另一面最近也引起了世人的注意。

左上：硅谷标志牌　　右上：硅谷一瞥　　左中：硅谷谷歌公司　　右中：硅谷脸书公司
左下：硅谷思科公司　　右下：硅谷英特尔公司

卖淫业也盯上了硅谷

　　与当年淘金热时期旧金山附近"昌盛"的性服务产业类似，今天的硅谷同样吸引大量应召女前来淘金。2014 年年中，一名高级应召女郎被捕和被控的事件，使硅谷成为全美的焦点——这一次引起广泛注意并非因为硅谷的科技业，而是因为硅谷的卖淫业。硅谷年轻人群集中，收入水平较高，这直接导致美国大量的性工作者聚集到了硅谷。一个叫阿丽思的名妓竟然与谷歌实验室主管佛瑞斯·提摩西·海耶斯，通过互称"甜心老爹"（Sugar Daddy）和"甜心宝贝"（Sugar Baby）的约会网站约好进行性交易，海耶斯依照许多硅谷人做这回事时的惯例，将阿丽思带往他的私人游艇，以躲避不必要的麻烦。

没想到海耶斯却不仅自找麻烦上身，还拖累了阿丽思。为了助兴，海耶斯要阿丽思替他注射海洛因，因注射过量，海耶思失去了意识。不可思议的是，阿丽思并未在第一时间对外求救，她从容地喝下一杯红酒后，独自离开游艇，海耶斯最后因此而陈尸在游艇上，徒留结缡 17 年的妻子与 5 个儿女。

这次事件令全美媒体把注意力投向硅谷的卖淫业。通过这一案件，人们发现了硅谷的另一面。

据美国都市研究中心 2014 年 3 月发表的消息：在美国八个大城市中，有五个大城市的卖淫业生意日渐减少，但是硅谷的生意却刚好相反，越来越兴盛，全国各地的妓女被年轻寂寞和多金的科技人所吸引，纷纷流向硅谷"工作"。媒体引用警方发言人的估计，硅谷有超过一万名性工作者，客人多是高科技人员。一名硅谷企业家对《今日美国报》记者说，硅谷像一个军营，这里有很多钱，却很少女性。《世界日报》报道说，在洛杉

美国的妓女

矶一个安静的酒吧里，一位名为约瑟芬（Josephine）（化名）的性工作者正在桌子上整理 T 恤衫，上面印有一些充满科技元素的挑逗性话语。在她的在线广告照片中，约瑟芬通过这些标语来吸引硅谷那些富裕工程师和编程人员的眼球。约瑟芬认为自己这样做可以让硅谷的天才们知道，自己对科技也是非常感兴趣的。约瑟芬表示，自己的在线业务刚开始的时候点击人群非常有限，只有那些经常光顾自己的客户才去看。现在约瑟芬已经改进自己的网站，目前正处于测试阶段。该网站面向全美的性工作者开放。约瑟芬还以一种非常安全的方式将自己的客户信息存储在了网上。

让人觉得匪夷所思的是，硅谷的色情工作者竟然能够利用硅谷的科技特色、使用网络和智能手机等科技工具来发展和壮大自己。圣何塞市警察局的韦尔斯警官在接受媒体采访时表示，当地的色情服务生意非常火爆，因为在这里卖淫收入明显比其他城市高。韦尔斯表示，科技工具是当地卖淫业迅速发展的主要动力之一，因为买卖双方可以通过网络、智能手机等科技工具非常方便地见面，这也使得卖淫交易进行得更加隐蔽，也增大了侦破的难度。硅谷的很多性工作者还建立了自己的客户数据库。很多性工作者都有脸书、推特等账号，有的甚至还有自己的网站。很多性工作者都利用推特来拓展自己的视频业务，用户可以通过付费来和表演者进行互动。凯蒂·斯特莱科一直以"科技领域高端色情服务者"自居，她每小时的收费为 350 美元。白天她在硅谷的一家社交媒体公司担任市场销售人员，晚上她则用这款社交应用程序来拓展自己的"个人业务"。斯特莱科表示，她正在利用在社交媒体市场营销方面学来的知识提升自己的色情业务。

妓女在硅谷收入不菲。硅谷地区科技人员的收入普遍都比较高，而且年轻人比较集中，这让硅谷成了很多性工作者特别看好的"香饽饽"。阿丽思向警方说，她的客人越来越多，有超过 200 名客人，其中不少都是硅谷的科技人，她像其他妓女一样，常使用网站与客人联系，并且从社交网站中找寻新客。她每次应召收费 1000 美元。凯伦也是硅谷的一名性工作者，她每小时收费为 500 美元。凯伦表示，现在硅谷已经吸引了很多外地性工作者。一名自称"性工作者"的女子向记者说："他们工作很长时间，赚到很多钱，但是寂寞得很，过去 6 个月，我的生意非常好。"另一名性工作者对《今日美国》报说："我的顾客很多都是湾区的科技人。"

美国有线电视新闻网报道，2013年记者访问的一名性工作者说她赚到100万美元。

加州刮起扫黄台风

卖淫嫖娼在美国加州是违法的，面对硅谷和其他科技新区卖淫嫖娼现象的兴起，加州刮起了扫黄台风。

针对众多妓女来硅谷淘金，加州警方开展了一场名为"坏邻居行动"的扫黄运动。圣何塞有硅谷之都的称号，该市的扫黄机构虽然因为遭遇美国经济危机，财政预算不足而在2011年已被迫解散，但这并不代表圣何塞警方放任色情服务业而不管，2012年因为卖淫而被抓的性工作者数量较往年上升了35％。警方鼓励群众举报容留卖淫嫖娼的"坏邻居"即老鸨，有五位美籍华裔妇女因此落网。美国联邦公诉人2014年2月15日称，五个专为美国硅谷妓院提供妓女的女人被判刑。这五人从2004年起向硅谷十家妓院提供了数百名妓女，律师凯文·瑞安说，这五名女子都是北加利福尼亚的居民。在硅谷工作的多是高科技人士，个个收入不菲，因此从2004年起，这五人就瞄准了硅谷。她们先后在此租了十所住房，表面是开按摩院或美容院，实际是以此为幌子，进行卖淫活动。她们为妓女提供住宿、伙食和交通费，妓女挣来的钱则大半被按摩院扣下。除了诱人卖淫外，她们的罪名还包括隐藏非法外国移民、逃税和洗钱。早在2004年，这五人中就有一人因拉皮条被告上法庭，但其通过贿赂一名警官而逃过一劫。警方称，金钱贿赂和性贿赂是这些老鸨惯用的手段，她们为了赚钱什么都干得出来。为了抓住这些狡猾的老鸨，警方还求助于移民和海关部门，并多次假装成硅谷的技术人员去妓院搜集证据。一位警察说，由于这些妓院往往和黑社会勾结在一起，搜集证据的工作因而变得非常危险。2014年，五人终于被捕，此后一直被拘禁，此次她们的刑期都将在十年以上。瑞安称："被告所犯的罪行严重损害了硅谷的生活质量，她们不仅带坏了在其妓院卖淫的妓女，而且也把其他各类犯罪活动带入了硅谷。"

居民也自发组队扫黄。据当地媒体报道，每天早上7点就能看见早起的妓女在街上揽客，堪称"永不停止工作的典型案例"。针对这一情况，不少忍无可忍的居民因不堪"性工作者"骚扰，开始组织团队上街巡逻，自发"扫黄",劝阻妓女与嫖客发生性交易,而且取得了不错的效果。这些人身穿黄色荧光安全服,不采取暴力手段,只是站在妓女旁边与她们说话,从而让她们知道自己正被监视,最终让妓女和客人放弃交易。很多人专门安装了视频摄像机,曝光那些进行性交易的妓女和客户。当地居民表示,上述活动让硅谷情况有了很大改善。

警方还会将嫖客曝光。男人嫖妓,一般都会瞒着太太或女友。美国加州警方便抓住这种心态,开始一种特别的处罚方法:让被逮捕的嫖客手持写有被捉日期及其姓名的名牌拍照,并将照片上传至 facebook。警方希望借此收到阻吓作用,做到杀一儆百,减少男人嫖妓的意欲。警方实施新措施后,当地明显人流减少。

美国扫黄一警

查封为卖淫嫖娼牵线搭桥的网站。旧金山湾区的应召网站"MyRed-book. com"2014 年 7 月被联邦调查局查封。现在只要登上这个网站,就会看到一张告示,说"网站已依法被查封,不能运作"。

拯救被迫卖淫的未成年少女。2014 年 6 月的一个周末,美国联邦和包括硅谷在内的旧金山湾区当地执法部门,在湾区多地联手进行全国性突击行动,旨在打击贩卖儿童卖淫。这次行动救出了 16 名被迫卖淫的未成年少女,最年轻的仅 15 岁。这个名为"全国行动"的突击行动,是连续第 8 年在全国同步进行。在湾区,当局甚至出动数百名特警,连续进行了

14 次行动，拘捕了 54 名嫖客、13 名马伕及 57 名成年妓女。由于在硅谷卖淫的女子同位于南加州的洛杉矶等城市有千丝万缕的联系，经过严密的调查部署后，在南加州洛杉矶等地也进行了大规模的扫黄行动，共逮捕91 人，并救出 22 名遭强迫卖淫的儿童。当局表示，救出的 22 名 12—17岁儿童，以及 54 名成年女性已交由儿童社会福利机构、非营利组织、假释官和其他可提供协助的单位处理。南加州长堤市警察局长麦唐诺称，这些儿童中有人远从纽约和密西根逃家来到洛杉矶。其中许多人是寄养儿童、社会福利受益人或青少年罪犯，因此需要协调整合洛杉矶儿童与家庭局、假释官、执法当局和其他组织的力量，一旦发现被迫卖淫的受害人时，立即介入提供协助，帮助他们脱离卖淫生活。

出台新的有利于扫黄的法规

硅谷不少按摩店实际上是妓院，依据现行的《加州按摩院管理法》，只有加州按摩治疗委员会才有权吊销违法按摩院的营业执照，这使身处第一线的地方政府，特别是警方在治理假按摩、真卖淫方面颇有无力的感觉。华人集中的圣盖博谷社区按摩院如雨后春笋，其中夹杂真卖淫、假按摩的色情行业，但地方政府"无法"根绝不肖业者，因此要求改革现行法令的呼声不绝于耳。

针对这一情况，2014 年 9 月 18 日，加州州长布朗宣布签署第 1147 号法令，即《按摩治疗改革法》。2015 年元旦生效后，地方政府将有权直接吊销违法按摩院营业执照。巴沙迪那民主党州众议员荷顿，连同洛杉矶民主党州众议员高梅兹和北加州民主党州众议员波尼拉，共同提出了这一法案。这一法案不但授权地方政府有权吊销按摩院营业执照，而且将 19 人的加州按摩治疗委员会减为 13 人，规定其中有 6 人必须为地方政府、学校、治安和卫生单位代表，1 人必须来自防止走私人口团体。为防止妓女鱼目混珠冒充按摩师，新法规定按摩师必须接受 500 小时训练，并通过考试和背景调查，才能领取执业执照。对这个法规的出台，当地报纸报道说："深受真卖淫、假按摩行业所苦的地方政府额手称庆。"

第五篇　直击美国衙门

第十五章　我眼中的美国衙门

　　2013 年 4 月 5 日，我来到旧金山，出任第十一任中国驻旧金山大使衔总领事。旧金山领区包括阿拉斯加州、华盛顿州、内华达州、俄勒冈州和加利福尼亚州的大部分县市。我因工作需要，必须经常走访领区内各州，必须与各州州长、州参议长、众议长、州务卿等高官保持联系，因此，我有机会经常出入领区内美国各衙门，包括州政府和议会大楼、主要城市的市政厅大楼，美国的衙门给我留下了十分深刻的印象。

五角大楼

衙门八字开，人人可进来

领区内美国各衙门都允许非工作人员、非公务人员，包括闲人、外国人随意进入，这让我深感意外。

我最早拜会的领区内政要是加利福尼亚州州长布朗以及参议长和众议长，他们都在州府大楼内办公，州府所在地在萨克拉门托，离旧金山两个多小时车程。到任不久，我因分别会见州长和两位议长，有机会短时间内三次走近并仔细审视加州州府大楼。加州州府大楼素有"小白宫"美誉，于1860—1874年兴建，至今已拥有150年的历史，在此期间，先后于1906年兴建了地下建筑，于第二次世界大战结束后进行了第三次扩建，可抵御七级地震。

加州州府大楼没有人站岗，人人可以进去，不过必须经过安检。任何人进门必须像坐飞机那样，摘下手表，拿出身上的钥匙、钱包之类的东西，放进塑料框子里，连同提包等放入X光机检查，不过不用像在美国乘飞机那样脱下外衣、解下皮带、脱下鞋子。参议长、众议长办公室任何人都可以进去，无人挡驾。只有州长布朗办公室外面有一安全人员站在那里。

旧金山市政厅也是人人可以进去，也必须经过安检。市长李孟贤、市参事会（议会）主席邱信福、市商务局等衙门、各位参事（议员）都在里面办公。不同的是，几乎每间办公室上都写着谁在里面办公，如"汤凯蒂参事"等。

更多衙门不需要安检。如我到华盛顿州见州长英斯利，到俄勒冈州见州长基察伯、参议长考特尼、众议长科泰克，州府大门前无人站岗，无人登记，只有州府大楼一楼大厅里有一个女孩坐在一张桌子前，起到咨询台的作用。其实，这个人作用不大，因为走进州府大楼，迎面最先见到的是一块牌子，上面写着州长、议长、厅长等在几楼几号，州府大楼不大，就三层，州府机构很少，机构内工作人员也很少，例如，参议长办公室不包括议长就六个人，其他就是议员了。我去过的其他州也同样，任何人都可以直接走进州长的办公室。

由于任何人不需经过批准就可进入政府大楼，有时也会发生"意外"。例如，2012 年 12 月 4 日，旧金山发生裸女大闹市政厅，高呼"身体自由"的事件。那天，旧金山市监督委员会在市政厅开会，讨论关于禁止在公共场合裸体的议案，议案将禁止民众在该市的街道上、广场上、人行道上以及其他公共场合的赤裸行为。想不到会议进行中，现场竟遭到一批裸体人士脱衣抗议，一群大胆的抗议者冲进会议厅，脱掉全部衣服，抗议该市关于禁止在公共场合裸体的法令。该市司法官员连忙给抗议者披上衣服，并带他们离开会场。在被带离会议厅时，抗议者们还高呼"身体自由"和"你们很可耻"等口号。

旅游好去处，参观全免费

旧金山领区内的州府大楼、市府大楼，都各具特色，文化底蕴丰厚，是参观的好地方，且一律免费。

例如，三层楼建筑的加州州府大楼，其布局、陈设和装饰浓缩了加州发展的历史，本身是一个博物馆和艺术馆。这座具有浓郁欧洲宗教风格的圆顶建筑，造型源于民主法律制度诞生地古罗马帝国，至于其布局，更是这一理念的最好体现，一楼大厅里，陈列着一组意大利雕刻的大理石雕像，他们分别是哥伦布、西班牙伊莎贝拉女王和侍童。圆顶建筑，体现古罗马风格。二楼的原州长办公室，是一组三间室办公室，历任州长均在此处办公，门口放置着一头象征着加州标志的黑熊标本。这里有一名保安把守，州长在空暇的时候还会出来接见前来观光的世界各地游客。

游客，特别是国外游客，可通过参观州议会、旁听议会会议，来感受美国决策程序。位于州府大楼三楼的议会会议厅，最能体现美国民主化决策程序。美国是实施联邦制的国家，国内 50 个州都具有与联邦一样的独立立法权，只不过联邦大多只负责基本法；各州则根据自己的情况，制定相应的具体法律。加州的 40 位参议员和 80 位众议员，就是在此为加州制定各项立法。众议院表达平民意志，加州众议院会议厅至今沿用着 1870年以来一直使用的会议桌，议员们在属于自己的座位上履行职责，他们在议长提出相关法案时，通过会议桌上安装的麦克风来发表各自的意见，然后按照代表同意或反对者不同意见分别站立在桌子两旁。最终在表决时，通过按会议桌上的按钮，来选择对法案表示同意或反对意见，会议厅前排墙壁上悬挂的两幅电子屏幕分别显示每个议员的投票结果。议院设有旁听席，整个过程接受民众，包括游客在楼上旁听，但听众没有发表言论和投票的权利。需要补充的是，加州众议院会议厅正前方悬挂的是他们最推崇的林肯总统的画像，画像下面一行拉丁文的格言是："议员的责任是制定公正的法律。"据说，美国众议院容许各州的众议院会议厅悬挂不同总统的画像。众议院会议厅地面铺砌的是绿色地毯。加州参议院则仍采用最传统的唱名投票方式，在其会议厅正中央则悬挂着美国国父、首任总统华盛顿的画像，画像下的拉丁文格言是"参议员的责任是维护人民的自由"，整个会议厅地面铺砌的是大红色地毯。

我访问加州州长布朗当天，州政府安排一位来自中国台湾的华裔职员陪同我参观州府大楼，我问她，为什么州府大楼里有这么多中小学生参观，一批接着一批，每一批都有讲解员给他们讲解？她告诉我，每一个县乡都有介绍自己县乡历史的图片、橱窗和实物展览，历史上老州长、斯坦福大学创始人斯坦福的办公室、州金库等也已改为展出场地供人参观，历任州长都有油画画像陈列，州府起到州历史博物馆的作用。州政府每天安排1500位学生来州府参观，也欢迎任何人来这里参观，并且，人人参观都免费。

俄勒冈州政府广场

　　进入美国衙门，最大的感觉是游人比工作人员多得多。我到俄勒冈州府那天，除了看到一批批的游客，几乎没有看到求政府办事的人，也没有看到什么上班的人。参议长考特尼打球时把脚扭伤了，坚持见完了我再到医院去，他一拐一拐地陪我到参议院大厅，也没有什么人搀扶他，我们一起走到议长席，他请我举起木锤子，狠狠敲一下，让我感受一下一锤定音，州府摄影师按下快门，记录下了这个时刻。

　　在美国，进入政府衙门，人人可以在里面随便溜达，可以索取有关资料。例如，走进旧金山市政厅里，可以随便拿台子上摆放的地图、政府统计资料、《政府公报》或其他文字资料，还有空白的便签供人随意取用。在俄勒冈州议长办公室，一大堆议长名片和有关资料专门放在醒目处供人索取。各个办公室和会议室大门都是打开的，可以随意参观拍照，这一切让我觉得很体贴、很亲切。

州市办公楼，百姓也可用

　　我到旧金山上任不久，到市政厅拜会华人市长李孟贤，走进市政府大楼，看到里面有人穿着婚纱，我非常奇怪，连问为什么是这样？同事告诉

旧金山市政厅内的一场婚礼

旧金山市政厅内，牧师为一对新人证婚

我，这是有人在举行婚礼。我觉得政府大楼里举行婚礼不可思议，连忙说，是这样吗？并问在政府大楼举行婚礼要交多少钱。同事告诉我，使用政府大楼不用交钱，只需提前登记预约，但婚礼本身的一切花费自理。因为，市政府大楼是用纳税人的钱盖起来的，所以，纳税人也可以申请使用，可以办婚礼，也可以举行其他聚会。后来，我多次进入市政厅，确实多次见到婚礼和其他非官方活动。

美国人杰西卡和卡西迪的婚礼就是在旧金山市政厅举行的，当地报刊和网站对此作了报道，我不妨摘登部分，以便读者对老百姓使用政府办公楼有更多了解：

杰西卡和卡西迪10月10日在加利福尼亚最受欢迎，同时也是最典雅的地方——旧金山市政厅举行了婚礼。杰西卡梦想着举办一个以粉红色和金色为基调的水晶童话婚礼，因此为了满足她的愿望，马克辛和她的天才团队设计了这个魔幻般的夜晚。拥有高达300英尺的圆形天花板的法国文艺复兴风格的圆顶大厅是举行婚礼的最佳地点。大厅的拱门处悬挂着复古的金色丝绸窗帘，一排排金色的竹节椅静静地等待着将要参加婚礼的来宾。……结婚典礼一结束，宾客们就被邀请至二楼品尝鸡尾酒和各种可口的饭前点心。……这期间，圆顶大厅被布置成了一个金碧辉煌的餐厅，一张张圆形餐桌上覆盖着华丽的丝绸桌布，桌子中央摆放着一个巨大的金色蜡烛，蜡烛周围还摆放着粉红的玫瑰花、苔藓，以及有点夸张的水晶酒杯。桌牌号牌以及餐巾上的粉红花朵饰品都是专门定制的。圆顶大厅重新布置好后，新人就带领宾客们下楼来享用晚餐。其间不时有家常的烤面包奉上。晚宴结束后，宾客们跟随杰西卡和卡西迪来到邻近的北侧礼堂，礼堂被装饰成一个粉红色的水晶舞厅，里面有 24 英尺高的水晶柱及帷帘，天花板上悬挂着水晶大吊灯，新人还为宾客们准备了一个休息室和甜品自助吧。……所有的人都尽情享受着美好的时光，享用着自助餐的美味，在舞会上尽情起舞。庆典活动结束后，一部分嘉宾还随着新人回到华丽的圆顶大厅随着《我的心遗留在旧金山》的歌曲跳了最后一支舞。正如杰西卡所期盼的那样，所有的人都享受了这个美好的夜晚。

旧金山虽然是美国西部重镇，市政府大楼也很堂皇，但是，其建筑面积并不很大，政府没有开大会的会议室，整体面积比不上国内不少市下面的区政府大楼大。市政厅虽然是这个城市的门面，但我多次看到很多"无家可归者"（也许是有家不归）把这里当成自家的客厅，他们或站，或坐，或卧，随意地聊着，因为市政府无人站岗，所以也没人驱赶他们，他们也不乱来。

官员讲节约，衙门不铺张

旧金山市政府大楼虽然建筑面积不算很大，但在美国已是够气派的了，所以，市政府大楼在旧金山还被列为旅游景点。相比之下，美国麻省政府大楼，虽然看起来很别致，但像个小教堂；美国田纳西州拉菲特市市政厅，怎么看也像个内地的大型汽车加油站；明尼苏达州政府要不是楼上飘着一面国旗，游客还以为是个图书馆；加州科切拉市市政厅，旁边的中餐馆好像都比它大……更有甚者，美国弗吉尼亚州的阿灵顿县（相当于中国的地级市，美国多数是县管市），郡县政府在一栋商用楼里租用办公室，和其他商户一样向楼的主人交租金。阿灵顿县为什么这么抠门？我们看看该县 2013 财年的预算，就知道政府把钱都花到哪里去了。阿灵顿县2013 财年预算收支平衡，税收和开支都是 13.49 亿多美元，政府本身预算少得可怜，县委员会预算占 0.08%；县长办公室的预算占 0.39%。但在教育、穷人救济等公共福利开支上却很慷慨，教育占 35.84%；公共图书馆占 0.92%；环境保护占 9%；低收入家庭住房补贴占 1.33%；公共交通占 1.78%。该县预算报告有 528 页，每分钱的开支都有去处，每分钱的税收都有来路，预算公开，任何人都可调阅监督。

2013 年 7 月 4 日是美国独立日，也就是美国的国庆日。我早就接到旧金山市政府的请柬，邀请我出席独立日招待会，我原以为在这一天可以感受一下美国举国欢庆的气氛，没想到我完全失望了，没见到政府机关（也包括其他任何机关和企事业单位）挂一个灯笼、贴一条标语、挂一个横幅、竖一面彩旗来庆祝美国的国庆，也没有哪家报纸发表有关欢度国庆的社论。是因为美国闹经济危机没钱搞国庆活动吗？不是，人们告诉我每年都是这个样子。当我来到招待会现场时，原以为现场一定会有个主席台，台上一定悬挂美国国旗，摆满鲜花，会有个庆祝独立日的横幅，台上一定会为贵宾们摆满桌签，引导贵宾们就坐；一定会有个讲台，市长李孟贤一定会发表一个庆祝独立日的主旨讲话，现场一定会有不少统一着装的礼仪小姐为贵宾提供服务。没想到我完全错了，这个市政府的独立日招待会其实并不是严格意义上的政府行为，而是旧金山的华商为政府买单，为政府提供一个活动平台，政府本身从来没有国庆活动这方面的支出计划，李孟贤市长出席招待会只是和大家见见面，握握手，吃吃饭。当晚，在海滩举行的焰火晚会也是企业家买单，也不是政府行为。即使庆祝应该举国欢庆的独立日，花纳税人的钱也不那么容易！

作为高级外交官来美国工作，有机会见到不少美国高官，感觉高官们非常"抠门"。在美国州长、市长、议长等办公室，从来只是谈事，水都没有喝到过一杯。不管请高官们吃多少次饭，从来没有人回请我（因他们无法报销）。加州州长布朗，虽然是官二代（父亲也是州长）、富二代，却节约成癖，35 年前，37 岁的布朗第一次当州长，他就把州政府大楼的沙发椅换成了木椅子。当年，豪华的州长官邸修缮完毕，他不住，自己掏钱在州议会大厦附近租了间小公寓。政府给州长配了司机和豪华轿车，他也不用，每天开一辆毫不起眼的普利茅斯牌轿车上下班。他的名言是：

"我知道应该如何有节制地生活。简单地说，就是不乱花钱。我不喜欢花自己的钱，更不喜欢花纳税人的钱。"72岁时，布朗第三次出任州长，虽然银发稀疏，但说起话来中气十足："假如你们想要一任节俭的州长，那你们就找对人了。我会严格控制政府预算。"他身体力行，去洛杉矶参加会议，独自乘坐经济舱飞往目的地。开会回来，几百美元的往返机票只报销100美元。

其实，节俭是我遇到的美国官员的常态。一次，我为李孟贤市长访华成功举行一个饭局，邀请李孟贤访华团一行出席，饭局结束时，李的菜碟子里还剩两块红烧肉和一些其他菜，李坚持打包带走，说不能浪费，可以第二天带到办公室作为午餐。虽然美国官员很"抠门"，但很注意不沾公家和他人便宜。例如，虽然旧金山是世界著名大都市，但市长李孟贤一直开私车办事，市政府没有任何官员配公车。总领馆办公室主任刘斌告诉我，他曾经经历这样一件事：国内有大腕明星到美国演出，总领馆给当地政要赠票，希望他们出席捧场，因为票上印有票价120美元，结果没有一个客人出席。因为这个价格大大超过了美国规定的可以接受的礼品价值的上限，涉嫌"受贿"，所以谁也不敢贪这个便宜。

市长少油水，往往要兼差

我接触到的美国官员油水都不大，有的官员还倒贴钱，为选民办事。这方面最典型的例子是加州前州长施瓦辛格。施瓦辛格当了两届州长不仅没有领过工资，根据加州政府资料显示，自2001年以来，施瓦辛格为两次州长竞选活动以及其他政治活动，还直接或间接投入了总计2500万美元。这2500万美元还不包括他当州长期间的交通费。他每周乘坐私人飞机在洛杉矶和萨克拉门托之间往来数次，都是他自己掏腰包。由于当州长，不能作广告，不宜拍电影，他间接损失了巨额广告收入和电影收入。鼎盛时期的施瓦辛格拍一部电影可赚3000万美元。

美国的市政府机构中，有市议会、市政府秘书、消防局、警察局、图书馆、市政规划局、休闲娱乐部、公共工程部等若干部门。其中，市议会相当于董事会，一切重大决定都由市议会的议员们讨论和投票决定。加州旧金山、洛杉矶以及纽约这样大城市的市长是全职，大城市的市长年薪

10 万美元左右，在美国收入并不算高。美国绝大多数城市是中小城市，中小城市的市长多为兼职，即不是全日制的，市长不用天天"坐班"。这种市长的薪水也不多，每月只有象征性的五六百美元，市长的生活来源主要靠"兼职"获得。旧金山领区内的加州圣马力诺市是个有 100 年历史的城市，2003 年 3 月 18 日，一位叫林元清的骨科大夫成为这个城市历史上第一位华裔市长。这位骨科大夫当上市长后，星期一到星期五，每天上午 7:00 的早餐会和晚上 19:00 的市议会是市长办公的重要会议。此外，每天他还有一项重要工作，那就是给病人看病。每天上午 9:30—12:00，他都会安排做两个手术；中午 12:00 以后是门诊，但有时还有手术等着他。他的日程几乎每天如此。可以说，林元清是个"半职"的市长。

据美联社报道，55 岁的戴尔·斯帕克斯是美国科罗拉多州联邦高地市的市长，但这位市长大人没有专车，没有秘书。一年前，当斯帕克斯自家开的一家餐馆生意越来越萧条后，他决定到该市唯一一家俱乐部去找一份兼职工作，悄悄干起了兼职俱乐部门卫的工作。市长每周三个晚上待在那里，"检查检查证件，收收服务费"。一个月赚 1200 美元外快，除缴纳他和妻子每月 1100 美元的健康保险费外，还可以省下 100 美元的零头。高地市警察接到举报，说该家俱乐部涉嫌非法活动，警察突击检查时，发现他们逮捕的一名俱乐部门卫竟然是市长大人。市长斯帕克斯辩称，之所以兼职当门卫，是因为自己家的餐馆生意萧条，家庭收入入不敷出，只能靠当兼职门卫补贴家用，缴纳自己的医疗保险费。

也许当市长确实有点像做赔本生意，一些城市市长后继乏人。我经过领区内的内瓦克（Newark）市时，和我同坐一车的总领馆政治处主任刘震告诉我：这个城市的市长阿兰·纳吉 80 多岁了，先后 9 次当选。现在他坐着轮椅，早就想退休享享清福，可是由于没人愿意接替他当市长，所以市民每次只好还选他，他还在努力工作着……

第十六章　直击美国联邦政府正式关停

　　2013 年 10 月 1 日是中华人民共和国国庆日，这天，我前往加利福尼亚州奥克兰市参加升旗仪式，奥克兰市华裔女市长关丽珍和我一起升起五星红旗，几百名华侨华人和其他美国朋友一起载歌载舞，庆祝中国国庆。与此同时，美国政要们一方面祝贺中国国庆，一方面不得不焦头烂额地应对美国联邦政府正式关停。从 10 月 1 日即中国国庆节这天美国当地时间零点开始，美国联邦政府正式关停，在零点前约半小时，美国联邦政府相关部门就已经开始准备执行部分政府部门停止运转的计划。

美国联邦政府暂时关停后拉起的警戒线

在政府机关和事业单位临时拉起的警戒线

　　由于美国两党在国会无法达成一致意见，联邦预算案无法通过，因而导致美国政府关闭。这在美国政坛引起轩然大波，也成为全球焦点新闻。中国民众当然感到好奇，我第一次直击，也充满了疑问。从 9 月 30 日开始，我就在仔细观察美国社会有没有因此发生明显的变化，就思考着黑社会团伙会不会趁政府关门形成的"权力真空"趁火打劫玩打砸抢？社会秩序会不会因此出现混乱？会不会出现通货膨胀？

联邦政府关停带来的消极影响

　　联邦政府关停后，我亲眼目睹了关停带来的几个明显的消极影响。
　　一是打乱了经济运行秩序，既严重影响美国宏观经济运行和经济复苏，也对一些具体行业带来实际困难。例如，阿拉斯加渔民因政府关门，拿不到捕鱼许可证，不能下海捕鱼。据中央社报导，全球股市下挫，2012 年初以来最大单季涨幅缩小，在美国政府关门前夕，美国公债价格止涨、日元走坚，意大利公债价格大跌，原油价格逼近 3 个月来最低水平。美国联邦储备银行高级经济学家和经济顾问比尔·斯特劳斯说，政府关门每天损失约为 3 亿美元。国际信用评级机构标准普尔公司 10 月 16 日发布的研究报告指出，本次联邦政府关门至少已造成美国经济损失 240 亿美元。该机构同时将美国经济第四季度按年率计算的增长率从上月预测的 3% 调至 2%。

二是严重影响美国的旅游业。美国国家公园管理处下辖的 400 余处国家公园、国家纪念园、纪念碑以及受联邦政府支持的史密森学会旗下博物馆皆属"非核心"领域，当地时间 1 日凌晨起闭门谢客。按照安排，已在国家公园园区内的游客可有最多两天时间撤离，其他游客则不能再继续进入。旧金山有一个红杉林国家公园，是原始森林，当年顾维钧、董必武等参加联合国成立大会的代表曾来此一游，红杉林国家公园里专门立了一块牌纪念此事。我推荐许多朋友到这里参观。没想到随着美国联邦政府正式关停，红杉林国家公园也停止对外开放。一些朋友纷纷给我打来电话，对此表达不满。最麻烦的是不少中国旅游团组，事先买了联票，从旧金山开始，组团集体参观好莱坞、迪斯尼、优山美地、大峡谷等景点，这些线路是串起来的，由于优山美地、大峡谷等是国家公园，同红杉林一样，随着联邦政府正式关停停止接待游客，让游客们吃"闭门羹"，这严重影响了他们的利益，无异于是对充满期待、兴致勃勃的游客当头泼了一瓢冷水。美国报纸报道说：所有国家公园、野生动物保护地、博物馆，包括中国游客必去的罗斯福总统纪念公园、肯尼迪表演艺术中心、国会图书馆、林肯纪念堂、美国国家档案馆、国家动物园等一系列知名景点闭门谢客，这令 900 万观众乘兴而来、败兴而归。特别是令许许多多趁国庆"黄金

美国国家艺术馆因美国联邦政府关停而闭馆

周"到美国度假的中国游客十分郁闷和沮丧，一些来自湖南的老乡早在半年前就开始筹划美国之行，不巧赴美第一天，就赶上政府关门，"飞这么老远过来，什么也没看着"。他们连声问我是否可以向美国索赔。不过，政府关门也催生了另一种"旅游"。在一些知名景点，不少人拿相机拍下"关门"的标志，希望记录下关门的场景。

三是中美之间的交流受到影响。例如，美国地质调查局、美国国立卫生研究院等科研机构的科研工作不得不暂停或被迫取消，中美之间计划中的一些交流也不得不推迟甚至取消。

四是非核心部门停止工作，联邦法院一些庭审，如破产法庭审理延期，部分公立医院的接诊暂停，超过80万雇员停薪休假。美国国税局宣称，其9万名左右的员工有九成休无薪假，电话客服关闭，查核活动停止。由于这么多的政府雇员被"休假"，大量护照和签证申请、持枪许可证申请、按揭申请等严重积压，想贷款买房的不得不等待批准，想获得枪支许可或护照，也受到影响。我了解到，不少在美国留学、探亲的中国人，因种种原因希望申请美国工作签证或延长旅游签证期限等，突然遇到美国联邦政府正式关停，一下傻眼了，想在正常时间内得到批准已不可能，一些想先在美国工作一段时间的留学生，在法律规定的时间内无法办理好相关手续，届时不得不离美回国，这些人的利益无疑受到影响，甚至影响到一生的选择。一些人打电话给我，希望得到帮助，但这是美国的内政，我很同情他们，但确实爱莫能助。

当然，最使我不可思议的事情是联邦政府正式关停后第三天，美国白宫10月3日晚宣布，因联邦政府非核心部门关门，美国总统奥巴马将彻底取消原定于当月5日开始的亚洲四国之行。白宫声明说，奥巴马取消原定对印度尼西亚和文莱的访问。这意味着他将缺席即将在印尼巴厘岛举行的亚太经合组织领导人非正式会议，以及在文莱举行的美国—东南亚国家联盟峰会和东亚峰会。美国国务卿克里代替奥巴马率代表团出访上述国家。白宫声明说，奥巴马作出这一决定，一是因为联邦政府关门给出访造成困难，二是因为他决心留在国内，敦促共和党人立即举行投票，以便让政府重新开门。白宫声明还说，此次奥巴马出访行程的取消是国会众议院共和党人强迫政府关门的又一后果。政府关门原本完全可以避免，但如今却损害了美国通过增加出口提高国内就业以及在最大新兴市场地区强化美国领导地位的能力。

美国总统奥巴马被迫宣布美国联邦政府暂时关停

昆尼皮亚克大学的民调结果显示，大约 72% 的美国选民反对政府关闭。美国前副总统戈尔将政府关门的威胁比作"政治恐怖主义"。美国《华盛顿邮报》评论说，华盛顿似乎出现逆向发展，变成一个原始的没有领导的村寨，把任性胡闹当作治理方法。"撕裂的美国民主"令美国陷入困境的同时，也将全球经济置于灾难性危险之中。

联邦政府正式关停的另一面

由于美国民主、共和两党未能就新财年政府预算和医改法案实施达成一致，美国联邦政府 10 月 1 日起被迫关门。联邦政府关门了，这当然是美国的一件大事，但随着我对此事观察、思考的深入，我发现，换个角度看，对美国来说，这也是个小事，不值得大惊小怪。为什么这么说呢？

一是尽管多数老百姓不赞成联邦政府关门，但看起来他们都习以为常，对此看得并不太重，该干什么照样干什么，脸上照样笑容满面，整个社会运转照样井井有条。

二是美国联邦政府关门，准确地说是非核心部门关门，虽然美国联邦政府正式停摆，但涉及美国安全等方面的政府雇员仍继续工作，他们照常工作，但薪水只能在国会恢复拨款后才能到位。事实上美国政府只是部分关闭，国会当然考虑到美国的国家安全，各种重要的安全机构都没有关掉，包括美国的军队、在世界各地的驻军和使馆、美国的联邦海岸警卫队等，所有重要的机构都没有关闭；军队、边防、公共安全等核心部门运作不会受冲击，邮局还开门，信件往来不会受影响，军队警察也照常执勤，社保也会正常发放；联邦政府负责的空中交通管制、航空安全、护照办理、贫困补助、食品安全检查和海关等仍正常运行，纽约各大机场也都在照常运转。

三是美国社会的自治能力颇强，各种非政府组织也能量不小，即便政府暂时不能提供部分公共服务，整个社会运行和普通美国人的生活也不会因此遭受太大冲击。

四是美国是地方自治。美国全称是"美利坚合众国"，由五十个州（state）组成。美国政府停摆，为什么对美国国内影响不大呢？很简单，联邦政府关闭，不等于地方政府关闭，美国的州政府、市政府，甚至一些乡镇，都是自治的，都没有关闭。美国三级政府互不统属，都是互相独立的，地方的行政、司法、立法，都有自己的一套。state 译成中文就是"国"了，五十个"州国"，各州是高度自治的，所以这个预算案影响的主要是在美国首都华盛顿的联邦政府，其他各州不受大的影响。托克维尔在《美国的民主》一书中，专门谈到了美国的乡镇自治，他说美国人的核心价值观是体现在乡镇自治里面的，了解了美国的乡镇自治，就了解了美国。这话是非常精辟的。

美国政府部门为什么会关门？是不是美国穷，开不出办公经费？不是，关门是因为政府预算没通过，国家有钱，但政府没钱了。10 月 1 日是美国政府新一个财政年度的开始，然而支持政府运作的新财年财政预算却迟迟得不到批准。按照美国宪法，政府财政预算需要得到国会参议院和众议院批准方能生效。然而，目前由民主党把持的参议院和由共和党控制的众议院却针尖对麦芒，导致预算案迟迟不得通过。预算案不通过，政府就拿不到办公经费，部分部门只能暂时关门。

怎样看待美国政府关门

米斯容金融公司集团副首席经济学家阿道弗·劳伦蒂接受新华社记者专访时说："美国民主党和共和党的不负责任导致了此次政府'关门'，

这是政治上的失败。如果目前的僵局持续发展，特别是延长到 10 月 17 日，影响政府借贷能力，那后果就严重了。"美国朝野两党的党派之争往往影响到政府的有序运作和社会的正常运转，这次政府预算受阻，其根本原因是被党派利益绑架了。其实，国会两党的分歧并不在政府预算案上，分歧焦点是奥巴马医改法案。坚决反对医改的共和党试图通过给政府预算附加条件来阻挠医改实施，而民主党则坚决反对这种捆绑做法，要求一码归一码，预算是预算，医改是医改。所以，美国政府部门临时关门其实是"城门失火，殃及池鱼"。一项最新调查显示，46% 的受访者认为政府"关门"，责任在共和党；36% 的人认为责任在总统，即在民主党；另有 13% 的人认为两者均需负责。仅此就可说明，美国政治体制运行中并非总是带来正能量，往往也带来负能量。

美国联邦政府这次关门，显示了美国社会危机管控技术娴熟，对大众心理疏导及时。例如，在奥巴马宣布美国联邦政府关闭之前，美国有线电视新闻网（CNN）就立即出台了关于美国政府停摆的 20 个问答，解释了政府为何关门以及今后走向。这 20 个问答包括：为什么政府关门了？此类事件以前发生过吗？政府停摆后将发生什么？对经济有什么影响？会如何影响普通民众的生活？等等。笔者相信，在不少国家一旦中央政府正式关停，很可能就意味着社会动乱，但我亲眼所见，美国联邦政府这次关门，老百姓整体上泰然处之，若无其事，这同美国社会危机管控技术娴熟、对大众心理疏导及时是分不开的。

美国宪法规定国会的一个关键职责是通过对政府的预算案。这次美国联邦政府关门事件，显示出国会对政府的监督和制约是实实在在的，国会通不过政府预算案，政府就没辙。美国总统权力最大了，他是白宫的主人，三军统帅，但是美国总统要受国会的制约。国会通过的议案（法律），总统要执行，如果总统否决，国会还可以 2/3 票数对总统的否决再否决，最后等于是国会说了算。这次美国国会没有通过联邦政府的预算案，就等于是没有给政府发薪水的钱，当然联邦政府就得关门，这是国会对行政机构的一种制约，它体现出即使是大权在握的总统，也要受到国会制约。你不改变政策，国会就不给你预算；没钱发薪水，政府只得关门。在这点上，我觉得值得我们思考和借鉴。

不能简单地把美国民主党、共和党因党派之争引起美国联邦政府正式关停看成是美国政治体制的失败，也不能简单地把围绕奥巴马医改法案发生的冲突看成是内部利益的斗争，看成是纯粹为了一党之私。美国联邦政府正式关停起因于奥巴马医改法案，来自民主党的总统奥巴马希望给更多穷苦美国人提供医疗保险，医疗改革也已成为奥巴马第一任期的最重要政绩。奥巴马医改法案全名是《病人保护与低价医法案》，强制普通美国人参加医疗保险。但天下没有免费的午餐，羊毛出在羊身上，穷人的医保钱最后是要其他人来补贴。为此美国政府加征了部分税收，而普通人的医保费用这两年也因此大幅上涨。在野的共和党从一开始就反对奥巴马医改，在 2011 年成为众议院多数党后，共和党为了阻挠给奥巴马医改拨款或拖延医改实施，已采取了约 40 次立法活动。共和党认为，政府管得太宽，会伤害雇主的利益。还有人批评该法案中的医疗设备税其实是把大量工作机会拱手送到海外。笔者认为，实施奥巴马医改法案关系到美国是否能保持可持续性的发展，对这样一件大事，不是简单地决策，不是仅仅由执政党说了算，而是反复论证、辩论，并且让全国人民都了解真相，这点，也是值得我们思考和借鉴的。

此次美国联邦政府关门风波持续了 16 天之久，国人需要知道的是，中央政府关门并非美国特有的现象，没有中央政府时间最长的国家是比

奥巴马买快餐

利时，在长达 541 天无政府的状态下，预算通过，公务员继续支薪，火车、公交车照常行驶，个人与企业并未被加税，油价、货物税、退休金和最低工资得到调整；百年一遇的冰雪天气清道机准时出动，环卫人员准点清走路边的垃圾杂物；各国首脑如期在这里召开国际会议，欧盟轮值主席国照当半年，期间欧盟运转正常；甚至北约军事干预利比亚，比利时都有参与。可见，没有中央政府的比利时的运作甚至比许多有中央政府的国家还好。在此之前，这个记录由荷兰保持，荷兰曾经有 289 天没有中央政府。此外，吉尔吉斯斯坦、马尔代夫等国都出现过"无政府"状态的局面。在中央政府关门的情况下，整个社会还能维持稳定，有序运转，这点，对于我们加强社会主义政治文明等建设显然也具有参考和借鉴价值。

美国政府关门并不是稀罕事，这种情况以前在美国多次发生过，例如在里根总统和卡特总统时，联邦政府都曾关门，美国人已见怪不怪。过去 30 年里有一半时间，联邦政府部门都或长或短地面临关门危机。从 1977 年到 1996 年联邦政府已经关门 17 次。30 多年来，在 1977 年、1978 年、1980 年、1995 年等十余个年份，联邦政府都因为两党预算争斗而出现或长或短的关门现象。上一次长时间、大规模政府关门事件发生在 1995 年底至 1996 年初的克林顿总统执政期间，两党因为预算谈判破裂，部分政府部门关门近一个月。那年的圣诞节是克林顿自己掏钱买单点燃了白宫的圣诞树。

10 月 4 日，美国政府关闭后的第 4 天，取消亚洲之行的奥巴马总统邀请副总统拜登与他一起走出白宫，亲临华盛顿街头感受政府关闭的影响。由于天气较热，奥巴马和拜登只穿了衬衫，从宾夕法尼亚大街走到离白宫只有一个街区距离的"泰勒食客"三明治店买午餐。这是一家华盛顿特大号三明治连锁店。奥巴马说，之所以选择在泰勒食客店买餐除了因为肚子很饿之外，还因为这家店给收到临时解雇通知的联邦政府雇员 10% 的折扣。奥巴马对拜登说：今天我请客！对于此次政府关闭持续多久，奥巴马去往该店的路上对记者与路人作出了回应。他停下脚步说："没有什么输赢，只要美国民众没有正常工作，就没有人赢。"

奥巴马总统与副总统在小店中用餐

2013 年 10 月 17 日，美国政府关门 16 天后重新开门。德国《世界报》评论说，债务炸弹的引信延长了，但美国系统的慢性疾病并没有根治，美国病症随时可能复发，奥巴马不得不立即着手准备打下一仗。美国《环球邮报》称，在躲过债务违约危机，结束政府关门之后，现在游戏进入"追查谁是最大失败者"阶段。文章说，共和党把自己的政治品牌变成垃圾，奥巴马的支持率下降，美国则险些丢掉全球金融安全港地位。上周的盖洛普民调显示，国会支持率仅为 11%。皮尤调查称，81% 的美国人对国家走向感到不满。德国《南德意志报》评论说，奥巴马最后避免了美国这艘"泰坦尼克号"撞上冰山，但作为船长，他理应让船驶过寒冷的北大西洋。

第十七章　美国总统与平民之间的书信互动

美国总统每天收到的邮件成千上万，其中绝大多数是平民来信。这些来信，同中国信访部门收到的信件不少有相似之处，即都是反映情况、表达投诉、提出建议。也有不一致的，例如，一些老百姓并不认识总统，却邀请总统出席自己的婚礼，一些小学生竟然写信请总统修改自己的家庭作业，等等。美国总统如何对待这些平民来信呢？

奥巴马总统的"信访办"

美国地方政府没有专门的信访部门，但白宫有一个"信访办"。据新华网 2010 年报道：负责奥巴马总统信访事务的负责人叫科勒尔，正式头衔是"总统通信办公室主任"，也有人把他比作白宫的"信访办主任"。在白宫，他的地位不高，但责任很大：他要"帮助总统与人民保持顺畅沟通，代表总统处理所有信件"。总统通信办公室设在首都华盛顿靠近白宫的街道上，每天下午都有个身材瘦削的中年男子匆匆走过，他就是科勒尔。他从一栋普通大楼里出来，手里拿着一个黄色的纸袋，直奔白宫。纸袋里装的，是十封美国民众写给总统奥巴马的信，它们是从每天寄到白宫的上万封邮件中精选出来的。这十封信进入白宫后，被放入一个粉色的文件袋。每天晚上，奥巴马走出总统办公室，总会带着一个活页文件夹，里面装着各种文件，最下面就是这个文件袋。回到自己的书房或卧室，不管多累多忙，奥巴马总是最先拿起这个文件袋，读里面这十封原汁原味的百姓来信。

科勒尔和奥巴马是老相识。科勒尔出生在伊利诺伊州庞蒂亚克市，有两个女儿；他毕业于伊利诺伊州立大学政治学专业，毕业后第一份工作是在当地小报当记者。20 世纪 80 年代中期，科勒尔跑到西非穷国塞拉利昂，当了三年志愿者。正是那三年，让他深刻地理解了穷人的痛苦："从此我决心要关怀弱者，并决定献身于公众服务事业。" 1989 年，科勒尔回到美国，在华盛顿当了三年国会议员助理。2000 年，他和时任州参议员奥巴马参加了国会众议员的选举。虽然两人在那次选举中都失败了，却结下了友谊。2006 年，科勒尔成为时任联邦参议员奥巴马的联络主任，跟随奥巴马参加总统选战，直到进入白宫。

刚进白宫，事情千头万绪，奥巴马却在当总统后的第一个星期就找来了科勒尔："我想每天看十封民众来信。"科勒尔问："您想看什么样的信？每天我们收到的信可是成千上万。"奥巴马沉吟了一下，用锐利的眼光看着科勒尔："我不能告诉你应该把什么信给我看——你明白我的意思吗？"科勒尔会心地一笑。作为奥巴马的老部下，他对奥巴马的心思心领神会。在科勒尔看来，奥巴马肯定不喜欢看那种歌功颂德的信，而要"听到美国人民的真实声音"。"我们挑选的都是那种最有说服力的信件，那些读后让人浑身一震的信。通常，我送给他的信件，都带着令人不快的信息。"其实，说白了，就是"报忧不报喜"。

白宫官方网站上，公布了总统的通信地址：华盛顿宾夕法尼亚大道 1600 号，鼓励民众写信。民众来信不在白宫处理。每天，邮局都会收到少则数千、多则上万封寄往白宫的信，经检查确保信里没有危险物后，工作人员会初选 1000 封信，装进写着"白宫信函"的白色盒子，送往白宫附近一栋大楼。在那里，有一个处理信件的房间，数以百计的志愿者和工作人员负责拆信、看信，将信件分门别类。

奥巴马每天读十封民众来信

奥巴马当上总统后，规定自己每天看十封民众来信，并且要求"专挑那种最有说服力的信件，那些读后让人浑身一震的信"。专门歌功颂德的邮件就不必呈送奥巴马阅读了，这样的信件不在选定之列。这种专挑"带刺的信件"、"令人不快的信件"、"不和谐的信件"的做法，可以让奥巴马看到更多的民情，听到更多的民声，帮助他与人民保持顺畅沟通，使得总统虽居高位，却能及时了解和掌握下层人民的真实状况。

　　科勒尔办公室里有一个红色的盒子，专门放一些"性命攸关的信"。科勒尔说："有的人写信来说，'我非常沮丧，我要自杀'，也有人说'我得了绝症，需要你的帮助'。对这种信，我们会马上处理，作出回复。"当然，科勒尔的任务是要给奥巴马挑出十封信。即便这十封信，也是各式各样的。科勒尔说，甚至还有个小男孩写信问奥巴马自己的家庭作业做对了没有。奥巴马认真帮他检查了作业，然后回信说："你只错了两道题。"

　　科勒尔挑的信，批评多于奉承，尖刻多于赞美。每日写给总统成千上万的信件中有一半的信件指名道姓，说奥巴马如何如何不对。没过多久，奥巴马开玩笑说，他觉得科勒尔"居心不良"，因为送来的信"有一半都管我叫白痴"。

　　每天晚上，奥巴马认真阅读精选出来的十封民众来信，并选择三四封有代表性的信件亲自回信。更多的时候，阅读民众来信让奥巴马心情沉重。据美国中文网报道，2010年1月8日，他读到了这样一封信："总统先生，我失去了工作、医疗保险和自身价值。"写信人叫克莱恩，27岁，家住密歇根州，那是美国受金融危机打击最严重的地方之一。克莱恩丢了工作，男朋友公司倒闭，两人欠了一身债，房子也被银行收走。他们带着两个孩子，不得不搬回父母家中。祸不单行，克莱恩又被诊断出患了皮肤癌。读完信，奥巴马很感慨。身为总统，他并不能给克莱恩解决就业、医疗等实际问题。但他还是拿出了带有总统印章的便条本，将纸裁成明信片大小开始回信："我知道现在的日子不好过，但你们给了我信心。相信事情会好转！"

　　奥巴马说，这些信件"比任何东西都更能够提醒我，这个国家发生了什么"。"孩子们的来信最让我伤感。他们写道：'我爸爸丢了工作，奶奶生病了，她买不起医疗保险。'"还有一位50岁的清洁工，因为买不起医保而写信向奥巴马诉苦。奥巴马回信说："正是因为你们这样的人，我们才继续为医疗改革而战。"奥巴马的助理记得，有一次奥巴马看完信很久没有说话，助理问怎么了，他说："这些信让你忍不住掉眼泪。"奥巴马经常随身带着这些信，引述信上的内容。在劝说公众支持医疗改革方案的时候，他甚至大声地向医疗保险公司的高级管理人员朗读民众来信。

　　虽然贵为美国总统，但奥巴马并没有干预每一件事情，也就是说，对许多来信中投诉的问题，他其实爱莫能助、无能为力。很多时候，他并不能帮某个人解决实际问题，因为总统的权力受到了法制的制约。但是他通过这些信件能切实地了解美国各阶层人民的真实状况，看到美国各方面存在的真实问题。在制定国家方针政策时，他就能把这些问题提出来，动员一切必要的力量，通过立法的程序予以规范、改善或解决。这就是奥巴马阅读平民来信、亲自回复平民来信的真实意义。

奥巴马经常亲自回信

奥巴马不仅每天读十封群众来信，不仅让工作人员代替他回信，还经常亲自回信，回信都被送往白宫办公厅秘书处，复印、存档，它们将成为历史的一部分，让人记住那些难忘的时刻。曾有一位民众写信说，奥巴马主张让政府来主导医疗保险，这种医改会"让我父亲等不到政府的帮助就去世"。奥巴马回信说："法案也许并不完美，但我保证它会帮助千百万像你父亲一样的人。"

奥巴马亲自给民众回信

值得一提的是，奥巴马还曾经给中国的普通老百姓回信。2010 年 6 月，中国不少媒体都报道了美国总统奥巴马给一位中国成都的普通百姓回复邮件的消息。这位中国的百姓给远在大洋彼岸的美国总统写信，提出了自己对最近 BP 石油公司墨西哥湾漏油问题的处理方法。他很快收到了奥巴马的回信——虽然他的建议是否具有可行性尚待观察。回信是否总统亲笔并不重要，重要的是他迅速回信，并在信中表达了自己诚挚的感谢。

2010 年 12 月 19 日，人民网等媒体报道，12 月 15 日晚，从英国曼彻斯特大学取得商务经济学硕士学位、回国后在北京某私立学校担任经济学讲师的吴迪，下班回到宿舍，打开电子信箱，一封标题为"Presidential Correspondence"（总统信函）的邮件立即引起他的注意。打开邮件，看到落款处的署名巴拉克·奥巴马。吴迪知道，他写给美国总统奥巴马的信终于有了回音。两年前，由于自身专业和工作与经济有关，吴迪一直保持着对《华尔街日报》、《商业周刊》等国外媒体的关注。2010 年 9 月，吴迪觉察到这些主流媒体的报道出现了一种倾向，即将美国就业率低等经济问题归咎于中国的贸易和汇率政策。吴迪发现，美国大部分民众也相当赞同这种论断，他担心这种倾向会造成西方媒体对中国的孤立，从而误导美国民众。如果美国国会进一步对中国经济采取限制措施，将会造成不可估量的影响。吴迪决定运用自己的经济知识向美国人证明将美国经济问题归咎于中国的说法是错误的，并打算将研究结果告知美国总统奥巴马。吴迪登录美国商务部、美中贸易协会、美国国会预算委员会等多个部门和组织网站，查找自己需要的数据和报告。通过 20 多天研究，吴迪得出结论：中美货币战和贸易争端对两国都是一个打击。吴迪把自己的结论整合后，写成了致奥巴马的信件，提交至白宫网站上一个总统信箱的链接。吴迪还辗转找到美国财政部长和商务部长的邮箱，请他们向奥巴马转交。与此同时，他还把文章投稿至《华尔街日报》社评版。"当时我想，我就是一个普通公民，这封信可能会经过很多秘书和部门审查，不知道奥巴马能不能看到。"正当吴迪焦急等待回音时，《华尔街日报》社评版主编通过邮件联系到他，表示非常欣赏他的报告。10 月 8 日，吴迪的文章《美国贸易战必败》在《华尔街日报》A19 版刊载。这篇文章刊出后反响不错，这让吴迪看到了文章被奥巴马总统读到的希望。12 月 15 日，吴迪认真阅读了奥巴马的回信。奥巴马在信中主要就美国的就业问题和华尔街改革的问题进行了回应。

2014 年 4 月 1 日，《重庆商报》等报道说，在美国洛杉矶高地中学读高一的重庆妹子刘彦池愁作业，写信求助奥巴马，一个月后竟然获得回复，她收到了来自美国总统奥巴马的亲笔回信，奥巴马在信中鼓励她努力学习，成为一个有思想、有梦想的年轻人。"我在上'国际问题'课程时，老师让我们思考两个问题进行解决。"当时刘彦池觉得，"国际问题"只有总统才能解决，于是抱着试一试的想法，与其他四位国际留学生开始

中国报纸关于奥巴马给中国小留学生回信的报道

思考给白宫的奥巴马写一封信，完成老师布置的课堂作业。2014年3月，刘彦池把信件寄往了白宫。"其实，我们根本没有想过会收到回信。"刘彦池说，写信纯粹是为了碰碰运气。刘彦池等学生向奥巴马提出的是什么样的国际问题呢？刘彦池得意地告诉记者："第一个问题是：汽车尾气排放导致全球恶劣的空气质量问题；第二个问题就是：国际学生以后在美国的生活状况及未来的发展方向。""不要小看这两个问题，我们花费了一周时间在图书馆查阅了三四万字的资料"，刘彦池表示，牛津词典都被她翻烂了，每天都要看资料到深夜才睡。洛杉矶的汽车尾气量很大，让她感到空气质量不好，"如果城市的发展与环境的保护不能成正比，那以后会受到更大的破坏"。4月2日，刘彦池和往常一样去学校上课，当天她收到了一封来自白宫的信。刘彦池说，当时她把眼睛揉了又揉，反复看了几遍，确定是寄给自己的后才小心翼翼地打开了信封。当她看到奥巴马的亲笔签名时，十分开心。"没有想到奥巴马真的看了我们寄去的信件，而且还鼓励我们要努力学习，并表示世界的未来需要有思想、有梦想的年轻一代。"刘彦池说，这封信让她觉得自己被尊重和被重视，"以后我会努力学习，争取早日学成归国"。

给中国平民回信的总统并非只有奥巴马

给中国平民回信的并非只有奥巴马总统，例如，小布什总统就曾经给东北师范大学附小分校五年级二班安然回信。2007年3月，中国许多媒体都报道过中国小女孩致美国总统布什的信和布什的回信。美军进攻伊拉克以后，安然写信给布什总统问道："布什总统，我怎么也想不通，您为什么要发动这场战争？"布什回信，称安然为"亲爱的安然小妹妹"，告诉她给她的回信"不是我亲手写的。这封信我都看过，观点我同意才寄给你的。有空来美国玩，到你大学毕业的时候，我已经不再是总统了。我会回到我的家乡得州去，那里有美丽的农场，去年我在那里招待过你们的国家主席。如果你能来到美国，我很高兴，希望能在那里招待大学毕业的你"。

据浦江新闻网2014年4月3日报道，一对杭州夫妇创办了中美友谊民间博物馆。他们有个不成文的约定：凡是美国新总统上任，他们都要以纪念馆的名义，给新总统发一封贺信，同时送上一份礼物，以表他们办馆的一点心意。小两口回忆说："小布什是 2001 年荣任美国第 43 任总统的，那时我们纪念馆刚创办不久。我们想，担任总统最大的愿望肯定是希望工作一帆风顺。因此当时我们就和杭州新世纪艺术公司商量，希望送一幅由该公司出品的国画丝织品，即在丝绸上用水墨创作中国画。我们觉得丝织品本是中国传统礼品，很受外宾欢迎，而能在丝绸上用毛笔作画，更是中国特色。其内容则是一艘三桅远洋帆船，这是美国立国后第一艘来华的'中国皇后号'海船。公司老总认为这想法很好，于是他亲自画了一艘乘风破浪的海船，我在海船上题上了'祝乔治·W. 布什总统一帆风顺'字样。谁知这礼物送到白宫后不久，美国就发生了'9·11'恐怖袭击事件，使布什总统的工作很不顺利，而且惊心动魄，但他还是回信感谢我们。"

顺便说及，奥巴马就任美国总统后，这对夫妻也赠送自己的著作作为礼品，同时写信表示祝贺。信中特别点明：你们是平民夫妇，我们也是平民夫妇，对中美两国间的许多事情，都会有同感。这是一份我们的平民之情，敬请笑纳。想不到过了一段时间，竟收到奥巴马夫妇共同签名的一封既感谢又勉励的回信：

　　我们对你们的礼物致以最衷心的感谢，我们很高兴得知你们对我们的支持。当我们一起努力应对当今的巨大挑战时，我们希望你们也会继续积极参与，而不置身事外。
　　再次感谢你们的礼物。
　　巴拉克·奥巴马
　　米歇尔·奥巴马
　　于华盛顿白宫

收到这封信，他们非常高兴地发现总统夫妇的笔迹和墨水都不一样，可见这是分别亲自签名的，自然更为可贵。

那些写信邀请总统参加婚礼的人能收到回音吗？能！据凤凰网 2014 年 6 月 6 日报道：日前，美国一对新婚夫妇邀请美国总统奥巴马和第一夫人米歇尔参加他们的婚礼，尽管总统夫妇未能到场，但却寄来了签名的贺卡，表达他们的祝福。卡片中写道："恭喜你即将步入婚姻殿堂。希望这特殊的一天充满爱意、欢笑和幸福。在你们开启共同旅程之际，我们献上诚挚的祝愿，希望你们之间的感情与日俱增。"据报道，这并不是第一对希望邀请美国总统来参加婚礼的新婚夫妇。白宫称，平均每周他们都会收到数十封这样的邀请，而一般而言，白宫都会寄回一个以白宫公章封印的卡片表示祝贺。据称，许多新娘会将这张卡片贴在自己婚礼纪念簿的重要位置。

第六篇　直击美国反腐

第十八章　感受美国的钓鱼反腐

美国自诩是世界上最为民主的国家，从总统到州长、市长，从联邦国会议员到州议员，都是经过民主选举产生的；美国国会制定有严格的法律和法规，联邦政府设立有庞大的监督机构，对政府各级官员、议员和所有公务员进行防止腐败的管控；美国社会力量，尤其是新闻媒体，对政府官员、议员和公务员进行严密的监督。然而，腐败现象照样像病毒一样无孔不入，侵蚀着美国政府的肌体，政府官员、议员及公务员的腐败犯罪现象依然层出不穷。美国也努力反腐倡廉，且举措不少，使我印象最深的是美国的钓鱼反腐。在美国，反腐败的任务主要由联邦调查局（FBI）来完成。在美国特色的司法体系之下，如果仅仅靠举报揭发，恐怕连贪官的毛发都抓不住。所以，联邦调查局反腐败很有特色，有自己的绝招。联邦调查局反腐败的绝招叫"sting"。"sting"意为"刺痛"，也有人音译为"死叮"，更为形象。"死叮"战术并不是用来侦破任何已经犯下的罪案，而是采取模拟犯罪的方式考验和诱惑他们认为有嫌疑的政府官员。"sting"，简单说来就是故意派人去腐败你，去"钓鱼"，看你上不上钩，上当就予以抓捕。联邦调查局直属白宫，在各地的分部不受当地政府管辖，可以调查任何人。钓鱼反腐效果如何？能钓到腐败的大鱼吗？钓鱼反腐合不合法？老百姓对钓鱼反腐支不支持？当官的对钓鱼反腐反不反对？我来旧金山工作将近一年，对此有了深刻的感受和认识。

刚刚钓到一条大鱼

2014 年 3 月 26 日上午，我刚走进办公室准备开始工作，新闻处一位同事向我报告说：当天凌晨，数百名联邦调查局探员在旧金山湾区展开大规模搜捕行动，逮捕了数名嫌疑人，其中包括加州华裔参议员余胤良（Leland Yee），以及旧金山百年老侨团——五洲洪门致公总堂会长周国祥等 26 人。

　　我听了大吃一惊。因为，我和余胤良、周国祥不仅多次见面，而且，就在 12 天前，即 3 月 14 日晚，中华总会馆还为余胤良服务华人社区 25 周年举行大型祝贺活动，在康年大酒店开席数十桌，许多侨团为他颁发贺状，侨领们纷纷登台发表祝贺感言，我也应邀出席并发表了讲话。余胤良在答谢讲话中踌躇满志，希望侨界支持他竞选州务卿获得成功。3 月 22 日，少林寺方丈释永信邀我出席观看"少林古韵"访问团在旧金山举行的功夫专场演出，演出开始前，舞台中央大屏幕上播出的是余胤良事先专门录制好的祝贺讲话，吸引了全场观众的眼球。我到美国工作不久就认识了余胤良，在侨界活动中与他有过多次互动，他也多次出现在总领馆的中国国庆招待会上和中华总会馆的总董交接仪式等活动上。我非常纳闷：只几天时间，这位华裔政治明星，怎么就从座上客变成了阶下囚呢？

余胤良（右）出席中国国庆招待会

　　以往，余胤良的公众形象绝对是"高大上"，与"枪支管控"、"开放政府"、"儿童健康"等正能量议题密切相关。在华文媒体的报道里，他是一个 3 岁离开广东台山,能讲流利粤语的海外游子;是醉心于教育,保护儿童与为华人社区发言的代言人;更是一位从 1990 年起便在家乡捐资建教学楼、设立奖学基金的教育家。《洛杉矶时报》称,现年 65 岁的余胤良经历堪称外籍移民实现"美国梦"的一个典型。余胤良 3 岁时就随家人来到美国定居,受过良好教育,曾获得夏威夷大学儿童心理学博士学位。他 1988 年步入政界,1996 年,他成功竞选旧金山参事;2002 年,又当选为加州众议院议员、执行议长。在任期间,余胤良对暴力和色情电子游戏分级的提案成为媒体焦点。该案于 2004 年经加州参众两院通过,但遭州长施瓦辛格否决。2005 年,余胤良再提此案,终获州长签署。随后,电子游戏业向联邦地区法院指控余胤良此案违反美国宪法。后法官裁决该法案暂时停止。虽然法案失效,但是余胤良却树立起了反暴力和色情的"良心议员"形象。同年 3 月,由于长期关注加州学校食品供应和学生健康,时任加州众议院执行议长的余胤良被评选为"年度立法者"。2006 年,余胤良成为美国加州历史上第一位华裔参议员。这年 12 月,余胤良当选加州参议员后返回广东,他对媒体说:希望更多华人参与美国政治,"相信在未来,会有越来越多在美国的亚裔下一代参政,担任各种公职与民选官员,甚至美国总统"。在任期间,与他之前的反暴力立场一脉相承,他成为枪支管控的积极支持者。加州参议院还通过了他提出的一项枪支管制法议案。就在最近,余胤良在仕途上再接再厉,准备竞选加州"州务卿",且胜算很大。有媒体认为,虽然余胤良被捕,但是他之前创造的傲人政绩功不可没。他除了为美国华人争取过不少权益外,还一直致力于传播中国文化,希望将中国文化引入美国主流社会,他曾向美国社会大力推介中国功夫以及中医文化。有媒体呼吁余胤良应得到公平的审判。3 月 26 日,在美国正面形象居多的华裔政治圈突然爆出重磅消息,随后,余胤良因涉腐败和非法进口武器等八项罪名被美国联邦法院起诉。

3 月 27 日,在旧金山联邦大楼前举行的一个简短的新闻发布会上,余胤良的辩护律师迪密斯特宣读了余胤良退出竞选的声明。余在声明中说:"我在此宣布立刻退出我州务卿的竞选,并且即刻生效。"余在声明的结尾处还特别向公众表示"最诚挚的问候"。

28 日上午,加州参议院投票决定,将 3 名涉嫌犯罪被联邦起诉的民主党成员停职,其中包括余胤良。当天,余胤良加州参议员的桌子被主纠

加州首个华人议员余胤良

仪长锁上。3 月 31 日上午 9：30，余胤良在旧金山联邦法庭出庭，旧金山湾区多家媒体在联邦法院后门等候。余胤良和律师从联邦法院大楼后门走出，低着头但面带微笑，没有对外发表任何声明。

所有媒体报道都表明，余胤良是被联邦调查局钓鱼而锒铛入狱的。人们普遍认为，余是联邦调查局近年来钓到的一条大鱼。余胤良被控无证串谋贩卖军火和非法进口军火，以及 6 项违背公信力诈骗罪名。检方表示，如果余胤良的每项控罪罪名都成立的话，将入狱长达 20 年，罚款 25 万美元。他的辩护律师称，余胤良将否认所有控罪。在交了 50 万美元的保释金后，余胤良出狱，但未做出任何自辩。

当天，余胤良被捕一事成为许多媒体的头条新闻，迅速传遍世界，中国许多知名媒体也纷纷予以报道。据美国《世界日报》报道，余胤良被捕消息，尤其是对他以"贪污、组织犯罪、贩卖军火"等多项重罪起诉，持续在南加州华裔小区发酵，包括华裔民选官员、传统侨社、华裔商家以及余胤良在南加州的助选团队一片哗然，不少华人直言"完全想不到"。

"太离谱了，简直就像是下三滥的低级电影，"曾全力支持余胤良的布伦南称，"我给他投过票，认为他能代表我。实在太令人失望了。"戴利市市长卡尼伯与余胤良多年共事，"我很困惑，大脑一片空白，这跟我认识的那个人完全不一样"。当地媒体《圣荷西水星报》提出疑问：哪一个才是真正的余胤良呢？看起来十分勤勉的人民公仆，还是贪腐、道德败坏的司法公敌？

更让人想不到的是，余胤良被起诉不仅意味着他的政治前途几乎被毁，而且还威胁到民主党重振州参议院多数席位的能力，加州议会的版图因余胤良落马而改写。华裔政商顾问梁掌球表示，在继非裔的莱特和西裔的卡德龙被捕之后，余胤良已是加州民主党近期第三名因涉嫌贪腐而落马的参议员，"加州民主党大地震，可想而知"。加州参议院民主党席位将因此降至 25 席，失去超级多数（supermajority）优势。这将直接导致加州许多重大议题的投票结果发生戏剧性改变。加州参议员 40 人，许多议题通常需要以 2/3 的多数票才能通过，所以长期以来只要民主党或共和党的席位超过 26 席，即在许多重大议题上占据绝对优势，才能形成"一党独大"。但随着余胤良落马，加州未来许多重大议题，将"不再是民主党说了算"。政治观察家认为，这也是余胤良 26 日被捕时，民主党参议长非常生气地表示"请你从这里滚出去"的原因。

参议员是怎样被钓鱼的

根据公开发表的联邦调查局侦结报告，余胤良三次被直接钓鱼，两次被间接钓鱼。

对于余胤良如何第一次被直接钓鱼，侦结报告说：余胤良曾受菲律宾棉兰老岛政府邀请前往访问。联邦调查局卧底探员原本要余胤良帮忙安排与一名"军火商"会面。该"军火商"计划向菲律宾运送武器，因为当地一个穆斯林团体与菲律宾政府间的战争仍在持续。这个军火商实际上是联邦调查局的侦探。这个侦探在余胤良腐败案件中充当了钓鱼反腐的角色。

对于余胤良如何第二次被直接钓鱼，美国《纽约每日新闻》报道说，据联邦调查局办案人员介绍，一名联邦调查局探员假扮成黑帮分子与余胤良接触，提出想要一批军火。余胤良立即承诺，能帮助探员获得价值 50 万—250 万美元军火，包括各种重型武器。但作为回报，黑帮需为余提供巨额竞选资金。余胤良告诉这名探员，他认识这名军火商很多年了。他还说："你问我想不想赚钱？当然想。"在之后的会面中，这名探员还告诉余胤良他需要导弹发射器甚至导弹，并愿意为此花费巨资。起诉书中称，余胤良欣然同意，并告诉这名探员，他已经看到两人之间的互利关系，并许诺他一旦当选州务卿，便可以在未来的商业交易中照顾这名探员。经过多次接触，余胤良还对这名卧底坦露心扉："其实，我有时希望能像你一样，做个混社会的自由人。"联邦调查局称，当两人谈到另一名州参议员因涉嫌腐败而遭到起诉时，余胤良甚至产生要逃到菲律宾的念头。以上交谈，都被 FB1 探员悄悄录音，记录在案。而在这笔武器合同"敲定"之前，余胤良收到了逮捕令。

对于余胤良如何第三次被直接钓鱼，侦结报告指出："余胤良与杰克森为筹集州务卿竞选资金，两人同意把对药用大麻法案决议能否通过有影响力的州议员介绍给捐款人。"杰克森是余胤良的政治顾问和竞选班子的负责人，负责筹措竞选资金。为了募集到竞选资金，余胤良和杰克森帮助捐款人认识某些议员，以方便捐款人为通过大麻法案做议员工作（为贿赂议员创造条件），余胤良万万没有想到，这名捐款人竟然是联邦调查局的另一名卧底探员。2013 年，这名卧底探员假扮医用大麻企业商人，向余胤良提供 21000 美元竞选款项，而余胤良则安排这名卧底与两名州议员会面。

余胤良第一次被间接钓鱼的基本情况是：2011 年，一位联邦调查局卧底探员成功打入加州著名华人组织——成立超过 150 年的五洲洪门致公总堂，随后以"顾问"的身份埋伏。调查局最初的目标是致公总堂龙头周国祥，他曾在 2000 年时因谋杀、贩毒、纵火等罪名入狱。2006 年出狱后，周国祥当上致公总堂老大。探员发现，他与华人黑社

五洲洪门致公总堂

会团伙紧密关联。对余胤良的起诉书称，余胤良从周国祥处获取数万美元政治捐款，用于2011年竞选旧金山市长和2014年竞选加州州务卿费用。作为交换，余胤良为周国祥颁嘉奖状，并为其从事非法活动提供方便。有了这些发现，FBI开始把"圈套"撒向余胤良。联邦调查局通过对周国祥钓鱼，以掌握余胤良的犯罪证据。周国祥作为五洲洪门致公总堂的龙头大佬，手下集中了一批马仔，这些人唯周之令是从。前些年曾发生命案，警方认为周涉嫌杀人，但证据不足。于是，警方在他脚踝上安装电子监控装置，禁止他离开旧金山。无论他到哪里，警方都能追踪。警方发现，周国祥曾希望借助余胤良的政治影响力，为他移除脚踝上的电子监控装置。余也希望借重周的势力扩大影响和利益。卧底探员以臭名昭著的西西里黑手党成员的身份接近周国祥，西西里黑手党曾为"教父之祖"鲁西阿诺（Lucky Luciano）所领导。卧底探员将自己塑造为帮派中的超级明星，声称自己贩过毒、走私过军火、抢劫过烟草卡车，并有用之不竭的现金。他在周国祥身边卧底达4年之久。周国祥对这位探员说，如果要请杀手，只须1万元。

美国致公堂首领周国祥在旧金山保卫钓鱼岛集会上讲话

余胤良第二次被间接钓鱼的基本情况是：余胤良的政治顾问杰克森负责为余募款以用来竞选，杰克森同时是致公堂的顾问。联邦调查局为了掌握余的犯罪证据，接近杰克森的关系户芮昂，芮昂向前来钓鱼的卧底探员表达：发展业务需要保护时，可以给探员提供手榴弹、地雷与C4炸药。芮昂的话为联邦调查局提供了余胤良和周国祥涉黑的证据。

钓鱼反腐钓了多条大鱼

就加州来说，《华盛顿邮报》称，余胤良是加州2014年第三名接受联邦调查局贪腐调查的参议员。加州一共才40名参议员，2014年前3个月就已调查了3名，不能不承认，联邦调查局钓鱼力度不小。

就3月26日这一天来说，联邦调查局除了对余胤良、周国祥等20多人采取行动之外，同天还突击搜查了纽约州民主党众议员斯卡布洛的住宅及办公室，没收了包括其手机在内的大量个人用品。斯卡布洛多年前报销的一笔将近6万美元的差旅费用引起了联邦调查局的怀疑。然而，他坚称自己是清白的。

26日这一天，联邦调查局还调查了另外两名美国官员，其中一名是北卡罗来纳州最大的城市夏洛特市市长帕特里克·坎南。英国广播公司27日称，26日，联邦调查局探员逮捕了坎南，并搜查了他的住宅、办公室及其名下的公司。当年47岁的坎南上年12月刚刚走马上任，他在被捕后几小时便宣布辞职，当然了，这又是钓鱼反腐的成果。联邦调查局特工假装是地产商，送了他48000美元现金，以及机票、豪华公寓租金等好处，作为"回报"，他利用职务之便帮助行贿者和该市负责市政规划的多名官员牵线搭桥。一旦受贿罪等罪名成立，坎南将面临最高50年的刑期和150万美元罚款。坎南在辞职信中表示："我对我的所作所为表示后悔，但我认为这是最符合我市利益的做法。"目前他已经取保候审。

钓鱼反腐的几点启示

美国的钓鱼反腐成效显著。钓鱼执法曾经是反腐利器，在联邦调查局的战史上最著名的"钓鱼反腐"，大概要算1978—1980年的"阿布斯坎行动"。联邦调查局通过虚构的"阿卜杜实业集团"贿赂国会议员，将1名参议员、6名众议员送入大牢。20世纪90年代初期，芝加哥腐败非常严重，联邦政府驻芝加哥首席调查员弗里曼静悄悄地张开大网，寻找破绽。1991年10月，联邦调查局秘密地逮住一个油滑的包工头约翰·克里斯托弗。约翰主动交代，他每月付给市议员亨利5000美元贿赂，以便在亨利的第24选区非法倾倒建筑废料。可惜亨利不久死于癌症。联邦调查局与约翰进行了秘密交易，如果他能帮联邦调查局逮住几条大鱼，便可以将功折罪。双方当即达成默契，弗里曼做出详细周密的部署。联邦调查局开办一家公司，专门用来钓鱼反腐。联邦调查局给这个反贪战役起了一个代号，叫"银锹行动"。该行动从1992年秘密展开，历经3年半。1993年白宫易主，伯恩斯接替弗里曼从事此项工作。到1995年为止，他们共录下1100盘音像证据，送出贿赂15万美元。涉案者有当选官员、公务官僚、工会领袖、黑手党和不法商人共40余人。此后经4年多法庭诉讼，最终将6名市议员、12名公务官僚和其他人员送进监狱。据报道，联邦调查局在全国范围内平均每年要发动300起钓鱼行动，就看哪个倒霉鬼上当了。

钓鱼反腐的主要对象是掌握了公共资源的有权有势的人。在美国，要证明贪官犯罪，仅仅证明贪官收了钱是不够的，因为美国法律允许政客筹集竞选资金，他们可以以竞选资金的名义为自己开脱罪责。只有钱权交易，或是能够证明他们将政治捐款装入私人腰包，才是犯罪。要做到这一点，钓鱼反腐是自然的选择。美联社报道说，2007年2月22日清晨，100多名美国联邦调查局特工分成数个小组，突袭抓捕了新泽西州11名政府官员，他们的罪名是涉嫌"滥用职权、践踏公民信任和公然受贿"等，这些涉案官员将面临着罚金20万美元和监禁20年的严厉处罚，而美国联邦调查局特工掌握他们犯罪事实的绝招就是"钓鱼"。涉嫌这起新泽西腐败丑闻的政府官员，以承诺帮助承包商获得工程项目为名，接受了一名承包商的贿赂。然而，他们万万没有想到的是，这名承包商竟是联邦调查局安排的线人。新泽西州11名公务员受贿1500—17500美元不等，然后以承包公共工程作为回报。新泽西州的抓捕行动仅仅是联邦调查局全国反腐败行动的一部分，过去5年中新泽西州共有100多名公职人员因被钓鱼而落马。

情报机关在钓鱼反腐中起到很大作用。联邦调查局是美国司法部的情报机关，拥有成千上万特工人员，有的活跃在针对国外的情报战线上，有的则从事钓鱼反腐的工作。余胤良这次之所以落马，就是栽在特工的钓鱼上。

执政党对钓鱼反腐的配合和支持至关重要。巧合的是，2014 年 3 名在反腐风暴中受到联邦调查局调查的官员全部是民主党籍，美国"共和党"网站 26 日趁机将该事件称为"民主党三月的疯狂"，讥讽"全国民主党人士近日总能登上负面消息的头条"。民主党人、加州众议院议长佩雷斯星期日在旧金山出席一场公开活动后向记者表示，余胤良面临的指控，是在民主社会中所能看到的最肮脏的行为。他表示，如果余胤良还有任何尊严的话，应该立刻辞去州参议员的职位。他同时表示，其他两名卷入刑事丑闻的民主党人、州参议员卡德隆和怀特也应辞职。同党参议员被钓鱼后，作为执政党的民主党不包庇、不遮掩，这对于钓鱼反腐的稳步推进非常重要。

不断有人在钓鱼反腐中落马同美国的制度设计有关。在美国，要想赢得大选，就必须有足够的竞选资金，为了筹集竞选资金，参加竞选的人不得不使出浑身解数，有些人赢了选举，却背了一屁股的债，为此，一些人难免不搞权钱交易。余胤良竞选旧金山市长时，欠债 7 万美元，为了还债，他不得不从事钱权交易，却不幸遇到了联邦调查局的卧底，一次见面时他安排探员和非法军火商见面，由此跌入被钓鱼的万丈深渊。旧金山前市长布朗坦言："我还是需要说一句公道话，余胤良确实是非常努力工作，参加每场活动，向每个人打招呼，而且依据人们希望听到的方式回答每个人的问题。尽管他可能在转过身后，做出与刚刚所说正好相反的事，但这就是他。他也无时无刻不在寻找竞选经费。"

及时曝光、阳光执法有利于赢得公众对钓鱼反腐的理解和支持。3 月 26 日，加州参议员余胤良被联邦调查局逮捕的当天下午，法院就对外发布了长达 137 页的起诉书，起诉对象包括参议员余胤良、致公堂龙头老大周国祥、致公堂顾问杰克森等 26 人。一段时间内，报纸上每天在一个固定的栏目中刊登起诉书中的内容。读者通过阅读公开发表的起诉书，可以及时了解余胤良及另外 25 名被捕人士被控的罪名罪状，包括"走私军火"、"洗钱"、"买凶杀人"、"运毒"、"走私违禁香烟"、"利用公职诈骗"等重罪，有利于增强对当局钓鱼反腐的认同感。

现在越来越多的国家和地区开始重视反腐的调查方法，积极主动出击，让腐败官员防不胜防，从而让每位官员时时保持警醒，严于律己。据报道，香港廉政公署已经陆续培养了50多名出色的"卧底"人员。近几年来，他们进行了将近80次"卧底行动"，检控成功率几乎达到100%。

第十九章　美国高官的财产公示

　　实行官员财产公开申报制度，是国际社会普遍采取的、监督政府及其官员是否廉洁从政的有效做法，素有"阳光法案"、"终端反腐"之称。官员申报并公示财产，已在世界约一半的国家陆续推行。限制官员滥用公权是每个社会的共识，采取信仰自律的自我防范，是预防官员腐败的前端措施；建立官员以及家庭财产的申报与公示，则是后端机制，它往往更有威慑力。这项制度最早起源于230多年前的瑞典。1883年，英国制定了世界上第一部有关财产申报的法律。我在担任中国驻苏里南大使三年半的时间里，苏议会围绕要不要以及如何制定官员财产公示法，一直争吵不休。苏里南朋友告诉我，关于制定这个法律的争论前后算起来有一二十年了。这个执政联盟执政时，反对党联盟百分之百指责执政党腐败，必然吵着要制定官员财产公示法；等到反对党联盟赢得大选，摇身一变成为执政联盟，原来的执政党成了反对党以后，新的反对党联盟又以子之矛攻子之盾，又吵着要制定官员财产公示法，以遏制官员腐败。苏里南朋友告诉我，制定官员财产公示法没那么容易。2013年4月，我出任第十一任中国驻旧金山总领事，得以有机会亲身感受美国高官公示家庭财产，随时查阅高官家庭财产。美国建国仅200多年的历史，美国实行官员财产申报并公示制度的时间有30多年。同其他已建立起类似规制的国家一样，这一制度为美国政府和公众监督官员收入以及来源、为防范并惩罚官员腐败谋私，明显起到了积极作用。

了解美国高官家庭财产很容易

　　2014年5月15日，美国《侨报》的一条关于奥巴马总统公布自己家

庭财产的消息引起我的注意。这条标题为"奥巴马总统家庭总资产最高
达 690 万"的消息不长，不妨摘要引用如下：

【侨报编译 5 月 15 日报道】奥巴马总统和第一夫人米歇尔在去
年所拥有的总资产在 190 万—690 万美元，其中高达 515000 美元存
在 JPMorganChase&Co 的支票账户中。……他们以一种在财务和政治
上稳健的投资组合进行财务投资，在该投资组合中集中了美国国债，
他们的其他资产则放在银行储蓄及指数基金之中。奥巴马夫妇所拥有
的中长期国库债券在 100 万—500 万美元，拥有的短期国库券在
10000—251000 美元。中长期国库债券指的是那些在 1—10 年到期的
国库券，而短期国库券的到期时间为 1 年或不到 1 年。……去年，奥
巴马夫妇所披露的财产价值在 260 万—830 万美元。在其披露报告中
没有显示，过去 1 年中曾有过资产销售或购买。尽管总统在公开场合
多次提到房屋屋主现在有着不断下降的房贷利率，但奥巴马夫妇没有
利用这些较低的利率。奥巴马夫妇仍然保持着他们 2005 年在芝加哥
买房时所得到的 30 年房贷利率：5.625%。据 Bankrate.com 披露，
2012 年时，30 年固定房贷利率的平均水平为 3.67%。奥巴马夫妇在
他们的资产及收入中已经专门拨出了钱作为他们 2 个女儿未来上大学
的费用。

总统奥巴马必须申报和公示其个人财产

美国驻中国大使馆网站对驻中国大使骆家辉的薪资和家庭财产，2013年公示如下：骆家辉大使自从政以来，差不多年年都要按照地方政府或联邦政府的规定申报财产。按照他2012年3月31日签字的OGE278表，他在美国联邦政府行政部门的官员当中是第六富人，拥有资产23笔，总值在235万—812万美元，债务1笔在50万—100万美元。他的工资在当商务部长的时候，年薪为191300美元，现在作为驻华大使，年薪为179700美元，他们夫妇的孩子每人每年可以有3万美元左右的教育费补贴。使馆网站还特别介绍说，美国高级外交官根据联邦法规的规定，最低年薪为119554美元，最高为179700美元，骆家辉拿的是最高年薪。我想，他担任美国最重要的驻外大使，以前还当过华盛顿州州长、联邦商务部长，拿最高年薪是理所当然的事。

奥巴马第一任总统期间，政府高官中谁的财产最多？根据财产公示是国务卿希拉里。根据美国联邦政府官员的财产公示，希拉里以3120万美元居于总统和内阁个人财产榜首。奥巴马位列第四。

上述情况说明：美国高官及其配偶的资产都必须公示，任何高官，包括总统夫妇也不能例外。

美国高官财产公示走过了漫长历程

美国高官财产公示是美国选民早就关注的问题。美国本身开国历史不长，但相比之下，政治人物对财产公示早已习以为常。152年前，林肯竞选美国第16任总统时，在财产公示问题上就胸怀坦荡地面对广大选民。尽管人人都知道林肯出身贫寒，是一个真正的无产者，他的早年，用他自己的话说，是"一部贫穷的简明编年史"，但在参加总统竞选的过程中，他还是遇到了选民对他财产问题的关注。林肯以他的坦诚和磊落，直面广大选民，作了一个堪称经典的"公示"："有人写信问我有多少财产。我有一个妻子和三个儿子，都是无价之宝。此外，还租有一间办公室，室内有办公桌一张，椅子三把，墙角还有一个大书架，架上的书值得每个人一读。我本人既穷又瘦，脸很长，不会发福，我实在没有什么可以依靠的，唯一可依靠的就是你们。"场上在一片沉静之后，报以热烈的掌声。美国人民为林肯的真情与诚实而感动、而自豪，林肯这一发自肺腑的财产公示，作为政治家演讲的经典之作，一直流传到今天。"我实在没有什么可以依靠的，唯一可依靠的就是你们"，林肯没有显赫的家世，也绝不会去攀附各种各样的关系网络。茫茫政坛，美国民众是他"唯一可依靠的"，有如此的情怀与操守，美国民众自然信任他、支持他，让林肯拥有了极为宝贵的信任资源，成为美国历史上最伟大的总统之一，在马克思眼中，"他是一位达到了伟大境界而仍然保持自己优良品质的罕有的人物"。

美国总统林肯

在美国，财产讲不清白，赢不了选举，当不了大官。美国前总统尼克松出身于小店主家庭，童年时是不折不扣的帮父母打工的寒门子弟。他竞选副总统时，要不是在财产公示问题上显示了足够的智慧，早就遭遇了滑铁卢。艾森豪威尔1952年竞选总统时，挑了时任加利福尼亚州参议员的尼克松为副总统候选人。这年尼克松仅39岁，当时，纽约一家报纸通栏曝料，说是有一批富人为尼克松设了个秘密基金，让他维持远超其收入的生活方式。这对艾森豪威尔和尼克松都不是好消息，艾森豪威尔的竞选班子都劝尼克松退出。尼克松不甘心就此葬送政治生命，决心孤注一掷。当时，上报纸写文章已经来不及，只有直接上电视。尼克松不挑政治节目，却把时间定在流行肥皂剧之后，他认为政治节目是精英看的，看肥皂剧的才是中产阶级。他告诉听众，参议员工资一年不过15000美元（相当于现在13万美元，现在参议员年薪为174000美元）。他问：作为参议员，其政策讲话要打印，邮寄给加州选民，让他们知道本参议员为他们做了什么，这些钱该由联邦政府报销吗？听众当然大叫"不"！他说，有三种解决办法。一是身为富人自掏腰包，可惜他不够阔，掏不起腰包；二是老婆当秘书，让国家多开一份工资（议员往往由律师、医生等专业人士转任，

美国总统尼克松

当时的习惯是其夫人也像律师太太、医生太太那样，在先生办公处当主管秘书），但尼克松夫人一直为丈夫无偿工作；三就是建立基金会，由选民自愿捐款资助。然后尼克松宣读了一份独立会计师事务所的审核报告。报告说明，他们没有发现尼克松有任何私用基金之处，确实每笔支出都用于合法政治活动。这还没完，尼克松又问：会不会我做得太巧妙，暂时瞒过了审核者？他说：我现在要做一件史无前例的事情——向全国公开我的财政状况！尼克松说他没有股票和债券（所以和富人的企业没有利益联系）；他买的人身保险只有几千元；他的房子值若干（与中产阶级的房产相当），其中一半是未还贷款；为买房还借了父母的钱；他的车子也是大众品牌；他的夫人只有布大衣，根本没有流言里传说的用捐款购买的貂皮大衣。尼克松接着幽了一默。他说：不过，我确实做过私用捐赠的事。有人在广播里听尼克松夫人说孩子想要一条狗，就真的从得克萨斯州给他们寄了一条毛色黑白相间的小狗。他6岁的小女儿为狗取名"切克斯"（Checkers，在黑白相间的国际象棋盘上玩的一种游戏；英语称象棋盘一小格为checker）。第二次世界大战后，中产阶级也养得起狗了，养狗不再是上层人家的专利。尼克松说：我家孩子，像所有孩子一样，都喜欢。他宣布：不管他们（媒体）怎么讲，这条狗我要定了！尼克松这次大坦白，后来被美国当代史著作称为"切克斯演讲"。共有6000万人看了这次半小时的电视演讲或听了电台同步广播，而美国当年人口才1亿6000万。演讲结束后，电话、电报当晚就潮水般涌入共和党竞选总部。来电说：尼克松就是one of us（像我们一样的普通人），我们支持他当副总统。

在这之后，竞选公职的人自愿公布家庭财产，逐步成了美国惯例。

美国官员财产申报的启示

第一，建立官员家庭财产公示制度，不可能一蹴而就，它必然经历一个基于民意的渐进过程。第二次世界大战期间，美国政府项目与公共开支急剧增加，官员权责随之上升，监督政府成员的经济行为尤显重要。第二次世界大战刚结束，美国参议员莫斯就提出让该国官员公开财产的法案。稍后，参议员巴内特也提出官员廉洁的行为规范，但阻力非常大。随着白宫主管、联邦前众议员和新罕布什尔州前州长阿丹姆斯受贿案的发生，美国国会终于在1958年通过《政府服务道德规定》，要求政府人员不得接受可能影响其职务公正的礼物与帮助，无论官员本人是否作出回报。到20世纪60年代中期，白宫和国会正式做出规定：官员的经济利益不得与其担任的政府公职发生冲突，国会开始了对议员财产来源的全面监督。"水门事件"之后，美国国会于1978年通过《政府道德法案》，规定联邦三权部门行政15级以上官员必须申报财产与收入，政府设立对总统负责的美国廉政署来实施监督。1989年，美国国会又将其修订为《道德改革法案》，其中规定议员卸任后在一定年限内不得出任与在职期间工作有利益冲突的社会职位。美国历任总统为赢取民心也要尽量展示自己反腐倡廉的执政风格，因此，大打廉政牌、推动公共道德立法、建立官员财产申报制度无疑是一剂妙方。从罗斯福起，杜鲁门、艾森豪威尔、肯尼迪、约翰逊，到20世纪八九十年代的里根、布什，无不积极突破重重阻力，推行财产申报制度。尽管由于个人魄力和能力的不同，努力的效果也不尽相同，但总统们都有改革的政治决心，为财产申报制度的法治化打下了政治基础。当然，任何制度的变迁都很难使所有的人都得到正的纯收益，并且往往它还可能会使某些人的利益遭受损失（至少在短期内如此）。官员财产申报制度显然也不例外。由于它涉及的是立法、行政、司法三个系统全体高级官员的利益，而这些人正是政策的决策者，因而很难得到采纳和实行。即使总统或是部分议员试图对当时的制度进行变革，也会遭到其他人的竭力压制而难以推动。这个既得利益者和改革推动者的博弈过程贯穿于美国财产申报制度构建与发展的始终。

美国国会 1978 年规定官员必须申报财产

第二，官员家庭财产公示不能有例外。政府伦理法最重要的内容现在被列为美国法典第五篇的一部分，其中的核心是它的第一篇"联邦政府官员财务申报公示规定"。其中规定，有义务申报财产的官员包括了立法部门、行政部门和司法部门。

行政部门需要公开财产申报的有：总统，副总统，政府行政部门行政15 级及以上的官员，不在行政级别序列但是基本工资等于或高于行政 15级最低工资 120%的官员（2011 年 GS—15 级最低基本工资为 99628 美元，120% 即 119554 美元），前面所述没有包括但是并非公开招聘的、与制定政策有关职位的官员，前面所述没有包括但是由总统任命的委员会成员，军职人员工资等于或高于 0—7 级者，政府各部门根据美国法典第五篇第3105 节任命的法律顾问，邮政总局局长、副局长及邮政系统基本工资等于或高于行政 15 级最低工资 120% 的官员，其他经政府伦理办公室主任认定的高级官员，政府伦理办公室主任以及政府各部门伦理办公室的主管官员。

立法部门需要公开财产申报的有：所有国会议员，国会雇员其基本工资等于或高于行政 15 级最低工资 120% 者，如果某位议员的下属没有任何人的基本工资等于或高于行政 15 级最低工资 120%，则至少有一位主要助理人员需要申报公示其财产。

司法部门需要公开财产申报的有：最高法院首席大法官，最高法院大法官，上诉法院法官，地区法院包括海外领地、贸易、税务、军事上诉等法院及其他国会立法设立的法院法官，以上法院的雇员其基本工资等于或高于行政 15 级最低工资 120% 者。

政府官员们需要公开的财产主要有：从联邦政府之外的任何来源得到的超过 200 美元的红利、租金、利息、资本收益以及它们的来源、种类和数量或价值；从非亲属收受的累积价值超过 250 美元的所有礼品，包括来源和礼品说明；价值超过 1000 美元的贸易或业务投资所得，任一时间对任何债权人负债超过 10000 美元的债务；本人主要住所除外，超过 1000 美元的房地产购置、出售或交换；超过 1000 美元的股票、债券、期权或其他证券的买卖或交换。

第三，官员财产公示制度不仅包括哪些官员必须公示家庭财产，而且还应包括何时、何地和怎样公示家庭财产，即必须制定具有操作性的实施细则。美国 1978 年制定了《政府道德法案》（1989 年修订为《道德改革法案》），从此，美国正式确立了官员财产申报制度。按照这项法律的要求，美国所有公职人员，只要年薪在 5 万美元以上，包括行政人员、国会议员、法官等，都必须申报个人财产。申报的期限，不仅包括任职前、任职中，甚至也包括离职后。比如，一个官员在开始任职的 30 天之内，必须申报本人、配偶及其所抚养子女的财产状况；在职官员和雇员，每年 5 月 15 日之前，需要申报上一个年度个人、配偶和抚养子女的财产状况；离职官员和雇员，则需在离职 30 天之内递交离职财产报告。同时，法律详细规定官员财产申报资料的接受、保管办法、保存期限、公开方式、查阅手续、审查，以及对拒绝申报和虚假申报的处罚办法。美国规定：总统、副总统、独立检察官以及独立检察官任命的工作人员直接向联邦伦理办公室主任申报。其他直接向联邦伦理办公室主任申报的有：邮政总局局长、副局长及邮政系统其他申报适用官员。其他负责接受与发布官员财务申报的机构及其管辖对象是：司法会议——负责最高法院首席大法官和大法官，上诉法院和地区法院包括海外领地等法院以及其他国会立法设立的法院法官，以及上述法院雇员的申报；各军兵种部长——负责军职人员的申报；联邦选举委员会——负责总统或副总统候选人的申报；众议院书记——负责众议员、众议员候选人及众议院管辖机构（如国会图书馆）雇员的申报；参议院秘书——负责参议员、参议员候选人及参议院管辖机构（如政府问责办公室）雇员的申报。在美国，官员应申报而不申报或者造假的话，后果非常严重。如果各部门的伦理办公室或接受申报的机构有充足的理由认为某位官员伪造申报信息，或者明知规定但是故意不按时间申报，须将案情通报联邦司法部长。司法部长将通过地区法院对该名官员提起民事诉讼。伪造申报信息者最高可处以罚金 5 万美元，或一年有期徒刑，或二者并罚。明知规定但是故意不按时间申报的最高罚金为 5 万美元。一般的逾期申报也会面临处罚。

第四，申报并公示官员财产只是表象，其内涵则是为官者以及家庭必须拒绝公私利益冲突。若有违反，轻者罢官，重者坐牢。从国际社会的经验来看，落实官员财产申报制度的关键在于具备健全的法律体系，并且进行强有力的实施。如果仔细观察，人们就会发现，凡是严格实行官员财产申报制度的国家，其财产申报制度都是以宪法或法律为基础构建起来的。其申报主体完整，涉及官员财产的范围宽泛，处罚官员的不实申报也非常严厉。从 1978 年立法算起，美国建立官员财产申报并公示的法案已有 30 多年，时间不很长，但从试图立法以及通过相关指导方针算起，已近 70 年，时间也不短。其间，美国行政高官与国会议员不断以身试法、不严格执行官员财产申报制度而丢官的，大有人在。1989 年，美国众议院议长詹姆士·赖特被迫辞职，起因就是违反国会有关议员财产收入的法规，包括曾经超规定赚取讲课费，而他的妻子贝蒂曾经超额收取别人赠送的礼品等。由此，赖特也成为美国建国 200 多年来，首位因为财产申报问题而被迫辞职的众议院议长。一些高官因腐败被迫辞职，与此同时，防止腐败发生的改革逐步获得举国认同并一步步到位。

第五，实行官员家庭财产公示制度必须充分发挥公民和舆论的监督作用。在美国，老百姓、媒体或其他民间团体都有权到相应的机构去查找自己关注的官员或候选人的财务情况，发现问题都可以提出质疑，或者在竞选过程中挑战该候选人的资格。官员家庭财产公示制度实行后，美国官场已干净不少，尽管离根除腐败还有相当距离。民众和官员对这套制度也已经习以为常。谁想当官，就要把自己和家庭成员的收入申报清楚。当官到了一定级别，其申报材料还要向全国、全世界公开，除非官员的工作性质需要保密。目前来看，民众盯着官员的势头还在加强。不仅官员要申报，给官员送礼的某些行为也需送礼者上报。通过管控可能引起腐败的各种源头，美国和其他一些国家一样，积累了不少防腐廉政的经验教训。作为杜绝和惩治公职人员腐败行为的一种常用手段，官员财产申报制度，主要是通过掌控官员财产的变化情况，最为实际、最为直接地洞察官员的行为。而这样的掌控，常常是以政府活动的公开、透明为前提的。在这一过程中，社会公众扮演着重要角色，成为一种强大的社会监督力量。具体来说，在严格的官员财产申报制度之下，一旦发现官员个人财产与其正常收入之间存在着差距，官员就必须作出解释与说明。如果不能提供合法所得的证据，即便没有证据证明是非法所得，也会被认定是灰色收入而给予治罪。对于那些通过一定民主程序民选出来的官员，则必须在其所选举的范围之内向社会进行公示。可见，官员财产申报制度，对于官员来说，无疑是悬在其头上的一把利剑，特别是对于那些不安分守己、敢于滥用权力的腐败官员，更是如此。

第二十章　美国也扫黄

2013 年 4 月 5 日到旧金山，出任中国驻旧金山总领事，几个月下来，遇到了不少新鲜事，其中最令我感到吃惊的事情之一是：美国也扫黄！而且，扫黄力度很大。在美国，除了内华达州的一些地区之外，卖淫和买春都是非法的。美国是一个开放的社会，民众对性的事情并不特别在意，但是大部分居民仍认为色情业有伤风化，所以美国法律对卖淫、嫖妓、操纵安排他人卖淫等行为实施严厉惩罚，而且卖淫罪名的成立不需要男女双方有直接的性行为。例如加州的法律规定，假如被告同意与他人发生性关系且同意以金钱作为交易，并随之作出进一步的行为，就构成了卖淫罪。美国法律对色情卖淫罪的定义很广，罪名成立的标准也很低。所谓性服务，除了发生性关系外，还包括用手或用口接触他人的私处。一个按摩院只要口头答应客人以金钱来换取提供性服务的要求，或者是主动询问客人是否需要额外的性服务，都构成色情卖淫罪，最高可被判罚 6 个月的牢狱，罚款 1000 美元。而对于移民而言，如果有两次以上的卖淫纪录，移民局会拒绝其任何调整身份的申请。至于那些安排或经营卖淫业的被告，法律认为这些人是逼良为娼，因而处罚非常严厉，一般会判处这些人 3—6 年牢刑。

吸引眼球的扫黄报道

2013 年 6 月 4 日，我到旧金山差一天就一个月了，我翻开这一天的《世界日报》，一篇题为《纽约长岛严打淫业 104 名嫖客遭起诉最长者已 79 岁》的报道引起我的注意，报道全文如下：

被美国警方公开曝光的嫖客

　　104 名男性嫖客近日被长岛纳苏郡（Nassau County）检方以非法嫖娼罪名起诉，所有被告在首次出庭时均未认罪。检方 3 日表示，罪名一旦成立，这些嫖客将面临最高一年的监禁。

　　长岛纳苏郡检方 3 日公布了这 104 名被告的姓名和照片，他们是从 4 月 18 日至 5 月 24 日相继被纳苏郡警方逮捕的，被捕的嫖客中最年轻者仅为 17 岁，最长者已 79 岁高龄，其中包括 2 名医生、2 名牙医，还有大学教授。

　　纳苏郡地区检察官韦嘉莲（Kathleen Rice）表示，警方通过社交网站 back page.com 与嫖客建立联系，如果嫖客要求见面，便衣警察便约定一个时间与嫖客在某酒店房间会面，并提前准备好隐藏的摄像机，用来记录嫖客的行为以作证据。嫖客来到指定地点，见到假扮成卖淫女子的便衣警察时，一旦他们提出用金钱换取性交易，便被埋伏的警员当场逮捕。

　　韦嘉莲强调，这宗案件将对嫖客起到警示作用，并告知他们的嫖娼行为正在助长这一不法行业的滋生。以往警方在打击非法卖淫活动时，执法的主要对象通常为性工作者，而嫖客仅仅被当作证人，很少遭到控告。执法部门这次转变了方向，强调嫖娼与卖淫一样，同属违法。

　　纳苏郡警方表示，这次在一个多月内逮捕104名嫖客，是警检部门配合于近期进行的一次最大规模打击卖淫嫖娼的逮捕行动，旨在有效控制并减少这类犯罪行为在城市中的蔓延。

琢磨这篇报道，发现美国的扫黄至少有如下几个特点。

　　一是美国扫黄动作很大，也有类似于中国"集中整治"之类的行动。一个多月内逮捕104位嫖客，数量不能说不多。

　　二是嫖娼者坐牢，而不是以罚款了事。如报道所说："罪名一旦成立，这些嫖客将面临最高一年的监禁。"

　　三是为了打击卖淫嫖娼，警方故意钓鱼，由女警察假扮成风尘女子与嫖客接触以获得证据，随后将嫖客拘捕。后来，我又了解到，不仅美国女警察钓嫖客，男警察也钓妓女。报纸上曾报道这样一件事：一名内地女孩来到美国不到一年，不懂英文，只好到洛杉矶某华人居住集中的地区一家按摩院当按摩员。有一大，一位客人在按摩过程中对她毛手毛脚，说了一大堆英语，这位女子愣是一句没听懂，也不知道这位客人到底要干什么。既然嘴上说不明白，就在手上比划着试吧。后来几名警察冲进来，将这名女孩逮捕并指控她同意提供色情服务，原来找她做按摩的人是警察，到按摩院是来钓鱼的。虽然色情风化罪在美国不是个什么大了不的罪名，但这名女子觉得挺冤枉。她在法庭上坚持自己没有跟客人做爱而拒绝认罪，后来在陪审员审理期间，钓鱼的警察坚持称这名女子在按摩过程中同意以40美元作为小费提供额外的色情服务。结果12名陪审员裁定这名女子罪名成立，该女子被判处入狱30天。警察扮嫖客钓妓女合不合法？在美国许多刑事案件中，警察设立圈套或引诱他人犯案是两项最基本的手法。而在大部分色情案件中，警方为获取证据多采用便衣警察钓鱼的方式来办案，因此法院裁定警察使用设立圈套或引诱他人犯案的手法侦破色情案件是合法的。

　　四是扫黄执法由以前主要针对妓女，只是将嫖客看作证人，转为"强调嫖娼与卖淫一样，同属违法"，嫖客和皮条客如罪名成立会被判刑入狱，而卖淫女则被处以罚款。

　　五是104名嫖客的姓名和照片都被检方曝光。虽然曝光的做法是否正确人们可能有不同看法，因为被捕的嫖客中最年轻者仅为17岁，年纪大的已79岁高龄，但曝光的确显示了扫黄的决心。

高官在扫黄中也中枪

　　美国高官如嫖娼会怎么样，就我所知，如被发现，肯定是身败名裂。来美国4个多月时的一天，8月13日，美国中文网刊文称，美国的民选官员终日生活在显微镜般的公众监督之下，每次竞选的时候，个人和家庭事无巨细都会被媒体或者政治对手翻出来晒晒。嫖妓这种行为，要逃过公众的眼睛也不太容易。而且，如果事件中卷入了未成年人，罪行就更加严重了。

旧金山扫黄一瞥

　　中文网文章称，美国纽约州前州长艾略特·斯皮策正在竞选纽约市的主计长（citycontroller）。这个职务虽然不似州长那么显赫，但是却控制着美国最大的城市、国际金融中心纽约的财政，实权的确不小。斯皮策也许是美国如今最知名的政客之一。他的出名，固然是由于其在当州司法部长的时候，将华尔街金融大鳄的不法行为狠狠地整顿了一场，在媒体上当了一阵风云人物，更是因为他在 2007 年嫖妓，被联邦调查局抓住而不得不黯然辞职。

美国的一家脱衣舞吧

具有讽刺意味的是，斯皮策的行为之所以被发现，是他付给妓女的钱太高。银行发现他在当州司法部长与州长时，有不正常的大笔金钱往来，怀疑他有贪污或行贿受贿的嫌疑，联邦政府开始调查，才追出他在这期间嫖妓花费了至少 8 万美元。调查中顺藤摸瓜，又查出一个名叫"皇帝俱乐部"的卖淫集团，在纽约、华盛顿、伦敦、巴黎等大都市开业，每小时收费从 1000 美元至 5500 美元（约合 6121—33669 元人民币）不等，客户都是各界名人政要。在老鸨的记录上，这位 48 岁的民主党州长的代号是"第九号客人"——他的政敌和媒体经常用这个称呼来讥讽他。

报道还称，斯皮策当然不是被抓住的美国第一个高层嫖客。2006 年10 月，美国联邦政府在华盛顿查出了一位被称作"首都鸨母"的女子黛博拉·保尔弗雷。她手下的女子多数是附近大学的研究生，可谓才貌双全。她掌握着长长的一串客人名单，其中不乏重量级的政要——45 岁的路易斯安那州共和党籍参议员戴维·威特就是其中之一。威特承认自己曾经是保尔弗雷的嫖客，向公众承认自己犯了"罪过"。

美国法律明文规定，有意招雏妓的嫖客要被判侵犯儿童罪，高官招雏妓更是重罪。2001 年，康涅狄格州沃特波利市的市长菲利普·吉奥丹诺，被联邦调查局监听到与一名妓女的通话。他试图让该妓女安排 12 岁的侄女和 8 岁的女儿一起参与性活动。为此，他被判犯下包括虐待儿童等多项重罪，被判刑 37 年。如今他仍然在伊利诺伊州的重罪监狱服刑。

某些官员，自己买单嫖妓，美国选民也许能原谅他们，但是如果官员用公款来嫖妓或者做性交易，那就无论是法律还是民情都不会放过。国人应还记得，2008 年民主党的副总统候选人爱德华兹，被爆出花掉上百万美元的政治捐款来供养情妇、掩盖私生子的丑闻。司法部门对他进行了 2 年之久的调查，检察机关以 6 项重罪起诉他。如果罪名成立，他要面对 30 年的刑期。尽管陪审团最终判他无罪，可这位曾经名噪一时的政客、被认为有可能会入主白宫的政治明星，从此身败名裂，政治上再也难以有大的作为。

念紧网上扫黄的"紧箍咒"

美国是全世界互联网最发达的国家，也是全世界最大的成人网站分布地。一个设在罗马的国际儿童权利保护组织曾做过统计，2003 年全球成人网站数量新增 70%，其中一半在美国。加州的一家网络流量调查公司最近也宣布，美国成人网站被访次数超过三大搜索引擎 Google、Yahoo! 和 MSN 的总和。对美国政府而言，网络色情泛滥，最大的受害者是青少年，所以必须加以管制。美国政府经常开展打击网络色情的活动，从网上搜索中看到，2011 年在打击网络色情行动中，强制关闭非法网站 84000 个，行动之强度可谓空前。据称，依照美国有关法律，涉案的站长很有可能面临长达 30 年的刑期和 25 万美元的罚款，并被没收非法所得。

为了保护儿童的身心健康免受成人网站的毒害，美国从 1996 年起至今一共通过了 4 部相关法律，对成人网站进行限制。

一是 1996 年美国国会通过的《通信内容端正法》。作为《电信传播法》的一部分，该法规定，在未满 18 岁的未成年人接触的网络交互服务和电子装置上，制作、教唆、传播或容许传播任何具有猥亵、低俗内容的言论、询问、建议、计划、影像等，均被视为犯罪，违者将被处以 2.5 万美元以下的罚金，2 年以下有期徒刑，或两者并罚。

　　二是 1998 年美国国会通过的《儿童在线保护法》。该法律规定，商业性的成人网站不得让 17 岁以下的未成年人浏览"缺乏严肃文学、艺术、政治、科学价值的裸体与性行为影像及文字"等有害内容，而成人网站经营者必须通过信用卡付款及成人账号密码等方式，对未满 18 岁的青少年进行必要的限制，以防止其浏览成人网站，违反者将被处以 5 万美元以下的罚金，6 个月以下有期徒刑，或两者并罚。如果故意违反该法规定，网站经营者在被判处有期徒刑的同时，还要接受重金处罚。

美国也扫黄

　　三是 1999 年美国国会通过的《儿童网络隐私规则》。该法律要求：与儿童有关的商业网站经营者或有意向儿童搜集个人资料的网站经营者必须做到：第一，搜集、使用或公开 13 岁以下儿童的个人资料时，必须获得该儿童父母的同意；第二，提供如何搜集和利用资料的公告；第三，提供家长审视搜集其子女资料的机会；第四，给家长提供拒绝其子女个人资料被进一步搜集或使用的机会；第五，使用合理方法，让家长有机会防范其 12—17 岁子女的个人资料被搜集或使用；第六，建立合理的程序，确保被搜集的儿童个人资料的安全性与完整性。

四是 2000 年美国国会通过的《儿童互联网保护法》。该法律要求全国的公共图书馆为联网计算机安装色情过滤系统，否则图书馆将无法获得政府提供的技术补助资金。2003 年 6 月 23 日，美国联邦最高法院就宾夕法尼亚州 3 名法官组成的委员会裁定《儿童互联网保护法》违宪一案进行投票，最终以 6 票对 3 票裁定该法案不违宪。后来，美国所有学校和公共图书馆的电脑里都按规定安装了色情过滤软件。

上述 4 部法律的通过，显示了美国政府、国会开展扫黄行动，打击色情犯罪，特别是减少网络色情对儿童危害的决心，对于净化社会环境、壮大扫黄声势，其作用是有目共睹的。不过，美国不是一个举国体制的国家，国会代表立法权，政府代表行政权，他们扫黄的决心和努力，却没有得到代表司法权的联邦最高法院的全方位支持。1996 年 6 月 26 日，最高法院作出了有史以来第一个有关网络内容规范的判决：以 7 票对 2 票裁定《通信内容端正法》违反了保护言论自由的宪法第一修正案。2004 年 6 月 29 日，最高法院又故伎重演，以 5 票对 4 票判决暂缓执行《儿童在线保护法》，认为该法侵犯了公民的言论自由。判决公布后，美国舆论哗然，布什政府表示要继续捍卫此法。后来，加州大学伯克利分校教授斯塔克针对网络内容的一项研究报告出台后，美国政府引以为据，再次推动实施《儿童在线保护法》。报告显示，谷歌和微软等搜索引擎索引的网站中，有 1% 属于"儿童不宜"；而美国在线和雅虎索引的网站中，这一比例为 1.7%。当然，反对实施《儿童在线保护法》的一些民权团体，如美国公民自由同盟等，同样援引这份研究报告的数据指出，当前一些网站使用的过滤系统已经足以封锁大部分内容不健康的网站，因此无需用法律手段进行管制。

据我观察，虽然多年来，美国政府和最高法院对如何管制网络不良信息意见不一，但美国政府始终显示了强势扫黄的态势，最高法院并不反对扫黄，只是在关于管控网络不良信息的"度"的拿捏上与美国政府存在分歧，只是判决暂缓执行 4 部法律中的 2 部法律，也就是说，如何在保护青少年身心健康与保护成年人言论自由之间找到平衡点，美国政府和最高法院意见不一致。美国是新教国家，多数美国人私生活非常保守，尤其在性问题上，美国人的保守态度可能在世界上居于前列。众所周知，克林顿总统因为泡上莱温斯基差点遭国会弹劾，不得不公开忏悔，以求民众宽恕。美国政治人物必须充分展示对家庭的爱，强调自身私生活的严谨，树立一个好丈夫、好爸爸的形象。政治人物包养情妇或嫖妓，很难不身败名裂。许多非政治名人对私生活、对性问题也持同样的态度。美国城市的夜生活并不丰富，国人印象中美国夜晚的灯红酒绿只存在于好莱坞的电影里，真实的美国夜晚更多的是寂寞。许多城市晚上八九点钟，所有商店都关门了，想吃顿饭都找不到地方。美国主流民意认定色情业有伤风化，因此，尽管联邦最高法院有不同意见，美国政府仍然强势扫黄，因为它有坚实的民意基础和宗教基础。

第二十一章　州长厨师告倒了州长夫妇

2013 年，美国一只老虎被抓——弗吉尼亚州州长麦克唐纳夫妇因腐败被判有罪，导致州长垮台的导火线是他的厨师对他们夫妇的举报。这年，我正好出任中国驻旧金山总领事，佣人举报使州长夫妇获罪的消息经媒体公布，立即引起了我的注意。作为州长佣人的厨师，为什么与主人反目为仇？厨师有何能耐，竟然能扳倒堂堂一州之长？州长犯了多大的事，竟然栽在一个厨子手里？了解和剖析这一案件，对于中国反腐倡廉，特别是对于打老虎，不无参考和启迪作用。

州长厨师为什么举报州长夫妇

麦克唐纳 2009 年当选弗吉尼亚州州长，是实实在在的"一方诸侯"和炙手可热的政治风云人物。5 年来，他执行保守派的经济政策，得到超过半数的民调支持。经过茶党的"动乱"，共和党迫切需要一个保守立场鲜明但政策稳健、口碑优良的领军人物。而麦克唐纳是全国屈指可数的几个候选人之一。上一次大选中，就有他入选副总统候选人的传言，很多人也看好他出马下一次总统竞选。谁也没想到麦克唐纳会因自己的厨师举报而被定罪，这无疑导致共和党损失了一员大将。

2012 年 3 月，麦克唐纳州长官邸的首席厨师因为涉嫌贪污食材被开除了。心怀怨恨的他向美国联邦调查局举报了他的雇主——州长麦克唐纳（BobMc Donnell），说州长的一位朋友，一家营养品公司的总裁强尼·威廉姆斯（Jonnie Williams）为州长女儿婚宴支付了费用 15000 美元。两年后，这一风波发酵成了美国政坛的一件"惊天大案"。麦克唐纳从全国瞩目的共和党新星变成了弗吉尼亚历史上第一位被起诉和定罪的州长。

弗吉尼亚州长麦克唐纳夫妇

　　厨师为什么举报州长夫妇？因为州长太太发现厨师手脚不干净，把州长家里的鸡鸭鱼肉、米面油盐之类的食材往自己家里拿。州长太太本来不善理财，不会节约，喜好奢侈，欠下一屁股的债，此时正为债务所困的州长太太发现厨师偷盗之类的事，气急败坏，拍桌打椅，严厉斥责厨师手脚不干净，并且威胁要将厨师告到警察局，让警察来好好收拾他。但她说了却又没有付诸行动。吓坏了的厨师走投无路，为保护自己、报复州长太太，于是不顾一切地向检方提供检举材料。如果不是州长太太怒骂威胁，厨师应该不会铤而走险。因此，麦克唐纳案件的发生，堂堂一州之长因佣人举报而倒台，应该说具有相当的偶然性。

州长犯了多大的事

　　案件中的星科公司（Star Scientific）是一家位于弗吉尼亚州、由烟草业改行的卫生保健企业，致力于维持人体健康新陈代谢的产品开发。从2007年开始，这家上市企业试图开发一种利用烟草植物里的生物碱，生产一种叫做安那他品（anatabine）的药物，据说可以降低人们吸烟的欲望，因而对于帮助政府降低社会保健成本，可能能够发挥一定的作用。进而，星科公司又开发了两种以安那他品为基础的膳食补充品（dietarysupplement），并且开始评估安那他品在治疗慢性抑郁症方面的疗效。毫无疑问，这是一家属于"腾笼换鸟、产业升级"的高科技企业。

5年前，麦克唐纳竞选州长时，星科公司首席执行官强尼·威廉姆斯因为积极募捐而和麦克唐纳有缘结识，由于双方都是从卫生保健行业起家的，由此关系迅速亲近起来。星科当时正在开发的膳食补充品功效如何，按照联邦法律规定不可以王婆卖瓜自卖自夸，需要有中立机构的大规模实验证明其有效性，因此需要地方政府出面帮忙。因正值金融危机余波荡漾的时期，新上任的州长麦克唐纳有充足理由向这家当地的纳税和就业大户伸出援手。

一个有求、一个必应，于是这场权钱交易的好戏开演了。检察官的起诉书指控麦克唐纳在4年州长任内，共收受了威廉姆斯约16.5万美元的贿赂。这是否意味着麦克唐纳把16.5万美元的贿赂装入了自己的腰包呢？否。先看第一笔指控：州长在2011年两次向威廉姆斯私人借钱，两笔总额共7万美元的贷款，州长已经按照协议还清了。当初，双方说好这两笔贷款为期2年，利率为5%。在2011年，为期2年5%的年利率不算低，因当时2年期的美国国债利率平均只有0.5%，BA信用等级的企业中长期债券利率那年也不过6%左右，可见威廉姆斯向州长放出这两笔贷款，并非白借，而是有收益，并且，州长并非赖账，不仅按时归还了本金，而且支付了利息。更重要的是，州长案发之前就还清了借款。尽管如此，检察官仍将此界定为权钱交易。

州长被指控的其他受贿行为，在不少国人看来，完全可以解释为朋友之间正常的友情交往：为赶往加利福尼亚州出席共和党的一个重要活动，州长使用了威廉姆斯的私人飞机；几次出席星科公司的营销活动后，都接受威廉姆斯的招待在附近饭店吃了饭；在没有威廉姆斯陪同的情况下，去威廉姆斯作为成员的高尔夫俱乐部打了两次球，把费用记在了威廉姆斯头上；两次休假时，住在威廉姆斯的度假住宅里，期间还自己开了威廉姆斯的法拉利跑车作为代步工具；一个女儿结婚时，威廉姆斯支付了15000美元的全部婚宴费用——按照美国的习俗，孩子结婚，婚礼费用全由女方支付。根据法庭认定的事实，威廉姆斯还给了州长夫人一些昂贵礼物，包括两套服装，以及旅游招待等。

据报道，这件事曝光以来，弗吉尼亚老百姓为此很痛心，因为这是该州有史以来第一次有州长被起诉有罪，继任州长发誓要进一步加强廉洁自律，并且出台了一些降低收礼申报门槛之类的措施。不过，在此之前，弗吉尼亚州对于官员收受礼物、财产申报就有严格的纪律，早已明文规定，接受超过价值50美元以上的礼品，都必须申报，否则，按受贿论处。但是这些规定在麦克唐纳案件里似乎并没有起到应有的作用，换句话说，作为州长的麦克唐纳，他没有因有严格的制度而带头遵守上述纪律。比如，麦克唐纳在每年的经济利益申述单（StatementofEconomicInterest）申报中，就只罗列了他在威廉姆斯度假住宅休假的事情，而没有提及他去打高尔夫球的事，向威廉姆斯借钱的事也没有申报。

州长怎样回报行贿的企业

检察官指控麦克唐纳州长与威廉姆斯的星科公司之间存在权钱交易，麦克唐纳在星科公司获得利益后，反过来对星科公司有利益输送。威廉姆斯向州长表示，希望州政府支持，帮助星科公司为产品建立信誉，麦克唐纳随即安排威廉姆斯和州卫生厅厅长见面。州长和星科公司老板都没有想到，威廉姆斯和卫生厅厅长的会面没有取得预期的效果，星科的产品介绍没有打动厅长，厅长拒绝随州长的指挥棒起舞。麦克唐纳只好自己和夫人出面，对星科公司进行利益输送。

一是利用州长官邸——州长办公和生活的地方，为星科公司新产品的开发启动举办活动。州长在星科公司的一些营销活动中现身，发表简短讲话，并且同意星科公司把自己出席活动的照片放在公司网页上面。同时州长宣布该公司给州里大学捐款，从而帮助提高公司的知名度。卫生厅长借用州长官邸为卫生保健行业人士举行新年派对时，州长太太把威廉姆斯以及威廉姆斯邀请的朋友也加入来宾名单。

二是帮助加强星科公司与科学家之间的联系。由于是营利性企业，星科公司需要进行的实验无法得到州政府的资助，州长便同意由星科出面在弗吉尼亚各州立大学里面寻找愿意对此进行研究的科学家，并且由州长出面宴请这些科学家以资鼓励。州长太太陪同科学家们乘坐星科公司专机前往佛罗里达州看望那里的科研基地。

三是科学实验需要大量的样本，为了获取足够的实验数据，麦克唐纳同意了在弗吉尼亚州政府官员身上进行实验的提议。

四是在与卫生厅厅长会面讨论降低保健成本政策时，从自己口袋里掏出那瓶药，说自己服用后效果良好，希望对方能够再次和星科公司接触，讨论其膳食补充品的功效。

州长怎样为自己辩护

这个案件经美国联邦调查局介入调查后，2013 年 1 月由大陪审团决定对刚刚任满离职的麦克唐纳夫妇起诉，6 月份开始进行了长达六星期的审判。麦克唐纳的辩护既老套又有创意。老套的辩解是，他给威廉姆斯公司的帮助是州长的职责，与收到的钱和礼物无关。有创意的辩解是：他和太太长期不和，而且太太与威廉姆斯感情不一般。所以太太女儿收礼他都不知道，更谈不上合伙作案。为此，很大一部分法庭审理是在晒这个"弗州第一家庭"的家庭烂事，让以前相信这个"完美的保守主义者"的粉丝们大跌眼镜，而大小报纸记者则大呼过瘾。

美国联邦调查局的警徽

美国联邦调查局调查人员证件

从常理看，麦克唐纳犯的事儿不能算大。法庭认定此案涉及的金额不到17万美元，比他一年的工资略高。而且，这近17万美元中，包括了麦克唐纳向威廉姆斯的私人借款，这钱也早已还了，麦克唐纳夫妇收的礼，也早已退了。按照弗吉尼亚法律，民选官员接受礼物并无上限，但超过50美元的需要申报。但那些礼物和贷款名义上是给麦克唐纳的妻子和孩子的，所以他不申报也只能算是"擦边球"。他为威廉姆斯做的那些事，都是州长职权范围内的，而且对弗吉尼亚的经济有利。如果他没收礼而做了，那是非常正常的事。而且麦克唐纳政绩不错，就连给他定罪的陪审员在采访中也认为他是个好人。

但是，对麦克唐纳的辩护，陪审员并不买账。经过17个小时的讨论，9月4日，麦克唐纳被定受贿、敲诈等11项罪名，其夫人被定9项罪名。事后采访表明，陪审员不能接受"夫妻反目"的故事，而关于受贿的必要条件"投桃报李"（用职权回报行贿者），陪审员认为虽然没有直接证据，但纵观前后事件的发展，所有间接证据已经"压倒性"地证明了这一罪行。于是前州长夫妇面临着可能高达几十年监禁的惩罚。

用陪审员和报刊评论员的话来说，麦克唐纳明显是做了错事，就应该受到法律制裁。这个案子对于"权钱交易"行为的解释比以往拓宽了不少。例如，即使是朋友给的，如果常识上认为这是因为官员身份，也算是"钱"；而官员的回报，即使不是行使权力而是利用个人影响力，如果这影响力与官员身份有关，也算是"权"。如果判决经过上诉后能成立，就意味着美国对于腐败贿赂行为的容忍度更加降低了。

州长下台的几点启示

启示之一：任何实名举报都值得关注。以麦克唐纳案件为例，举报方只是一名厨师，是他举报对象的雇员，而被举报方是一州之长，是举报者的雇主，两者实力根本谈不上对称。尽管举报者本人涉嫌贪污州长家的食材，涉嫌对州长夫妇报复，但他的举报内容实在，美国有关当局仍然果断地启动了对州长夫妇的调查，最终将州长绳之以法。

启示之二：管好家人，特别是管好妻子，对于反腐倡廉非常重要。有大量的物证以及众多的人证，都说明自打当初麦克唐纳搬到弗州首府就任州检察长的第一天起，州长太太就对自己丈夫的工资水平极其失望，为此不断向丈夫歇斯底里地大发脾气，两人的婚姻关系极其紧张，几乎崩溃，以致他刚出任州长时就有顾问建议他让妻子搬出官邸或者接受婚姻辅导——他们的天主教信仰不允许离婚。麦克唐纳一直反感太太花钱大手大脚，但还是一直试图在公务之余努力和太太平心静气地沟通，弥补两人的关系。妻子索贿、受贿，虽然没有足够直接证据证明州长知情，但州长是公众人物，是一把手，仍然必须担责，仍然必须予以追究。关于索贿的部分，法庭出示的证据基本都是围绕着州长太太莫林的：她向威廉姆斯抱怨，出席麦克唐纳的州长就职典礼没有合适的衣服可以穿，于是威廉姆斯给她买了两件衣服；她要求威廉姆斯买了一块劳力士手表；让威廉姆斯给自己的孩子买过一次飞机票。麦克唐纳有一次给自己的五个孩子发了一封电子邮件，说家里经济困难，希望他们留心自己的朋友里面有谁想夏天时租用海边房屋的，他可以折价出租家里的房子。州长太太后来把这个邮件转给威廉姆斯，提出他们公司夏天需要举行公司外高管会议的话，可以考虑麦家在海边的房子。有确凿证据表明麦克唐纳对于太太向威廉姆斯的某些索贿行为确实不知情，但是麦克唐纳恐怕无法完全否认确实是在知情的状态下，拿了威廉姆斯的一些好处。

启示之三：即使已下台的老虎，该打的照打。2013 年 1 月时，麦克唐纳实际上已届满，离任已 10 天，但弗吉尼亚的这位前州长仍遭到地方检察官起诉，罪名是他在州长任内向一家企业的 CEO 索取、收受贿赂，并为这家企业提供便利。

启示之四：一把手不是万能的，一把手也要受到必要的制约。对麦克唐纳的立案调查是在他任州长期间进行的，但州长不能阻止州内的调查和检查机关对自己调查。如果调查和检查机关听命于州长，麦克唐纳怎么会让下面这些机关来调查自己？

启示之五：功不抵过，功不抵罪。麦克唐纳政绩突出，在州长任内，因大刀阔斧地成功处理了州政府的赤字问题而备受关注，而且同时期弗州的失业率下降了 2.2 个百分点，2013 年年初下台时，他在民主、共和两党势均力敌的弗吉尼亚州里拥有高达 55% 的支持率，而不认同他政绩的只有 32%，这在政治多元的美国很不容易，是个具备 2016 年出马竞选总统民望的政治人物。

　　启示之六：比起许多国人眼中的权钱交易的标准，美国对权钱交易的界定似乎更严。就麦克唐纳案件来说，按照现在中国的党纪国法，麦克唐纳的所作所为恐怕难以被国人认定为违纪违法。例如，麦克唐纳向威廉姆斯借钱，他不仅还了钱，而且付了利息。不少国人恐不仅难以将其认同为受贿，而且还可能认为是难得的好官行为。他为星科公司的产品作宣传，他帮助星科公司加强与科学家之间的联系，在一些国人的眼中，则不仅不是利益输送，而且还是为企业服务的一个典范。至于开开车、打打球、吃吃饭，在不少国人看来，完全可以解释为朋友之间正常的友情交往，是司空见惯的正常的事情。

第七篇　直击美国特色

第二十二章　在美国感受信用制度

　　信用是两个经济主体或多个经济主体之间，为了某种交易和经济生活的需要，建立在诚信基础上的履约能力。信用是市场经济的基石，是每个社会主体不可缺少的无形资产，也是构建和谐社会的重要因素之一。美国是世界信用交易额最高的国家，也是信用管理业最发达的国家，其信用体系经过一个多世纪的演进已发展为相对成熟的机体，具有完整的组织架构、和谐的运行机制和强大的辐射功能，对促进社会稳定和市场经济发展起到了重要作用，在欧美等国家中最具代表性。美国企业间的信用支付方式已占到社会经营活动的 80% 以上，信用付款方式在个人支付活动中也占据了主导地位。美国企业和消费者都有很强的信用意识。美国的企业中普遍建立了信用管理制度，在较大的企业中都有专门的信用管理部门，为了有效防范风险，企业一般不愿与没有资信记录的客户打交道。由于信用交易与个人的日常生活密切相关，美国的消费者都十分注重自身的信用状况，尽可能避免在信用局的报告中出现自己的负面信息。在社会主义市场经济体系基础上打造一个信用社会，是我国经济和社会发展到现阶段的必然要求。我在亲身经历中感受到，借鉴美国的信用制度，对健全中国信用制度、完善社会主义市场经济体系，确有必要。

从亲历的三件事情说起

　　第一件事情：2011 年年底，我和妻子到美国去看望儿子夫妇。一天，我和妻子在家里等待儿子夫妇下班回家，约在 15:00 时，儿子打来电话，说他给超市打了电话，请超市将他订购的菜送到家里，届时请我们注意收一下。16:00 左右，儿子打电话问我们，收到送货上门的菜没有。当他听到我们说菜还没有送到时，就又给超市打电话，问他们菜为什么还没有送到，催他们尽快送到。儿子到家前，超市送来了满满一篮子菜。谁知儿子刚到家，有人又送来了一篮子同样的菜。原来，超市第一次送菜时，把菜送到了传达室，请传达室的人再转给买主，但传达室没有把菜及时送到住户家里，而后送来的菜是就超市第一次送到传达室的菜，传达室的人刚刚转送过来。我妻子见到接连送来两篮菜，觉得挺有意思，笑得很开心。想不到儿子连忙打电话给超市，向他们说明情况，请他们派人来拿走一篮菜。儿子说，遇到这种情况，必须立即打电话说明，否则给人家留下诈骗的印象就糟了。他特别强调说，在美国，在信用上，绝不能留下有污点的记录。

第二件事情：我在美国担任中国驻旧金山总领事期间，中国一名驻美高级外交官邀请自己的外甥女到美国度假，想不到被美国拒签。不仅这位高级外交官百思不得其解，我们也觉得很奇怪。因为，驻美外交官邀请自己的亲人到美国，一般情况下，都能获得签证。后来，我们才了解到，这位女士以前曾在美国留学，毕业后选择回国。回国前，因乱停车被警察罚款几十美元。这位女士认为自己反正要回国了，就没有去交罚款。没想到美国有关当局把这件事记入了这位女士的信用记录。美国依据这一信用污点，毫不犹豫地予以拒签。这位女士因此付出了很大的代价。

第三件事情：在美国期间，我的一个朋友开车来接我到某个地方，经过一个高速公路收费站时，一位女工作人员告诉我们，应交费用是两美元。朋友一翻钱包，发现现金不够，只剩下一美元了，我身上也没带钱，不免有些尴尬。朋友跟那位女士说："对不起，我们就剩一美元了。"那位女士连眉头都没皱一下就说："没关系。"接着，她递给我朋友一个信封，嘱咐我们按照信封上的地址把一美元寄给他们。信封里有个说明，告诉我们必须在三天之内寄出，否则将被罚款几十美元。我朋友很快按要求把钱寄了出去，可我还是很好奇，如果不把这区区一美元寄过去又会怎样？我朋友告诉我，如果那样的话，他将为这一美元付出巨大的代价。因为，个人信用调查公司会把这件事记录在案，他的信用历史从此有了污点，以后再想干什么就难了。原来，信用污点就是这么来的。

这三件事使我切身感受到，在美国，信用交易十分普遍，信用形象十分重要。缺乏信用记录或信用记录差的个人在信用消费、求职等诸多方面更是受到很大制约。因此，不论是单位还是普通的消费者，都有很强的信用意识。

美国金融－信用体系的心脏——华尔街

人人都有社会安全号

在美国，每个人都有一个社会安全号（social security number），这个安全号可以把一个人一生几乎所有的信用记录串在一起，包括个人的银行账号、税号、信用卡号、社会医疗保障号都与之挂钩。自 20 世纪 30 年代美国成立社会安全管理局后，联邦政府下令，所有合法公民和居民必须持有有效社会安全证，凡符合条规者，均可申领此证。社会安全管理局给每位申领者颁发一个社会安全号，只要把某个人的社会安全号码输入全国联网的计算机，任何人都可查到自己的背景资料，既包括年龄、性别、出生日期这些自然状况，也包括教育背景，工作经历，与税务、保险、银行打交道时的信用状况、有无犯罪记录，等等。银行可根据申请人以往的信用记录，确定其贷款的风险。如果一个人有过不良纳税记录，那么这一记录将永远伴随着他，当他去求职、去买保险、去开公司、去买汽车，几乎无论他做什么，无论他到哪个州，这一污点都无法抹去，他将因此而四处碰壁。

在美国，社会安全号码就如同中国的公民身份号码，每人只有一个，并且终身不变、终身使用。美国是个联邦国家，即使是作为"身份证"的驾驶执照，也是每州不同。所以唯一跟着你一生不变的，只有社会安全号。没有它，你只能算是一个社会边缘人，用不了多久，你就会明白许多东西你必须有社会安全号才能享受到。美国政府鼓励房东、雇主、学校在租房、招聘、招生时查询个人信用记录，决定是否租房给你、是否雇用你、是否录取你。因为有了这个无法造假的社会安全号，所以今天的美国才形成了一套全社会的完整的信用体系。有一位美国商人说过："一个人可以失去财富、失去工作，但万万不可失去信誉。"那些能够按时付款、保持良好信用记录的消费者，一般都会得到较好的市场待遇、较多的就业机会，可以获得较低价格的商品，如果个人信用很差，就有可能被信用机构或银行、商店、各家公司打入"黑册"，造成贷款、生意、求职方面的极大困难，影响未来的社会福利和权益，所以许多人把信用看得同自己的生命一样重要。

我在美国常驻期间，作为外交官必须办好四个手续，即从美方获得个人社会安全号、外交官证、外交人员免税证和驾驶执照，同事们告诉我，个人社会安全号最重要，因与个人信用攸关，千万不能丢失，且必须绝对保密。

美国个人信用体系的建立

在一个国家的现代经济生活中，个人信用制度是必不可少的，它是整个市场经济运行的基础。美国人出门很少带现金，就拿几张信用卡。下馆子吃饭、到商场购物、去加油站加油、到各地旅游，刷卡就行，消费起来很潇洒。可美国人都知道，在刷卡的时候，总有一双看不见的眼睛盯着你，那就是你的信用记录。因为你所有的用卡情况都会被银行记录在案，并提供给信用调查公司。这就是美国的个人信用体系的作用。美国的个人信用体系主要涉及三方面：一是个人信用资料的收集、评估机构，即个人信用调查公司；二是个人信用的"消费者"，即金融机构、用人单位等部门；三是个人信用资料的产生者和监督者，即个人。这三方面的力量良性运转就形成了美国现在发达的个人信用体系。美国是世界上信用经济最为发达的国家，也是个人信用体系最为完善的国家。其个人信用体系经过一百多年的发展，已经形成了以征信评信授信为核心、以信用交易为手段、以法律制度为保障、以信用中介为纽带的现代信用体系的基本框架。

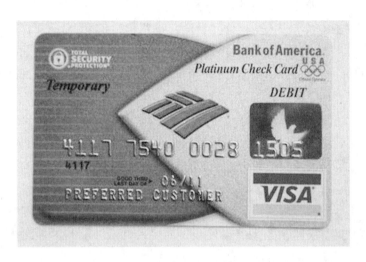

美国银行的信用卡

在美国，几乎每个成年人都离不开信用消费，要申请信用卡、分期付款、抵押贷款等，都需要对消费者的信用资格、信用状态和信用能力进行评价，这种评价集中表现为信用报告。美国的社会信用体系是以个人信用制度为基础的，有完善的个人信用档案登记制度、规范的个人信用评估机制、严密的个人信用风险预警系统及其管理办法，还有健全的信用法律体系，其中消费信贷的法律包括《信贷机会均等法》、《诚实借贷法》、《公平信贷报告法》等；授信法律包括《诚实贷款法》、《信用卡发行法》等。

美国对个人信用实行分数制度意义重大。个人信用分数是对个人信用历史的一个简单描述，在美国，通常由菲尔埃萨克公司根据个人信用报告计算得出，对于贷款机构的决定有重要的影响。信用分数为325—900分，680分以上为信用优良，620—680分为信用中等，620分以下为信用不良；超过620分就意味着达到了社会平均水平。有统计显示，信用分低于

600 分的借款人的违约比例为 1:8，信用分为 700—800 分的借款人的违约比例为 1:123，而信用分大于 800 分的借款人的违约比例仅为 1:1292。在美国，开立新账户、安装电话、签发个人支票、申请信用卡、购买汽车和房子，都需要这个分数。信用分高的人不仅可以轻松获得贷款，还可享受较低的利率。绝大多数贷款者对于个人信用报告的细节都不太关心，他们仅仅需要了解的只是最终的信用分数。

美国还建立了个人信用修复制度。如果有了不良记录，可能没人再愿意贷款给你，这时，信用修复机制会帮你解除顾虑，给你提供建议，包括如何清理、重组债务，如何加强理财，以便分批偿还债务等。还清贷款后再对你观察两三年，如果没有污点，就可以消除记录。

19 世纪的时候，美国社会的信用气氛也很薄弱，欺诈现象普遍。但随着信用经济的发展，对个人信用信息的需求终于催生了信用局。当时，由于通信、科技手段落后，信用调查只能用纸和笔进行，后来有了电脑和网络，这一行业壮大起来。美国的信用体系从 19 世纪 30 年代开始建立至今一百多年以来，随着市场经济发展、信用交易规模的扩大和科学技术特别是信息网络技术的出现，而逐步走向完善和成熟。其大体经历了三个阶段。

1837—1955 年为信用行业起步阶段。自 19 世纪中期开始，由于交易中诈骗、赖账导致交易双方不信任的情况频繁出现，为保证交易顺利进行，提供资信服务的信用中介公司纷纷成立，美国的首家信用公司创立于 1837 年。第二次世界大战结束后的 20 年间是美国现代信用管理业的扩张阶段，伴随着信用交易的增长和信用管理行业的发展，在征信数据和服务方式方面不可避免地产生了一些诸如公平授信、正确报告消费者信用状况、诚信放贷等问题，其中特别敏感的是保护消费者隐私权问题。

20 世纪 60—70 年代为立法规范阶段。以 1970 年《公平信用报告法》出台为标志，美国信用行业进入规范化发展的轨道。在 20 世纪 60—70 年代，社会各个有关方面都对国会适时出台信用管理相关法律提出了强烈要求，美国开始制定与信用管理相关的法律，1970 年《公平信用报告法》正式颁布生效，以此为基础，美国社会形成了较为完整的信用管理法律框架体系。美国国会完善消费者信用和信用管理行业相关法律的主要目的有三，即稳定美国经济、保护消费者的隐私权和解决一些特殊的社会问题。

1980 年至今为快速发展阶段。在这一阶段，法规不断完善，中介机构不断兼并重组，资本加速集聚，信用信息服务业从以经营信用信息产品等上游产品为主到提供信用管理顾问服务为主。

正是信用调查制度造就了美国这样一个信用社会，也正是这种信用调查制度使得美国的金融体系可以不断拓展业务，使信贷经济之球越滚越大。现在，美国有超过 3/4 的人使用信用卡，全国共拥有 14 亿张信用卡，平均每人有 8 张。据统计，信用消费使 2/3 的美国人拥有了自己的房屋；1/5 的美国人接受了高等教育；1/5 的美国人能够出国旅游。据统计，现在美国企业的平均坏账、呆账率只有中国企业的 1/20—1/10，也就是说 1 亿美元的销售额，美国企业比中国企业少花了 1100 万美元的成本。

美国信用体系的几个特点

第一，信用文化普及化。美国的信用文化是推动美国社会信用体系运行的内在机制。信用市场发展与信用文化培育必须相互交融。美国的信用法律制度以信用交易的充分发展为先导，具有深厚的文化基础。按照美国消费者数据行业协会主席康纳利先生的说法，"获得信用不是特权，而是任何人都享有的权利"。美国人的这种观念是信用经济的基础，也是信用法律制度的基础。美国的信用文化十分发达，信用作为商品渗透到社会经济生活的方方面面，成为参与市场经济的第一需要。无论是个人、企业、公共权力部门还是社会中介机构都有强烈的信用意识。"信用就是财富"，"信用就是生命"，这些理念在美国已根深蒂固。讲信用已成为每个人的自觉行动，对待信用文化，公众普遍尊崇它、传播它、维护它，以拥有较高的信用等级为荣。信用公开、信用透明已成为美国人的文化传统。失信者将受到严厉的经济制裁，并为此付出沉重的代价，而守信者将获得种种经济上的便利和好处。这种信用文化是支持美国社会信用体系发展的内在机制。

第二，信用商品化。在美国，信用是作为商品在市场上大量生产、销售的。把与信用有关的信息加工成信用产品，卖给需求者，使正面信用积累成为扩大信用交易的动力、负面信息传播成为约束失信人的震慑力，从而使之形成市场经济运行机制的重要组成部分。在这种思想指导下，美国

形形色色的美国信用卡

人的借贷理念、消费理念、信用风险的理念、破产的理念等信用理念也发生了历史性演变。信用服务企业在法律规定的框架下，可以合法地获得大量信用信息，并把它制成信用产品。在美国普遍使用以商业征信公司为基础的社会信用管理方式，遍布美国的个人征信公司、追账公司等都是从盈利目的出发，向社会提供有偿服务，包括资信调查、资信评级、资信咨询、商账追收等，完全实行市场化运作。经历了一百多年的信息、数据的积累过程，目前存在的美国信用服务企业都是市场成熟度很高的企业。这些企业具有四方面的特点：一是具有鲜明的独立性、中立性和公正性，成为信用服务企业最主要的无形资产；二是有很高的市场认知度，有长期相对稳定的客户群；三是有很强的信用产品制造能力，并不断进行信用产品创新；四是在实践中创造了行业标准和操作规程，形成了技术创新，进而获得稳定的利润。

第三，信用信息公开化。美国在信用信息公开过程中主要抓如下三方面的工作。一是通过立法保证信息公开。为了保证与信用有关的相关信息公开、透明，美国制定了许多相关的法律，这些法律的主要目的是界定好三种关系，即划清信息公开和保护国家秘密的关系；划清信息公开和保护企业商业秘密的关系；划清信息公开和保护消费者个人隐私权的关系。二是有偿开放政府基础数据，公平地支持数据库增值服务。政府的政务信息是信用服务公司建立和发展商用数据库的重要信息来源。对于不向整个社会公开的某些基础数据，提供给信用服务公司时政府要收取一定费用。三是可以多渠道收集与信用有关的信息。在美国，除了政务信息外，公用事业、行业组织、企业和消费者个人信息对信用服务公司都是开放的，只要不违背法律，都可以收集使用。

第四，信用法律法规完善化。美国的信用制度初步形成于19世纪40年代，到20世纪50年代其现代信用制度日臻完善。在20世纪60—80年代的20多年间，美国的信用管理相关立法纷纷出台，逐步形成一个完善的信用管理立法框架。美国基本信用管理的相关法律框架是以《公平信用报告法》为核心的一系列法律。这些法案构成了美国国家信用管理体系正常运转的法律环境。在美国生效的信用管理相关的基本法律中，直接规范的目标都集中在规范授信、平等授信、保护个人隐私等方面。美国完善其信用制度的立法是为了稳定经济、保护消费者隐私权、解决一些特殊社会问题和合理界定信息公开问题。与美国的信用管理相关的立法大约有18项（其中1项已被废止），这些信用法律体现了维护市场公平竞争和保护人权两项基本原则，为从业的征信企业和机构搭建了一个良好的公共发展平台，不但有效地形成了具有针对性的征信业务监督管理机制，规范有关的业务行为，而且为相关企业的合法经营行为提供了法律依据和保障，为产业的整体发展创造了条件。

第五，信用中介服务机构私营化。由于信息不对称总是存在，在日常交易中诈骗、赖账等情况频繁发生，为了促进交易的顺利进行，降低交易成本，向交易中的特定对象提供有关其他交易方信用信息的中介机构——信用报告机构（Credit Reporting Agency）或称信用局（Credit Bureau）应运而生。美国的社会信用管理体系，实行的是自由的市场运作模式，是一种完全以民营市场化运作方式为主体的信用模式。这种模式的突出表现是在完善的信用法律体系和政府监管体系的框架之下，形成独立、客观、公正，按照现代企业制度方式建立，符合市场经济规律并依据市场化原则运作的征信系统。美国的个人信用服务机构都是由私人部门设立的。每一家信用中介机构都是以一种核心业务（如消费者信用报告、资信评级、商账追收等）为主，同时提供咨询和增值信息服务。美国现有1000多家当地或地区的信用局为消费者服务，这些信用局大多与美国三家最主要的信用报告服务机构有联系。这三家信用公司都拥有在全国范围内的数据库，包含超过 1.7 亿消费者的信用记录，信用局每年会提供 5 亿份以上的信用报告。在企业征信领域，邓白氏是全世界最大、历史最悠久和最有影响的公司。在资信评级行业，主要有穆迪投资服务公司、标准普尔公司、菲奇公司和达夫公司，它们基本主宰了美国的资信评级市场。

第六，信用服务企业运作市场化。这为培育具有强大加工信用产品能力的新兴服务业创建了体制保障。在美国，信用服务公司作为独立的私人企业，既不受政府的控制，也独立于证券交易所和证券公司，更不能与被评级企业有任何私下交易。独立性、中立性和公正性是这些公司的立身之本，也是创造客户价值的源泉。据了解，美国的信用服务行业同行之间从不进行交流，每个企业都有自己的评级、评分标准和数学模型，各企业对所评级的各方面确定了不同的权重，但往往评出的结果却惊人地一致。这些结果经市场验证，大多数是正确的，这使信用产品的价值不断被发现。据穆迪公司介绍，作为评级公司，穆迪和标准普尔的评级结果经常相同，但两个公司从来没有任何业务往来，不仅如此，两个公司的人员也从来不互相跳槽。这些信用服务公司和政府的关系，也只是在政府制定的法律框

美国的柜员机

架下守法经营，接受政府的监督，照章纳税，没有任何其他联系。信用服务公司最重要的是保持中立，作出贷款者、借款者和投资者都满意的评级报告，否则需求者就不会相信评级。如果和政府关系过于紧密，人们就会产生想法，认为评级结果是否贯彻了政府某种旨意，对评级的公正性就会大打折扣。不过，"9·11"事件后，美国所有的信用服务机构对涉及国家经济安全的信息，都对国家安全部门无偿提供。

第七，个人隐私保护法治化。美国的个人信用报告由三大信用机构提供，对个人的借款习惯进行详细记录和分析。为了达到既保护个人隐私和合法权益，又保证正常信用信息的充分交流目的，美国法律在以下三个方面作出界定：一是什么信息属于个人隐私，应当予以保护，什么信息属于正常的信用信息，应当公开并允许征信机构搜集；二是如何保证信息的使用目的是正当的，即不能被滥用；三是如何保证信用信息的准确性、完整性和及时更新。为了保证消费者的知情权，美国规定任何机构或个人根据征信机构提供的信用报告作出不利于消费者的决定，比如拒绝消费者的贷款、工作、牌照申请等，都必须告知消费者提供该信用报告的征信机构的名称、通信地址和电话号码。重视保护消费者合法权益，为建立规范有序的信用产品交易秩序打下了稳固的基础。美国涉及对消费者权益保护的法律主要有《消费信用保护法》、《统一消费信用法典》、《公平信用报告法》、《隐私权法》和《信用机会平等法》等。这些法律对消费者的保护体现在两个方面：一是保护消费者的隐私权。《隐私权法》规定，除特殊情况外，禁止行政机关在取得个人书面同意前，公开被记录人的记录。个人有权知道行政机关是否存在关于自己的记录及记录的内容，并要求得到复制品。个人认为关于自己的记录不正确、不完全或不及时，可以请求制作记录的行政机关进行修改。二是保护消费者获得公平信用报告的权利。《公平信用报告法》要求，征信机构必须采取合理的程序收集和公开消费者的有关信息。禁止公布过于陈旧的信息，对于超过三个月的消费者调查报告，在没有对其内容进行更新前，不能反复公开，等等。

第八，失信惩戒刚性化。建立失信惩戒机制，使守信用的人得到鼓励、使失信的人受到惩罚，是信用体系得以健康发展的重要前提。由于美国的信用交易十分普遍，信用制度很完备，使得缺乏信用记录或信用记录历史很差的企业和个人不可避免地被披露于相关的经济和社会领域，从而对其生存和发展带来负面影响。美国建立失信惩戒机制的主要措施有三项。一是把交易双方失信者或经济生活中发生的失信行为，扩大为失信方与全社会的矛盾。主要通过各类信用中介公司生产的信用产品大量销售，从而对失信者产生强大约束力和威慑力。二是对失信者进行经济处罚和劳动处罚。三是与司法部门紧密配合，对失信行为严重的，根据相应的法律进行量刑，使触犯法律的失信者留下蹲监狱的终生记忆。花旗银行副总裁汪劲先生曾经说过这样一席话："坑蒙拐骗与其说是道德问题，还不如说是个人信用体系问题。因为道德概念很抽象，而信用体系是以制度为基础的，没有信用制度，缺乏约束，美国人一样不会讲信用。如果一个美国人坑蒙拐骗，那么他就会有不良的信用记录，这个记录可能断送他一生的经济生命。"

第九，信用监督大众化。既然个人信用关系到每个美国人的生存，那么，谁来监督信用局的工作呢？万一信用局的个人信用报告出了错怎么办？其实，每个美国人都很关心信用局做出的信用报告，毕竟这个报告关系到自己的信誉，因此，每个被信用局记录在案的美国公民都自然而然地成为信用局的监督者。他们就像是"品菜人"，可以就个人信用报告是否准确对信用局的工作"评头论足"。为了更好地接受个人监督，信用公司特别推出了两种供个人查询以掌握自己信用记录的服务。一种是免费的，当一个人的个人信用记录被某些机构调查过之后，信用局会在30天内免费把调查内容做成报告送给被调查人。如果当事人发现自己的个人信用报告上有不准确、不真实的记录，可以马上通知信用局进行查实；如果给信用局提供信息的机构弄错了，那么不仅信用局要更改记录，那些机构也要及时更正记录；如果是信用局弄错了，那么信用局不仅要马上予以更正，还要通知所有相关机构；如果造成经济损失，还要进行赔偿。另一种是收费的，是指任何个人可以花钱订购自己的信用报告，随时掌握自己信用档案中的情况，这种服务的收费一般为每年几十美元。为了防止别人盗用自己的身份证件，破坏自己的信用历史，越来越多的美国人愿意付钱购买自己的信用报告。

当然，美国的信用制度也并非无可指责，它也存在着一些问题。例如，盗用身份进行欺诈的犯罪很猖獗。美国公民虽然有可以证明身份的社会保障号码，但据统计，领取该号码的人只占总人口的85%左右；另外，驾驶执照虽然也可以作为身份证明，但并不是人人都有驾驶执照。至于电话号码、工作单位等则处于变动中，很难用来确定身份。据美国隐私权中心估计，美国每年身份被盗用的受害人约有 50 万—70 万人，仅 2001 年就有 75 万消费者受害。联邦贸易委员会 2001 年统计的 20.4 万件消费者欺诈投诉案中，身份欺诈占 42%。另外，美国 95% 的金融犯罪涉及身份盗用。身份被盗面临的重要损失之一就是信用丧失。其次是超前信贷消费造成申请破产的美国家庭越来越多。美国的家庭债务在资产中的比例高达 16%，有相当一部分家庭，其收入的 40% 以上用于还债，还有相当一部分家庭逾期 60 天无力偿还债务。1996 年美国登记破产案超过 100 万件，1997 年达到 134 万件，1999 年接近 150 万件，平均每 100 户美国家庭中就有 1 户申请破产，美国为此损失了至少 80 亿美元。所以，对于美国这样一个已经具备了比较完善的信用制度的国家来说，如何使这一制度完美无缺，将是美国市场经济和美国法律制度未来研究的艰巨任务。

毫无疑问，借鉴美国个人信用体系建设的经验与教训，必将有助于我们实现中央提出的"形成以道德为支撑、产权为基础、法律为保障的社会信用制度"的目标。

第二十三章　亲历美国为平民遇难下半旗

我绝对没有想到，我到达美国的第二周里会连续发生两次震惊世界的爆炸案，会亲历两次美国举国为平民遇难下半旗志哀的事情。在随后常驻旧金山的岁月里，我又耳闻目睹了美国为平民举哀的国家行为。

一周内两次为平民下半旗

第一次是美国为波士顿爆炸案遇难平民下半旗志哀。4 月 15 日下午美国当地时间 15 日下午 3 时许，美国波士顿马拉松比赛终点线附近发生两起连环爆炸，造成包括来自中国的留学生吕令子在内的 3 人死亡、170 多人受伤，其中仍有人没有脱离生命危险。吕令子是波士顿大学的一名研究生。当数千名参赛选手正在完成赛事，观众在终点线观看、欢呼时，爆炸发生了。波士顿当地电视台的网站报道称，受伤者中主要是观看波士顿马拉松比赛的观众。波士顿爆炸案发生当天，旧金山市就和美国各地一样为包括吕令子在内的死难者下半旗志哀。美国人喜欢悬挂国旗，即使不是过年过节，现代建筑物上都升起国旗，有的建筑物上甚至同时悬挂多面国旗。我曾见到一个广场上竖立一二十根旗杆，上面升起的都是美国国旗。波士顿爆炸案发生当天，整个国家都下半旗为遇难的 3 位平民志哀。

第二次是美国为得州化肥厂爆炸案遇难平民下半旗志哀。波士顿爆炸案仅仅 2 天以后，据美国媒体报道，美国得克萨斯州一家化肥厂当地时间 17 日晚发生爆炸，造成 14 人死亡、数十座民宅及一座公寓楼群被毁。为波士顿爆炸案遇难平民降下的国旗还没有来得及升上去，又接踵发生得州化肥厂爆炸案，于是，各地的旗杆继续下半旗，既哀悼波士顿的遇难者，又哀悼得州的遇难者。

　　两场爆炸案发生后，许多人都奋不顾身地投入现场抢救，在得州化肥厂爆炸案中，不少医护和消防人员第一时间冲在最前面而以身殉职。正因为如此，马萨诸塞州州长帕特里克特别强调，他要向第一时间在爆炸案现场投入救援的警察、医务工作者以及志愿者表示由衷感谢，他说，那时当局还没有确定现场是否还会有危险，但首批响应的救援人员都奋不顾身。

　　我最早亲眼见到为平民下半旗志哀是在加拿大。2011 年 6 月，我到达加拿大第一大城市多伦多，见到全城下半旗，深感诧异，以为有什么重要领导人去世，忙请陪同的朋友去打听。一问，才知道是为一位消防队员致哀。为什么要下半旗呢，因为刚刚发生重大火灾，在救火中他奋不顾身，以身殉职。我当时就为加拿大为平民下半旗志哀的举措感叹不已。

总统为遇难平民举哀

　　不久，美国康涅狄格州校园枪击惨案和美国全国下半旗为死难者哀悼的情景给我留下新的深刻印象。2012 年 12 月 14 日，美国康涅狄格州一所小学发生枪击案，造成至少 27 人丧生，其中包括 18 名儿童。当地官方称枪手已经被击毙，美国总统奥巴马立即下令白宫和政府建筑物下半旗志哀。据英国广播公司报道，惨案当天美国总统奥巴马在白宫记者会上说，美国经历太多像康涅狄格州枪击案这样的悲剧。奥巴马讲话时多次落泪，形容事件令人心碎，他向受影响家庭致以慰问。他说，全国感到非常伤心，美国必须采取措施防止这样的枪击案发生。

　　在波士顿爆炸案发生后，我在旧金山亲眼所见的一切，对我的视觉冲击最大、留给我的印象最深，并引起我系列思考。我第一次感受到，国家为平民遇难下半旗没什么成本，却意义重大，影响深远。这一举措彰显的是以人为本的理念，确实可以起到推动关爱、凝聚人心、弘扬正气、抚平伤痕的作用。我注意到，在两场爆炸案先后发生的时间里，一个又一个的行动与下半旗一起，既凝聚了美国人民的爱心，又表达了美国人民的共识，不能不使我从心底认同和赞叹。

　　在波士顿爆炸案中有 3 名遇难者，作为国家元首的奥巴马 18 日专程来到波士顿，沉痛哀悼马拉松爆炸案中的死难者。

　　在奥巴马总统亲自哀悼遇难平民的同时，三件事情给我留下了非常深

美国为枪击案死难者下半旗志哀

刻的印象。

一是多位政要参加了官方对三位遇难平民的追思活动。三位遇难者都很平凡，年纪最大的 29 岁，最小的只有 8 岁，全场官方追思活动持续一个半小时之久。多位马萨诸塞州前州长也出席了当天的活动，其中包括奥巴马总统过去的大选竞争对手罗姆尼。奥巴马讲话期间，他也多次鼓掌致意。马萨诸塞州州长帕特里克致哀辞。

二是就两个爆炸案的发生对社会迅速作出交待。对波士顿爆炸案迅速破案，将 19 岁的嫌疑人焦哈尔·察尔纳耶夫缉拿归案，联邦检察官对波士顿爆炸案的这名嫌疑人将提出指控，罪名包括使用大规模杀伤性武器造成重大人员伤亡，若罪名成立最高可面临死刑。得州化肥厂业主很快遭到起诉。

三是我亲眼目睹，旧金山市市长李孟贤等，为防止旧金山发生波士顿爆炸案、得州化肥厂爆炸案之类的惨案，及时做了许多工作。

总统对遇难中国女生特别表示哀悼

奥巴马在讲话中特别追思了遇难的中国女留学生吕令子。当天的官方追思活动在波士顿圣十字主教座堂举行。奥巴马发表了长达 20 分钟的讲话，代表美国政府向死难者致哀，问候百余名受伤者。奥巴马在讲话中说，我们的心与来自中国的遇难者吕令子的家庭同在。吕令子的家庭将她

送到波士顿大学读书，让她感受这座城市所能给与她的一切。奥巴马说，
23 岁的吕令子远离故乡，大洋两岸的美中民众对吕令子的遇难感同身受。
奥巴马同时哀悼了其他两位遇难者——29 岁的坎贝尔以及 8 岁的理查德。
奥巴马在追思活动结束后，于当天下午还前往麻省综合医院看望了爆炸案
中的受伤者。

　　4 月 22 日，美国波士顿大学在学校礼堂举行千人追思会，悼念在波
士顿爆炸案中不幸遇难的中国留学生吕令子。吕令子的父母等家人出席了
追思会。22 日 19：00，人们手捧鲜花静静走入波士顿大学礼堂，为不幸在
波士顿马拉松爆炸案中离世的中国留学生吕令子举行送别仪式。可容纳千
余名观众的礼堂现场，正前方摆放着吕令子的大幅照片和一簇美丽的鲜
花，照片中的她用阳光灿烂的笑容感染着所有来宾，在鲜花映衬下显得格
外清纯美丽。马萨诸塞州州长帕特里克再次出现在追悼吕令子的活动中。
波士顿大学校长罗伯特·布朗、中国驻纽约总领馆副总领事钟瑞明等到场
参加追思会。布朗在悼词中高度评价吕令子，称赞她是一名杰出的学生，
是波士顿大学的骄傲。成千上万波士顿大学校友、朋友以及世界各地其他
人纷纷要求以某种方式伸出援助之手，波士顿大学为了缅怀吕令子，以她
的名义设立了一项奖学金，肯尼思·菲尔德（管理学院 70 届校友）说：
"以这种方式寄托我们的哀思是再恰当不过了，也是正确之举。"菲尔德
是一名校董，他在星期三执行委员会为纪念活动召开的一次会议上提议设
立此项纪念奖，他也是该委员会的主席。当天休会之前，七位校董已向设
立的基金认捐了 56 万美元。菲尔德说："以她命名的奖学金将永远存在；
人们可以向永久存在的基金募捐。"菲尔德提议后不到 10 分钟，委员会
就募集了启动资金。菲尔德说，这个奖学金也是为了铭记波士顿大学社团
所经受的这场灾难性的悲剧，这天如同"9·11"一样将成为人们永远难
忘的一天。他说，"在波士顿大学，所有人都彼此相连"，而且通过纪念
吕令子，这个奖学金还表明了波士顿大学与中国人民的深厚友谊。波士顿
大学与中国人民众多的关系当中还有一个很重要的关系，即美国驻中国大
使骆家辉（法学院 75 届）也是波士顿大学的校友。中国驻纽约总领事馆
副总领事钟瑞明表示，除了设立基金外，波士顿大学还将在校园内为吕令
子竖立纪念碑。

　　一面国旗，一份情意，一片赤忱，一份爱心，千万面国旗下半旗所彰

显的是汇集起来的正义的力量、人性的力量。我虽然到美国出任新职时间不到半月，却从两次惨案、两次下半旗中感受到了这一点。

美国下半旗志哀最为频繁

　　关于下半旗志哀的由来，最早的被广泛接受的说法是，这种象征性情感的表达源自英国船员。1612 年的一天，英国船哈兹·伊斯号（Heart'sEase）在探索北美北部通向太平洋的水道时，船长不幸逝世。船员们为了表示对已故船长的敬意，将桅杆旗帜下降到离旗杆的顶端有一段距离的地方。当船只返航驶回伦敦时，人们见它的桅杆上下着半旗，不知何意。一打听，原来是以此悼念逝去的船长。到 17 世纪下半叶，这种志哀方式流传到大陆上，遂逐渐成为惯例，为各国所采用。无论是对领导人还是普通民众，下半旗都是对逝去生命的尊重。

　　近 400 年来，下半旗志哀已经慢慢演化成了一种国际惯例，"降旗"所表达的内涵，已无需再用语言阐述。国旗，是国家主权的象征，下半旗志哀，往往也是一种国家意义上的哀悼。将旗帜上升至杆顶，再缓缓下降，为"看不见的死亡之旗"留出位置。这片简单的空白，和看似象征性的仪式，却是对死者生命的高度尊重，也是哀悼情感的真挚表达。

　　国外下半旗志哀的现象非常普遍，其中，美国下半旗志哀最为频繁，仅 2012 年联邦和各州就有近半时间有官方下半旗，个人也能自由选择下半旗的方式纪念。在 2012 年 1 月 1 日—10 月 16 日的 289 天里面，全联邦和各州共有 158 天出现了官方降半旗的情况。其中，全联邦的降半旗有 9 天，地方州的降半旗 152 天，地方州降半旗一般是为出身本州的阵亡士兵志哀。美国官方降半旗的日子分为以下几种情况：第一，为纪念在战争中殉职的战士和平民，比如美国阵亡将士纪念日（每年 5 月最后一个星期一）、爱国者日（每年 9 月 11 日）、和平官员阵亡将士纪念日（每年 5 月 15 日）、珍珠港纪念日（每年 12 月 7 日）等。第二，纪念总统等高级别领导人，比如总统或前任总统辞世后的 30 天，副总统、现任或前任最高法院首席大法官、众议院议长辞世后的 10 天，最高法院大法官、行政或军事部门部长、前任副总统以及某州、美国某部分领土的管理者辞世当日起至下葬期间，美国将降半旗；此外，每当州政府现任或前任官员逝世，该州州长可以下令降半旗以示尊重及悼念。第三，总统和州长有权为某人的去世和某个特殊事件下令降半旗。个体公民和非政府建筑物也可以自由选择用降半旗的方式纪念而不受限制。美国至今没有联邦国旗法。非强制性的美国国旗守则也不排除为任何公民降半旗。民众为任何非政府的公民降半旗并不需要得到政府的授权。只有在政府或公共设施范围内国旗守则才被遵循。各镇、各市、普通公民和企业团体完全可以自行决定是否把门前的国旗降半旗。例如，乔布斯离世后，苹果公司就曾降半旗志哀。

中国也为平民遇难下半旗志哀

许多国家都有为平民惨案下半旗志哀的传统。例如，德国发生重大灾难时规定要降半旗志哀，一般由德国联邦内政部公开宣布。1998 年 6 月 3 日，德国一列高速列车出轨，酿成德国近 50 年中最惨重的铁路交通事故，100 人死亡。事故次日，德全国降半旗志哀。2010 年 7 月 24 日，德国杜伊斯堡音乐节发生踩踏事件，21 人死亡，7 月 31 日，德国各地下半旗志哀。2002 年 4 月 26 日的古特恩堡校园枪击案和 2009 年 3 月 11 日的艾尔特维尔中学枪击案，是德国近年来影响较大的校园枪击案，事后德国全境也都下半旗志哀，悼念遇难死者。

值得指出的是，不少国家为中国遇难平民下半旗哀悼。例如，2008 年 5 月 19 日，英国驻华使馆降半旗悼念汶川地震遇难者。2010 年 4 月 21 日，英国驻重庆总领事馆降半旗悼念青海玉树地震死难者。2012 年 10 月 4—6 日，英国驻香港总领事馆连续三天下半旗，向南丫岛撞船事故罹难者表示哀悼。

汶川地震后，拉美大国——秘鲁共和国全国下半旗志哀。由秘鲁总统、总理、外长、司法部长和劳工部长共同签署的最高政令说："2008 年 5 月 12 日发生在中国的强烈地震，不仅是这个亚洲国家的灾难，也是全人类的不幸。"

中国为非领导人下半旗志哀，最早是在 1999 年。1999 年 5 月 12 日，为哀悼驻南联盟大使馆遭袭击中遇难的三位烈士，天安门、新华门、全国省级政府等均下半旗志哀。而真正为普通民众的不幸以国家名义志哀，始于 2008 年。汶川地震全国哀悼日期间，连续 3 天全国和驻

外机构下半旗志哀。在此期间，全国和各驻外机构下半旗志哀，停止公
共娱乐活动，外交部和我国驻外使领馆设立吊唁簿。5月19日14：28
起，全国人民默哀3分钟，届时汽车、火车、舰船鸣笛，防空警报鸣
响。与此同时，新华社授权发布通告，在连续3天的全国哀悼日期间，
奥运火炬暂停传递。这是体现同族同根、万众同心、同爱共哀之举，是
深得民心的重大决定；这是体现国家尊重和珍惜普通公民生命的重大标
志性事件，这是落实"以人为本"执政理念的有为之举，得到了全体
国人，包括全球华人的一致赞同和支持，为国家赢来新的国际尊重。类
似的例子，还有2010年的玉树地震和甘肃舟曲特大泥石流，在全国哀
悼活动中国务院都决定下半旗志哀；2010年1月19日，中国常驻联合
国代表团和公安部为海地地震遇难中国警察下半旗志哀；2010年8月
26日，香港特区政府及中央驻港机构为香港旅行团在菲律宾马尼拉被
挟持事件遇难者降旗志哀；2012年10月4—6日，香港特区政府为南丫
岛撞船事故遇难者降半旗志哀，等等。

美国驻中国大使馆及各领事馆为四川汶川大地震死难者下半旗志哀

众所周知，国旗象征国家主权和民族尊严，体现民族精神和民族凝聚力。当不可抗拒的天灾袭来、难以预测的人祸发生、造成大量同胞不幸遇难的悲剧发生后，中央政府以国家的名义，通令下半旗为遇难同胞志哀，将给予遇难者亡灵以莫大安慰、遇难者家属以莫大慰藉，也是对生者的莫大激励。为遇难平民下半旗志哀是社会文明和政治清明的表现，愿大家在低垂的国旗之下，怀着悲悯心情，祝遇难者安息！

第二十四章　美国中小学教材的循环使用

　　常驻美国旧金山工作期间，无意当中了解到美国中小学课本是循环使用的。中小学课本的所有权姓公不姓私，上个年级的学生学完了，课本必须留给下个年级的学生使用。经过多年摸索，美国在旧课本如何回收、如何发放、如何保证卫生等方面积累了许多行之有效的经验，值得我们学习和借鉴。

旧教材重复使用不是新鲜事

　　旧教材重复使用是否可行，这是国内中小学一直在讨论的问题。在美国却早已不是新鲜事。

教科书循环使用的宣传广告

美国是世界上最大的发达国家，中小学教育是公共教育，学费、课本等全部免费，通常还为学生提供免费午餐。在旧金山，凡我去过的几所全日制公立高中，都会有一所几十万册藏书的图书馆、一个几十人的交响乐队、一个很现代的千人剧场（设施与我国地级市，甚至省级城市的好剧场不相上下）、一个很大的田径运动场以及篮球场、网球馆等。篮球场、网球馆都附设有供几十名学生同时免费热水洗浴的浴室。就是说，在美国旧金山上公立中小学不收学费，不收课本费，不收午餐费，在篮球馆、网球馆、健身房等场馆进行体育锻炼不收费，锻炼结束、大汗淋漓之后，洗热水澡不收费，诸如此类，反映了美国中小学教育"大气"的一面。

教室中搁置教科书的地方

美国教室中教科书架

美国中小学教育也有"抠门"的一面。在美国的公办中小学，实行的是课本循环使用制度。为了合理利用资源、节约开支，培养学生的节约意识，有利于环保等目的，美国中小学长期坚持旧课本回收、循环使用。在学校的走廊里，为每一个学生准备了一个柜子，课本就放在里面。或者在学校每间教室后面，设置一个大柜子，每个学生有一个格子，平时把上课用的书籍放在里面。学期结束后，把所有书放进柜子或格子里，留给下一年级使用。如果课本被弄丢，学生要予以赔偿。学生不能在书上乱写乱画。如果发现课本磨损情况严重，老师可能会考虑在学生期末评语中酌情减分。美国的教科书纸制厚实、印刷精美，配有彩图。每年，中小学开学时都会进行爱书教育。课本属于学校财产，随着课桌椅一起编号。学生进校后，不用买课本，由校方借给。应届的学生毕业之后，要把自己读过的课本还回给学校图书馆，下一届学生再借出来继续用。这样年复一年重复使用，直到完全用旧为止。这些课本虽然经过了多次循环，但依然完好如初。对于中小学生来说，要做到这一点的确难能可贵。

美国各州都已推广课本循环使用制度，制定了严格的制度保护教材。在中小学的学生手册关于教科书的条款中，清楚地要求每个学生必须对自己借阅的课本负责，使用期间爱护书本，不准乱涂乱画。对于如何保护好课本，各州都有具体的法规。有的州规定，如果学生借课本后有所损坏，那么在赔偿和罚款之前不得再次借书。

美国中小学的课本平均可循环使用5年多，有的学校甚至达到8年以上。当然，教材使用"寿命"的长短和课本内容相对稳定有着密切的关系。一般情况下，政治、历史等学科会随着不同时期的观点变化而修订教学大纲和教材，课本的使用年限相对短一些。至于数学、物理、化学等学科，由于教学大纲和教材相对稳定，甚至一成不变，因此课本循环使用的年限要长得多。美国教育部门常常在过时的课本中插进印有新内容的活页，真可谓一举两得的好办法。

中小学教材为什么要循环使用

财大气粗的美国，既然给予中小学教育多方面的拨款，这也不收费那也不要钱，为什么中小学教材要循环使用呢？在与美国友人就此沟通的过程中，我特意问他们：美国家长们的生活水平总体上富裕，让他们支付教材费应该不是问题，家长们也不会吝惜这笔费用。但是，美国中小学对教材却强制循环使用，老是让孩子们使用别的孩子用过的书，这是否对孩子的健康成长不负责任？孩子们天性喜欢新书，但旧的教材使孩子们不可能欣赏新书的书香味道，这是否意味着没有给孩子们最好的教育环境？

美国友人回答说：最好的教育环境不在于孩子们是否人手一册新的教材，而在于是否成长在最有利于养成良好品德的综合环境中。美国中小学以回收利用旧课本为抓手，建设节约、诚信、环保的校园文化。社会建设必须从校园文化建设、孩子们的道德建设这样的基础建设抓起，如果校园文化建设、学生道德建设从一本虽旧如新的课本抓起，以届届相传的课本对学生进行节约文化、诚信文化、环保文化等文化的熏陶，这有利于孩子们从小在以节约为荣、浪费为罪，诚信为荣、欺骗为罪，保护环境为荣、破坏环境为罪的良好社会氛围中成长。

从美国友人的回答中，我体会到循环使用旧课本至少有三大好处：

一是对全社会而言，节省了资源，有利于环保。如果每一所中小学都回收利用旧课本，将挽救多少棵树木。

美国的小学生

二是对国家而言，减少了开支，节约了纳税人的钱。

三是对学生而言，可以借此从小培养学生的社会责任感，培养学生珍惜资源的环保意识，有利于使学生养成良好的阅读习惯、爱护书籍的习惯和其他文明习惯。如此利国利民的好事，他们又何乐而不为呢？

由此，笔者看出了美国教育中一些独具匠心的地方，我认为值得我们借鉴和推广。

教科书循环使用在一些国家已成传统

美国友人告诉我，不仅美国中小学循环使用教科书不是新鲜事，英国、澳大利亚、德国等发达国家和巴西等发展中国家回收利用旧课本也早已成为制度，成为一种传统，成为学校生活乃至社会生活的一部分。

美国休斯敦的贝克多尔夫高中　　　美国休斯敦的一所高级中学

　　英国中小学教科书循环使用主要靠自觉，因为英国政府并没有就教材回收再利用进行明确规定，但为了节约纸张、保护环境、降低教学成本，英国中、小学普遍进行课本书籍再利用。在英国，对中小学教育，教育部只制订一个教育大纲，规定中小学生需要掌握的知识。中小学教科书由不同私营公司编印，学校不分公立还是私立，均可自主选择，因此，英国无论小学、中学还是大学，都没有全国甚至全地区统一使用的教科书，而是由各地学校根据国家教育大纲要求自行选择。学校选定教科书后，根据学生人数进行采购，然后加以循环使用。在英国中小学校，一般情况下，一本教科书至少能使用五六年。对循环使用时间过久、破损严重因而不能再用的教科书，学校会根据其数量补充购买。在英国的小学，教科书只在教师授课时发给学生，下课后收回并存放在学校里，不让孩子们带回家，教科书因而不易受损。如学生做家庭作业时需要使用教科书，学校可免费为学生复印相关教学内容。由于教育工作细致，孩子们都知道教科书和课外书会被反复使用，因而爱护图书的自觉意识较强。对课本保护较好的学生，校方会进行一定的奖励。教科书回收再利用在英国已经渐渐成了一种传统。颇具影响力的英国广播公司（BBC）曾推出一项名为"教科书回归"的比赛。参赛者不分集体、个人，优胜者将为其所在的学校赢得价值数万英镑的图书。英国人以这种简单的方式一点一滴地节约纸张，维护环境。

　　澳大利亚对中学教科书实行"公有制"。在澳大利亚的中学，教科书的概念与中国不同。中国学生的教科书是"私有制"：我买，我有，我用，我藏。对澳大利亚的学生来说，课本同桌椅板凳一样，是公有财产，属于学校。教科书"公有制"有诸多好处，首先就是节省资源。澳大利亚的教科书很少见包书皮的，因为书本做得很结实，目的就是延长寿命，让更多人使用。书直到旧得不能再用，才扔掉。再有，教科书"公有制"下的学生们，也更加注意自己的社会责任。学生们都知道：教科书不能随意乱画，即使做笔记，也要用铅笔，轻轻地写，因为下年级的同学还等着用。严重损坏教科书的人必须要赔偿，这也是一项社会法则。

　　2003 年以前，德国柏林地区学校使用的教材通常由学校从出版社统一购买。这些课本属于学校财产，学生不需要花钱。学期或学年结束时，所有课本被清点回收，并在新学期或新学年开始时给新一年级的学生使用。为了保证课本能够长时间循环使用，老师会要求学生爱护课本，不得在上面乱涂乱画和做作业。当然，学生拿到课本后，可以在封面上写下自己的名字，以表明此书暂时归自己使用。如果有学生将课本封面撕毁、在课本上胡乱涂画，从而影响到课本循环使用，该学生的家长必须购买一本新书赔偿给学校。自 2003 年起，由于财政十分困难，柏林市政府改变了原来由学校免费为所有学生提供课本的规定，改为学校只为少数家庭生活困难的学生提供课本。大多数学生每年需要花费约100 欧元自行购买教材。为了避免浪费，保护环境，许多学校结合原来回收课本的做法，通过在校内设立图书室和不定期举行旧书交易等多种方式，鼓励学生将自己不再使用的各种图书拿出来与其他学生交换。这样既避免了不必要的浪费，同时又使部分有需要的学生可以相对低廉的价格购买到所需课本。由于德国学校并不以考试分数作为评判学生成绩的唯一标准，复习以往所学以迎考的压力几乎没有，所以对学生来说，教材本身的内容就显得不那么重要了。另外，学生几乎没有什么功课方面的压力，因此，教材在课后的使用频率也较低，这是教材不易损坏、可长期使用的原因之一。

　　巴西所有公立学校都实行免费教科书的循环使用。几十年来，循环使用教科书在巴西已经形成了制度。巴西是一个贫富分化较大的国家，到公立学校上学的一般都是家庭经济状况不佳的学生，公立学校的所有开支均由政府支付，学校免费为学生提供课本和课间餐。巴西的书籍印刷都非常精美，价格自然也不菲，循环使用课本能够节约公共支出，让更多的贫困孩子有读书的机会。每年开学时，公立学校的学生们在学校领取课本，平时课本可以带回家，学年结束的时候再把书交还给学校，学校将教材消毒后发给另一批学生使用。对于如何保护书籍的问题，巴西校方并没有要求学生做出不损坏教材的保证，而主要是通过教育的方式，让学生养成良好的使用习惯。虽然每年都有丢失或损坏课本的现象发生，但所占比例很小。通常情况下，学校会复印损坏的书页，将破损的课本重新装订后发给学生。每一本课本在封二的上方都写着："请注意爱护课本，在课本外面套上封皮，不要随便折页、涂画，要想到明年还有朋友继续使用这本书。你的合作对我们很重要！"封二的下方让学生填写学校名称和学生姓名。由于巴西循环使用的课本根据教学内容的更新三年一更换，所以有三行空白填写学生姓名，第一、第二、第三个使用这本书的学生可在相应的位置填上自己的名字。教科书以三年作为一个循环周期，一方面也是因为一本书使用三年后可能会受到比较严重的损坏。对于做笔记和作业的问题，由于课本还要继续传给后两年的学生使用，所以教师都会建议学生使用笔记本和作业本。因为循环使用课本已经形成了制度，所以学生们也都习惯了这种学习方式。

中小学教材在中国是否可以循环使用

中国是世界上最大的发展中国家，美国等发达国家在中小学教材循环使用上尚且如此节俭，我国更应注意合理使用和节约资源。

目前，我国13亿人口中在校中小学生约超过2亿，以每个学生一年两学期平均使用10册课本计算，一年要用课本20亿册以上。据2002年新闻出版总署统计：2001年全国中小学教材总册数是中国出版业全行业的52.9%，如再加上各种教辅材料，一年消耗的纸张数量是惊人的；而2001年全国中小学教材和教辅类书籍的销售利润为全行业平均利润的520%，这从反面揭示了中小学教材和教辅类书籍是一笔不小的家庭开支。

教科书循环使用，在城市比较困难。这首先是个观念问题。城市家庭经济状况相对比较好，独生子女都是父母的宝贝，对孩子的投资不惜重金而且互相攀比，家长一般不会让孩子用别人用过的"脏书"、"旧书"。农村地区比较贫困的家庭也许还容易接受一些。

　　一本教材美国学生可使用 5 年，日本学生可达 10 年，而在我国的使用寿命只有半年，目前在我国每生产 1 吨文化纸，需 100 吨净水、100 度电、3 立方米木材或 9 棵百年大树、12 吨煤、300 公斤化工原料，我国现有中小学生按 2.2 亿计算，若废旧课本能转读使用 5 年，可节约 528 万吨文化纸，这样每年至少可节约 60 万亩森林木材、10560 万吨净水、12126.7 万吨煤。若以中小学生人均课本费 180 元计算，扣除平均成本，全国每年至少节约书费 316.8 亿元，5 年下来，可节约 1584 亿元，这些看似枯燥的数据向我们证明了一个严峻的事实——每年中小学课本要消耗大量的森林资源、化工原料、水资源、煤炭资源。

　　笔者不禁陷入沉思，一方面是必不可少的课本，一方面是直接影响生态环境的树木，还有一个方面是教材费对许多贫困家庭来说毕竟是一笔负担。是否有一个理想的方法，既保证学生的用书，又有利于减少木材的消耗与浪费，还能减轻学生家庭的经济负担呢？

第二十五章　美国的信访

严格来说，"美国的信访"这个题目不那么准确，"信访"，如果指的是"来信来访"，那么不能说美国没有；但如果指的是"告状"、"申冤"、"举报"之类的上访，则应当说美国没有。

无人到政府上访

上访，或信访（"来信来访"的简称）是中华人民共和国特有的政治表达及申诉方式。按照官方定义，信访指中华人民共和国公民、法人或者其他组织采用书信、电子邮件、传真、电话、走访等形式，向各级政府或者县级以上政府工作部门反映冤情、民意，或官方（警方）的不足之处，提出建议、意见或者投诉请求，等等。为处理信访事宜，中华人民共和国国务院办公厅专门设立有国家信访局，各级政府、人大及政协也设有信访办公室。

中国人"上访"这一独特的现象，来源于中国自古的"拦轿喊冤"情节，其核心是反映和解决"冤"情。在中国不管事情是怎么样的，哪怕是无理的，只要有"冤"，就需要有"访"来解决。

中国的这种上访，据我观察，美国没有。我多次到美国的有关州、县、市政府大楼，了解到美国地方政府没有信访部门，任何政府机关都对外开放，不需提交证明证件就可以进去，市级以上政府大楼，要安检通过以后才能进去，议会开会，可以旁听。县长、市长办公室，随时可以进去，即使是州长办公室，也基本上无人挡驾。许多政府大楼在显眼的地方都立有牌子，上面清清楚楚地列明了谁是什么官员，电话号码是多少，办公室在几楼几号。官员的名片，即使是贵为议长的名片，也是放在一个盒子里，任人索取。

但是，我几乎每次到美国政府大楼，都看不到几个去办事的人，多数时候都显得冷冷清清。如果是出现人多的情况，十之八九是有人办婚礼，或学生集体参观。找政府上访的，还真没有碰到过，也没有听人说起过。

美国人受了委屈怎么办

美国人不到政府上访，不等于没有抱怨和投诉。美国人要抱怨、要投诉怎么办？他们首先会通过这个部门的投诉或者客户关系部门来协商解决，美国各个政府部门和各个公司都非常重视用户的意见、建议以及冤屈。在这个层面上很多问题会得到解决。如果向对方部门直接投诉解决不了问题，那么接下来美国人通常会找个律师先去把自己的情况跟律师谈。律师都很有职业操守，会把客户的整个事件分析明白，哪个地方是关键，哪个地方是无理要求，哪个地方我们可能胜诉，包括是否建议你打官司都会给你讲得很明白。这个时候当事人会衡量是否打官司，有的时候因为冤屈不大，衡量之后就不再起诉了，有的时候认为冤屈很大，就一定要找个说理的地方。在这个环节，很多由当事人自身原因造成的，大部分就都会打退堂鼓了。

不平则鸣的美国老百姓

　　找过律师之后依然认为自己是受害者（受了委屈），就可以去法院起诉了，法院会受理，这里要特别指出的是，美国的法院是完全独立的系统，法院有很高的权威，其核心是公平。大家看过 TVB 的电视剧，法院里悬挂的是什么？天平。这是法院的象征，象征着当事人对于事情公平度的认可程度。

　　法院也可能会犯错，那么不同意下层法院的审理结果怎么办？那就一级一级地上诉。美国州法院是四审制：一审、上诉法院、州最高法院、美国最高法院；美国联邦法院是三审制：地区法院（一审）、巡回法院（上诉法院）、美国最高法院（终审）。这比中国的二审终审制要复杂得多。为啥还有州法院和联邦法院的区别？其实这也好理解，州法院是解释和审判州立法有关的法律条文，联邦法院是解释和审判联邦立法有关的法律条文。不过实际上很少有官司可以打到最高法院，一是因为各级法院对案件会充分负责，审判结果一般会得到各方的认可；二是实际上审理速度会很慢，打到最高法院可能要十多年的时间。

抗议大规模监听

要求就业与食物

以上说的是走法律系统解决当事人"冤屈"的问题。

法院当然解决不了所有的问题，而且法院也是只对法律条文的适用负责，而社会发展很多问题是之前没碰到过的，法律条文没有规定，或者本身法律条文是不对的，比如在1950年之前对美国黑人的歧视法律条款。

那这些问题（"冤屈"）怎么办？这个时候美国宪法中规定的条款就又用得上了，他们可以抗议，举着牌子就上街了，当然他们不会影响交通，但会选择人比较多的场所，比如城市广场。我们经常会听新闻上说，美国某某地方上街抗议了，抗议的结果分成两种，一种是自己举了N多天牌子都没有人搭理他，说明他的问题（"冤屈"）并不能得到更多人支持，估计他会很快撤掉，自己的问题也就解决了。另外一种情况就是更多的人关注，如果这个抗议得到更多人的关注，或者更多人的支持，那么新闻媒体也会跟进，关注的人会越来越多，解决起来也就有了社会压力，这些问题大多会得到解决。

老百姓抗议不断的美国

另外还有个解决办法，如果你真有冤屈，你可以找区、县、市、州、国会各级议员。议员基本上就是"事茬"，说白了就是对各个部门没事找事、鸡蛋里挑骨头的人。还可以找各个媒体，媒体在美国被称为"第四种权利"，是总统、议会、法院之外的第四种权利，也就是监督权。不要小瞧这种权利，如果爆料够狠，总统一样下台。

美国人为什么不上访

上访/信访这两个词，大概很有点中国特色。如果要把它们准确地翻译成英文，只怕还比较难用一两个单词来准确说明。其实，关键在于美国没有上访/信访这样的行为。至于其他国家，尤其是西方国家，有没有这样的行为，我估计也很难找到一个例子。

首先，美国是个法治国家。公民对政府或政府官员的行为不认可，可以告到法院。法院判决不满意，可以一级一级上诉，直至联邦最高法院。这种向上级法院上诉的行为，倒很像上访，但本质上又是不同的。上访被访的对象是行政部门；上诉的对象则是法院，而且有严格的法律程序。

其次，美国是个联邦制自下向上自治的国家。各级行政部门之间没有直接隶属关系。当然各地都有联邦部门，尤其是 IRS 联邦税务局的分支遍布城乡，但毕竟不像中国中央集权有着严格的上下级关系，你到上级那里去告倒下级，倒是真能起到作用。

再次，美国有着充分的新闻自由。新闻界经常被人称作政府的第四极，老百姓的怨气都比较容易通过这个第四极发泄出来，而第四极的监督作用又远远大于一般人的想象。

当然，美国人为什么不上访还有一个原因：美国的市长、县长、区长、州长和总统是没有上下级关系的，也就是当你对州长不满意，你找奥巴马也没用，因为州长不听奥巴马的。你就是去白宫上访，到了白宫，人家也会说"I am sorry"，因为你的事情不在人家的管辖范围内。

第二十六章 美国市长因扔狗屎遭炮轰下台

我出任中国驻旧金山总领事一年多来，耳闻目睹了不少难以置信的事情，其中最让我难以置信的事情之一是，堂堂一位市长，仅仅因错扔了一小包狗屎，不仅被罚款、公开道歉，而且被迫辞职。

"粪门事件"重创社区形象

尼尔·丹尼斯是加利福尼亚州圣马力诺市市长，该市是华裔聚居区，当地华裔聚居比重近年来增加很快。2014 年 6 月 7 日晚，美籍华人刘继铭在自家门前发现一包狗屎，通过调阅自家监控录像，赫然发现狗屎是圣马力诺市市长尼尔丢的。刘立即向警方报案，并将自家监控录像交给了市警局。警方初步研判是尼尔故意所为，宣布将受理调查这一案件。

现年 65 岁的刘继铭是位股票经纪人，他与尼尔家是邻居，双方没有个人恩怨。但刘继铭说，他经常对市长提出的提案表达反对意见，并在家门前挂了一大一小两块写有"无狗屎区"的牌子。刘继铭说，约在 2009 年，尼尔曾要求刘继铭摘下门前挂的牌子，但遭到刘拒绝。刘当时对尼尔说，如果社区内所有家庭都摘掉了具有各种不同含义的牌子，他就摘掉自家的牌子，但此事后来不了了之。

圣马力诺警方通过刘家门前的监控录像画面分析，确认市长曾于 7 日傍晚路过刘家时将一小塑料袋狗屎丢在了刘家前院。6 月 10 日，警方表示他们将持续调查。警方完成对市长丢狗屎事件的调查后，得出了丢狗屎是故意之举，市长须对这起事件负责的结论，为此向市长尼尔发出了一纸罚单。按照美国执法程序，罚单金额需由法官决定。此类案件一般罚金金额为 250—1000 美元。尼尔收到罚单后表示愿意为自己的"错误"付罚

不得乱扔狗屎标志

金，并交了近1000美元的罚款。但他仍希望能继续履行市长的职责，并声称他仍有支持者。

市长尼尔向刘继铭夫妇发出了一封道歉信，尼尔在道歉信中说，他丢狗屎并非有意之举，而是由于当时手中的东西太重了迫不得已而为之。但刘表示，尼尔是在利用这封道歉信继续骗人，这是无法容忍的，为此他将以骚扰罪及毁坏名誉罪状告市长及市政府，除非市长辞职。

圣马力诺市民对市长乱丢狗屎被抓包均感震惊，认为此举重创了社区形象，不少市民讥讽狗粪事件为圣玛力诺的"粪门事件"，市民为"丢狗屎市长"感到丢脸，认为事件令圣马力诺蒙羞，使市民感觉脸上无光，有市民打算到议会就此事发言。

11日晚，圣马力诺市在市长丢狗屎事件发生后首次举行市议会例会，市长在会上就乱丢狗屎表示道歉。刘继铭夫妇也出现在议会例会上，利用市议会例会公众发表评论的机会当众与尼尔对质，称尼尔的行为是有意的，并拒绝了市长尼尔的道歉，改变了以前不向市长起诉的态度。12日，刘继铭接受媒体采访时表示，他希望市长尼尔能尽快提出辞呈，不然他将启动司法诉讼程序。刘还表示，他已与律师数度协商，并将在适当时机召开记者会，将状告市长尼尔的诉状公之于众。他说，他将以尼尔骚扰刘家，以及市政府毁坏了市民的名誉为由状告尼尔与市府。能讲流利中文的刘继铭说，市长尼尔以为他是华人，不会把事情闹起来，但市长想错了。并表示将就此事状告市长及市政府，除非他辞去市长职务。在市议会会上公开发言的民众多指责市长的行为丢了圣马力诺市及该市市民的脸，为此市长应立即辞职。会上仅有少数人希望市长真诚道歉双方和解，从而继续留任。一些要求市长辞职的民众已在准备罢免市长。

"粪门事件"受害者刘纪铭

市长尼尔在市议会遭市民围堵的第二天，态度仍十分强硬，说不会主动请辞。狗粪事件发生一周后，狗粪事件受害人刘继铭透露，通过市议员理查德·华德协调，尼尔16日终于答应辞去市长职务，但仍希望保持市议员身份。事实上，相关人士为低调解决此事，私下与刘继铭之间有协议，希望刘不要发动或参与罢免，若市长同意自动请辞，刘就会接受他的道歉，撤销对市长和市府的官司。

市长引咎辞职的启示

市长尼尔因丢一堆狗屎不得不赔礼道歉、引咎辞职这件事，引起了我系列的思考：

——警方依法办案了不起。警方不因为肇事方是堂堂一市之长、是自己的上司，就故意巴结、庇护，而是该立案的立案，该调查的调查，该曝光的曝光，该罚款的罚款，这样依法办案的警察了不起。

——华人刘继铭敢于维护自己的权利令人钦佩，他不因为损害自己利益的人是一市之长，是自己的邻居，就忍气吞声、委曲求全，而是依法该抗议的抗议，该维权的维权，该诉求的诉求，确实很不容易。

——圣马力诺市民共同维护城市的名誉、形象，敢于对乱丢狗屎的市长说不，敢于为外来华人移民和少数族裔人士，而不是为主流社会人士、为白人市长说话，这说明市民的群体素质很高，说明该市市民形成了目标共识、感情共鸣、法纪共守、名誉共维、责任共担、形象共护、城市共建、宏图共绘、利益共享的现代城市文化。这一文化对影响、规范市民的行为，特别是对约束政治领导人的行为，为现代文明城市的建设打下了坚实的精神基础和心理基础。

——市长向华人家丢狗屎的行为无疑应当批评，但他对自己错误的态度整体上值得肯定。在笔者看来，乱丢狗屎虽然不对，但错误毕竟就那么大，之所以圣马力诺市市民看得那么重，不仅让他道歉、交罚款，还迫使他引咎辞职，根本原因是肇事者乃一市之长，是一位公众人物，一市之长、公众人物当然不同于一般老百姓，其一言一行当然不能由着性子而来，当然必须合乎法纪，当然应当受到法纪的严格约束。市长在乱丢狗屎一事被发现后，不是强词夺理、拒不认错；不是利用职权，串通有关权力部门，对原告威胁利诱；不是指使警察为自己圆场，以达到大事化小、小事化无的目的，而是认错、认罚，最后引咎辞职，这说明他整体上是一个明事理、讲规矩、负责任、敢担当的政治人物。

——媒体的批评监督非常必要。美国新闻媒体在美国社会发挥了强大的舆论先锋作用，历史上，美国新闻媒体一直履行着监督和批判政府的职责，并在与之斗争的过程中，获得了自由言论的法律保障。丢狗屎事件被媒体曝光，既有利于促使丢狗屎事件的过错方尼尔市长承认错误，也有利于提升广大市民的文明意识，凝聚广大市民在建设文明城市方面的共识。

——建立和完善官民之间平等的沟通机制是建立现代政治文明的题中应有之义。作为丢狗屎事件的受害者，华人刘继铭显然是弱势一方，但他与市长之间、与警察之间、与议会之间、与媒体之间的沟通都不仅是畅通的，而且是平等的。圣马力诺市议会在市长丢狗屎事件发生后举行会议，市长在会上就乱丢狗屎表示道歉，刘继铭夫妇也出现在圣马力诺市议会的例会上，利用市议会例会公众发表评论的机会当众与尼尔对质，关心此事的许多市民不仅可以列席市议会，可以在会上公开发言，而且可以当面指责市长的行为丢了圣马力诺市及该市市民的脸，可以当面要求市长应立即辞职。少数不赞成市长辞职的市民也可以在会上表达不同意见，即希望市长通过真诚道歉，实现双方和解，从而得以继续留任，为大家服务。试想一下，如果警方不受理、市长不搭理、议会不介入、媒体不报道，丢狗屎事件中的受害方是否会采取某些极端举措，从而影响整个社区的和谐环境呢？

因小失大并非偶然

因乱丢狗屎这样的小事而丢官，在美国是否偶然现象？不是。试举一例如下。

美国海军学院院长理查德·诺顿官居中将，他在美军中很有名，因其很有实战经验和指挥才能，不仅奉命指挥过海上作战任务，还担任过美国"企业"号航母的指挥官，是美国军界德高望重的显赫人物。然而这位大人物却也因一件"小事"而丢了乌纱帽。美联社报道说，诺顿丢官是因为他在门卫面前动手打人，丧失了军人道德。事情经过如下：

位于马里兰州州府安纳波利斯的美国海军学院成立于1845年，是美军的知名学府，因其地位特殊，它的院长都要经过参议院批准才能任命。理查德·诺顿是2002年6月7日出任海军学院第五十七任院长的，上任刚好一年时间，便不得不引咎辞职。据报道，2002年12月31日，诺顿身着便装带着几个朋友准备进入校区，结果在大门口被一位执勤的海军陆战队卫兵挡住了。卫兵对诺顿等人说："对不起，请出示证件。"并左手持枪，伸出了右手。诺顿一下子显得极不高兴。也许是觉得在朋友面前很没面子，他"啪"的一声猛打了一下卫兵的手，并向卫兵高喊："拿开你的手，你怎么有资格检查我的证件。"随后，诺顿在与卫兵争吵的过程中几次动手推搡卫兵，双方僵持了好一阵子才平息下来。事后，这名卫兵很快将此事告到了学院的督查部门。诺顿院长与卫兵"打架"的事很快就传开了，而且事情越闹越大，诺顿一直面临很大的压力。海军督查小组对此事进行了调查，并听取了那名未透露身份的卫兵及多名目击者的证词，最后得出的结论是：事情属实，诺顿确实对执勤士兵进行了"肢体伤害"。学院调查小组起草了书面报告，并于4月送到了五角大楼。报告说，作为院长，诺顿的行为没有起到"提升士气"的作用，在学院官兵中造成了很坏的影响。不仅如此，调查人员还发现诺顿多次"羞辱下属，与其身份不符"。据反映，在许多会议上，他"对下属说话时不仅嗓门大，而且语气咄咄逼人，跟审问犯人一样"。海军作战副司令看了报告后认为诺顿行为不当，在与其的谈话中也对其提出了批评。海军有关部门周三发布声明说，诺顿此前与海军司令克拉克上将会晤后提出了辞职要求，克拉克已经接受。诺顿通过这份声明说："过去几个月来，媒体及舆论对此事表示了极大关注。正因为如此，我要求调换工作，让新的领导人来带领学院走上正确的道路。"海军学院发言人吉本斯说："今天的声明来得很突然，诺顿将军德高望重，我们对他的离去感到很伤心。但此事也告诫我们，在美国军队中，人与人之间的职务是不同的，但人格是平等的，不管是中将还是卫兵。"

第八篇 直击美国侨界

第二十七章　爱国侨领的一面旗帜

——池洪湖

池洪湖先生是美国华商总会董事长、旧金山湾区著名爱国侨领。在美国，我作为中国驻旧金山总领事，打交道最多的侨领是池洪湖，工作中得到侨领帮助最多的也是池洪湖。他没有受过高等教育，但他思维深邃，胸怀开阔，胆略不凡，具有过人的号召力、决断力、执行力和凝聚力；他不是富人，但他不仅自己慷慨捐资助学，而且积极组织大规模慈善活动；他不是官员，不是贵族，不是学者，但大法官、大学者、大富豪乐于与他一起为中美友好、为反独促统、为祖国复兴、为侨社发展出钱出力。他已是年过七旬的老人，却依然精神矍铄、思维敏捷、记忆清晰，好像永远有使不完的气力；虽然在异国他乡打拼几十年，却乡音未改、乡情未变，对祖国充满感情；虽然历经传奇人生，却难得在网上找到报道他的只言片语。他出生于福建，从香港移居美国，在艰苦打拼中始终心系祖国，曾任多个重要侨团领导人，成为著名的爱国侨领；他在促进恢复中国在联合国席位、中美建交、声援北京申奥、反"独"促统等活动中做出了积极贡献；他关注家乡建设，慷慨捐资助学，积极支持家乡和西部教育，资助贫困的中国留学生。他说，我对祖国的感情太深了，赚的钱不多，一半养家，一半做爱国工作。他的一句口头禅就是：我就想为祖国多做一点事。

满头白发、温文尔雅的池洪湖，是一位颇富传奇经历的侨界领袖：他早在 1968 年就投身支持恢复中华人民共和国在联合国合法席位的活动；他在 1972 年就参与组建美中人民友好委员会，之后又参与组建全美华人协会，全力推动中美建交；他在 20 世纪 80 年代初，就接待并资助了改革开放后第一批公派赴美的中国留学生；作为为国家做出杰出贡献的海外华人，他曾应邀列席全国政协会议等重要会议；特别是他作为海外特邀嘉宾，曾在 1984 年、1999 年、2009 年先后三次国庆观礼……他数十年爱国痴心不改，只要是有助提升中国人的地位、形象，只要是对祖国有益的事，他都尽心尽力去做……他被称为"北美侨界的一面旗帜"。虽然池洪湖为祖国和家乡做了许多事，但以前他从不接受媒体采访，所以没有什么关于他的报道。后来，我邀请《中华英才》杂志记者从北京到旧金山采访池洪湖，我多次做工作池老才同意接受采访。

池洪湖（左）为旧金山唐人街中国国庆活动升旗

为自强自立吃苦耐劳

池洪湖出生在福建省福州长乐农村。因为家里比较穷，所以他从小没读过几年书，小小年纪就给生产队放牛，12 岁下地种田，14 岁出海打鱼，17 岁上山下乡到闽北贫困山区两年。"那个地方非常落后，在乡下两年吃了很多苦。"池洪湖说，夏天下地时，叮在腿上的蚊子黑压压的一片……

1961 年池洪湖到香港谋生，在建筑工地做杂工，就是把人家盖房子拆下来的木头拔掉钉子，用绳子捆起来加固运走……中间回福建老家几个月，因生活所迫又去香港做了几年杂工。

"1967 年在香港当杂工时，我在当地一份《星岛日报》上看到一篇文章，报道的是阿尔巴尼亚驻联合国代表团建议要恢复中国在联合国的合法席位，感到很兴奋。我看到香港有很多学生去了美国，就写了一封信放到枕头下，告诉我爸爸不要找我了，我到美国去了。"

1968 年底，池洪湖在纽约加入了"美国第三世界青年委员会"，成为委员会的委员。这个青年委员会主要是由在美国的亚非拉第三世界进步青年组成。青年委员会分为四个组，一个是工人运动组，第二是学生运动组，第三是少数民族权益组，还有一个法律组，主要是研究美国法律，以避免青年委员会的活动违法。青年委员会当时的主要工作之一，就是向美国公众宣传新中国，支持恢复中国在联合国的合法席位。

"当时我们手上没有钱，主要是通过放中国电影《东方红》、《沙家浜》、《红色娘子军》等换一些赞助，有时候也发发传单，做做街头演讲等。当时我住在纽约的中国城，我们的主要对手就是台湾的国民党，他们竭力阻挠我们争取恢复中国在联合国席位的宣传活动。"

中国恢复在联合国合法席位之后，池洪湖他们组织很多人到机场去欢迎当时的外交部副部长乔冠华率领的中国代表团。"记得代表团的翻译是美国出生的唐闻生。那是我一生中感到最激动的一天。从那一天开始，我感到应该尽我自己的力量多做一点对祖国有益的事情。"

池洪湖说："中国恢复在联合国的合法席位没多久，美国总统尼克松就去了中国。当时我们这些心向祖国的青年，在美国的环境明显好了。为了扩大在美国其他地方的工作，青年委员会把我从纽约调到了旧金山这个华人聚居的城市。"

从 1970 年开始，池洪湖等青年委员会的委员在外面做工，每个月1000 美元的薪水，要交给委员会 600 美元，自己留下 400 美元的生活费。"当时委员会调我到旧金山小组来工作，主要任务是做三件事情：第一件事是负责成立中华人民共和国国庆委员会（1972 年成立）；第二件事是成立美中人民友好委员会；第三件事是成立一个爱国侨团——华人进步会。"

池洪湖的爱国活动引起了一些人的憎恨。他清楚地记得，他和太太1975 年结婚后，每年都会接到几封恐吓信，说要杀他们全家，还不断有电话骚扰。"我太太有时半夜三更醒来就睡不着觉了。我说你不要怕，他要杀我会告诉我吗？"这些接二连三的威胁和恐吓并没有动摇池洪湖爱国的信念。

为华商自立扶危济困

在旧金山参与组织爱国活动时，为了方便在中国城的活动，也为了维持生计，池洪湖在中国城万生鸡鸭店找了一份工作，每月的工资只有 350美元，还要拿出 60 美元上交组织，剩下的钱才用于吃饭、租房子等。他吃苦耐劳，工作勤奋，一个星期工作六天，早上 7 点到晚上 6 点，与工友和谐相处。做了三年多，他文化水平不够，想去读书，就到社区大学成年班就读。

读了不到 6 个月的书，万生老板就找池洪湖说："我身体不好，你要么就把这个店拿去做（买下店），要么就回来帮我，你再考虑考虑。"大家也都劝池洪湖买下此店。可他根本没有这笔资金，靠朋友们解囊相助，他才得以买下这个店，开始了第一个生意。

多年来，池洪湖热衷于华人权益工作，作为老板他很善待工友。他付给工人的工资要比别人高出 10%—15%，并提供早餐和中餐；而且他从来不辞退工人。在创业的八年之中，他一周七天都在店里苦干，把经营之道慢慢传授给工友。工作中有矛盾产生，他也很少苛责挑剔，反倒是请工友饮茶，在倾心交谈中解开心结。他这样至诚待工友，使手下的人都很敬重他。店里的各项工作，不需他亲临督阵，大家也都能自觉干好。

池洪湖平时细心观察工友，发觉勤奋而又有管理能力的，他便主动提出愿意合作帮助另开一个店。在工友创业之初，他总是尽量为他们提供财务上和经营上的帮助，让工友的生意尽快走上正轨。池洪湖认为："有能力的工友，迟早要出去创业的，不如在他最困难时给予帮助，使他早日自立，这样也多一个伙伴，多一个朋友。"他就是在这样尽力助人的前提下，自己的事业也渐渐拓展开来。

池洪湖开办的超级市场，承担 100 多家餐馆的批发业务。有的餐馆因经营不善，常常不能按时付款，债务越欠越多，有的甚至宣布破产，令货款分文无归。对于这种头疼的事情，池洪湖并不急切催账，反而去帮餐馆理顺难题。他提出："不妨把以前欠的几万元先行搁置起来，从今开始，做好计划，把每期的款项按时付了。其他的账务，待业务好转后再说。"他这样给人以缓冲的余地，疏解了客户的心理压力，也唤起了他们拼搏的决心，这些人往往能重整旗鼓，走向良性循环的轨道。

可以肯定地说，池洪湖这样做自己是承受很大压力的。有的客户拖欠的货款太多，导致他自己的周转资金都不够用，有时还得去银行贷款。他把压力留给自己，是因为他始终有这样一个观念："在客户危难之时，帮助他们渡难关，使之不至于破产。将来大家有转机，欠款反而能拿回来。"助人也等于自助。

有一个水产商，原为百万阔少，因故破产后居然能放下身段，做最苦的事情。他每天给池洪湖的店送水产，从不垂头丧气，很有潜质。池洪湖便将自己一家超市"广生"交给他经营。最初，业绩并不好，但池洪湖坚持"疑人不用，用人不疑"的原则，放手让他去经营。此人果然不负池洪湖的期望，慢慢地把"广生"的业绩做上去了。

对于几十年的奋斗，池洪湖的体会是：勤劳、团结人、平常心。一步一步做下去，事业总会成功的。

为中美建交奔走呼号

1978 年，池洪湖参加的"美国第三世界青年委员会"内部开始发生分裂。"最高领导层里有两个人成了极左的激进分子，准备在旧金山中国城里建党，我们的小组坚决反对，因为在中国城建党，就把我们这个组也变成激进派了，可能会出现一些违法的行动，这样我们推动中美建交的工作就无法开展了。"

池洪湖等人退出了原来的组织后，与著名美籍华裔科学家、物理学家杨振宁及著名民主人士和爱国将领龙云之子龙绳文等人开会，研究如何推动中美建交，他们决定成立一个新的组织，这就是后来的"全美华人协会"，并推选杨振宁为第一任会长，在旧金山、洛杉矶等地成立分会。这个协会的主要工作就是推动中美尽快建交，成为 20 世纪 70 年代初全美最有影响力的华人社团。

这样一个华人协会具体如何推动中美建交呢？大家研究认为，首先要下功夫做美国国会议员的工作，争取他们对中美建交的支持。于是，他们把美国50个州的国会议员逐一作了分析：哪些议员是保守的、坚决反对中美建交的，哪些议员是一直支持中美建交的，哪些议员是处于摇摆状态的，把这些人都进行了分类之后，协会选出合适的人选分别找这些议员谈话做工作。

另外，池洪湖他们的协会还出钱做推动中美建交的广告。比如在《纽约时报》、《华盛顿邮报》等美国有重要影响的主流报纸做广告，1978年仅刊登推动中美建交的广告就花了将近60多万美元，在重要报纸的重要版面上做广告，一版就要花10多万美元。在各方的推动下，从美国的国家利益出发，当时身为民主党人的卡特总统也开始筹备美中建交的工作。"虽然还有人反对，但1980年中美建交总的说还比较顺利。我们为自己能为推动中美建交做出一点贡献感到非常高兴。"池洪湖说。

和池洪湖董事长在一起

为留美学子雪中送炭

20世纪80年代初，改革开放后第一批公派中国留学生来到美国。"当时国家也比较穷，一个学生只资助300美元。领事馆的人找到我们，希望我们帮助安排并提供一些方便。我们感到每人300美元太少了，应该帮助这些来自祖国的学生完成学业，于是就安排这些学生到我们小组成员的家里去住。我的家比较大，当时住了六个中国留学生。有些留学生住在学校没有电视，我们就买电视送给他们，每人送一台，共买了几百台电视，花了几万美元。"

多年来，池洪湖一直出资担保中国学生、学者来美留学。不仅为他们提供机票，还照顾他们的食宿，甚至为留在美国的学生找工作。留学生在他家里时间最长的住过两年多。

"那个时候学生在我们家住，我太太贡献最大，没有她支持，我的事情做不了。"池洪湖特别感谢他太太当初对他的理解和支持。在中国学生住进自己家的时候，他曾经特别关照太太："人家住在我们家里，千万不要使他们有心理压力。你有什么事情不称心，为孩子的事生气或自己身体不适，都不要写在脸上，一定要在留学生面前保持愉快。"其实，对于这些池太太早就想到了并且做到了。不仅如此，她还细致照顾留学生的起居，还替他们洗衣服、做饭，让留学生们有回到自己家的感觉。其实，池太太本身是一位工程师，有自己的孩子，白天上班很辛苦，晚上回来还要照顾这样一大家子人，真的很不容易。难怪池洪湖如今谈起这段往事还对太太充满感激。

池洪湖和太太一共担保了10多位中国学生、学者来美，花在他们身上的钱超过30多万美元。现在这批人中，已有十几人取得博士学位；几十人获得硕士学位。每年圣诞节，池洪湖夫妇都能收到从全美各地寄来的卡片，此时他们心中便感到极大的快慰。"特别是到母亲节那一天，我家门口都是花。是那些学生委托花店送花给我太太的。我太太也很有满足感，非常满足。"

"后来留学生实行自费公派，我们出钱资助，中国国家教育部派人。"池洪湖说，"我们共提供了十个学生大学三年的学费。这些人在美国都取得了很多、很好的成就，最后也大多都回国发展了。"

为反独促统摇旗呐喊

池洪湖说，20 世纪末 21 世纪初，李登辉、陈水扁担任台湾地区领导人之后，加紧推行"台独"路线。在此背景下，中国全国人大通过了《反分裂国家法》。这部法律是两岸关系中一个重要的里程碑。2001 年，主要由传统侨社成员组成的旧金山湾区中国统一促进会成立，池洪湖任会长。他利用身居海外得天独厚的人缘和地缘优势，推动在美国各地又成立了 20 多个中国统一促进会。"我们的目标是影响美国国会议员，影响美国每一个州的议员，让他们支持中国统一。"在池洪湖等侨领推动下，2005 年 5 月 1 日，来自美洲各地的十多个华侨华人社团代表聚会旧金山，宣布成立美洲中国统一促进会联合总会。参加联合总会的包括美国旧金山、洛杉矶、华盛顿、纽约、芝加哥、费城等城市以及厄瓜多尔、哥斯达黎加的 13 个传统华侨华人社团的代表。

在我担任中国驻旧金山总领事期间，池洪湖领导下的统促会进行的两项活动，给我留下了非常深刻的印象。

一是 2013 年 11 月 2—3 日，由北加州中国和平统一促进会承办的"中国和平统一美洲高峰论坛"暨全美中国和平统一促进会联合会 2013 年年会在旧金山湾区密尔比达市（Milpitas）隆重举行，中国国务院台湾事务办公室、全国人大华侨委员会、外交部等部门派团与会，我和中国驻美使馆陆慷公使出席论坛。我在致辞中赞赏本次论坛暨年会在中美新型大国关系不断推进、两岸关系和平发展巩固深化的形势下举行，以"新视野、新理念、新作为，开拓两岸新局面"为主题，立意高远、紧扣潮流，不仅是凝聚侨心、共谋海外反"独"促统大业的盛会，也是精英云集、共议两岸关系深入发展大计的盛会。大会期间，国务院台办新闻局局长杨毅、台湾中华侨联总会理事长简汉生、新党秘书长李胜峰分别发表专题演讲，全美和统会联合会会长花俊雄、中华文化发展促进会学术研究部主任吴江、台湾海峡两岸和平统一促进会会长郭俊次分别作专题报告。来自海峡两岸、全美及其他国家和地区的嘉宾、和统会代表逾百人出席论坛，会议讨论通过了"共同宣言"。担任美洲中国统一促进会联合总会顾问的池洪湖说，世界各国有 100 多个华侨社团以"反对'台独'、推动统一"为使命，成立了促进中国统一的协会，现在要让这些协会团结起来，让海外华侨华人支持中国统一的声音更加响亮。

二是在池洪湖的支持下，2013 年 10 月 12 日，由旧金山湾区中国统一促进会和美西中国和平统一促进会举办的"弘艺敦谊、情系中华"两岸四地当代名家书画展在硅谷亚洲艺术中心隆重开幕。这是用艺术形式宣传反独促统的一个有益的尝试，得到了在旧金山访问的前国务委员唐家璇和中国驻美国大使崔天凯的肯定，旧金山市市长李孟贤向画展主办单位致送了祝贺状。来自中国大陆、台湾、香港及美国当地的 66 位书画名家展出了近百幅作品。此次展览旨在弘扬中华民族传统文化，促进中国和平统一大业，借着丹青翰墨民族艺术，传递两岸四地的同胞深情。国民党中央委员、台湾"侨务委员"、"国大代表"等 100 余人出席开幕式，被张大千弟子、著名画家伏文彦誉为当地数十年来侨界最大的艺术盛会，侨胞特别是台胞反响强烈，当地主流媒体以及中国大陆、台湾、香港媒体广为报道。

在反独促统的同时，池洪湖还积极参与了反对美国越战、保卫钓鱼岛主权、争取中国最惠国待遇、联合侨界庆祝中国国庆和港澳回归、推动北京申办奥运等一系列重大活动。

为侨界发展鞠躬尽瘁

我在旧金山时间不长，不仅了解到池洪湖几十年来如何为联络、整合、团结、改造侨社力量所做出的贡献，而且目睹了池洪湖为推动侨界健康发展所做出的新的努力。

旧金山华商长期缺乏一个对新中国友好的统一的商会，不适应扩大中美友好往来，特别是扩大友好经济往来、加强商贸合作的需要。1980 年，池洪湖与侨界其他爱国人士一起，发起成立了美国华商总会。总会成立以后，做了大量有意义的工作。例如，北京申奥成功后，池洪湖发起共建奥运场馆的捐款活动。受北京奥委会委托，华商总会负责中国驻旧金山总领事馆辖区内数个州的捐赠，其中包括北加州、内华达州、俄勒冈州、华盛顿州和阿拉斯加州。池洪湖指出，共建奥运场馆的捐款活动主要目的是让每个海外华侨都能够参与百年奥运的中华梦。通过美国华商总会的努力，筹集 5000—10000 份捐款的目标得以实现。所有捐款由各侨团和社区组织收集，由华商总会统一转交北京奥委会，奥委会则邮寄相应捐款凭证给各捐款人。

美国华商总会全体职员合影，第一排左起第六人为池洪湖

　　2013 年 4 月，我出席了美国华商总会成立 33 周年庆祝晚宴。我在致辞中说，美国华商总会是我到旧金山履新后拜访的第一个侨团，其会务和工作给我留下了深刻印象，我对华商总会所做的大量工作和杰出贡献表示由衷钦佩，并希望华商总会在现有成绩上，承前启后、继往开来，发扬华商总会的光荣传统。我将华商总会的光荣传统概括为"促商、促统、促好、促和"八个字，也就是促进侨商发展、促进祖国和平统一、促进中美友谊、促进侨社和谐。这八个字实际上是对池洪湖数十年侨领生涯活动的一个概括。650 人出席了这场庆祝晚宴，65 桌贵客，包括美国华商总会董事长池洪湖、第一副董事长黄华玺、会长黄锡海、第一副会长黄洪炎、中国侨联顾问谭国材、伍璇灿、朱灼枢、戴锜、李竞芬，中华总会馆主席黄荣达、刘志明、吴耀庭、张冠荣，中华总商会顾问白兰等，可谓精英荟萃，充分显示了池洪湖的影响力，也凸显了人们对华商总会所做贡献的认同。如同华商总会黄锡海会长所说，华商总会成立以来，始终秉持促进中美友谊的创会宗旨，团结爱国侨团，风雨同舟，与时俱进，在促进中美友好、支持祖（籍）国建设、推动海峡两岸和平统一、维护华人合法权益

等方面担任重要责任，做出了积极的贡献。

　　为了促进来自海峡两岸的华人华侨的相互了解、友谊与合作，活跃侨界生活，2003 年，池洪湖与来自台湾的戴锜、李竞芬等爱国侨领一起，发起成立了北加州华人文化体育协会，并举行了第一届华人华侨运动会。此后，协会每年组织一次大型运动会。协会以"团结、和平、友谊、进步"为精神，除发挥"更高、更快、更强"的奥林匹克运动会精神外，更希望以公正、坦率的比赛和友好精神，共同凝聚华人体育文化团体，团结华人社区。2013 年 8 月，我出席了北加州华人体育文化协会第十一届运动会开幕式。参赛队伍入场式进行了将近两个半小时，120 余个北加州侨团近 1 万人参加或观看了比赛，称得上是海外华人最大的运动盛会。州政府官员发言、运动员宣誓、裁判员宣誓、火炬手传递并点燃火炬等仪式都非常正式，体现出比赛的规模与隆重。

和池洪湖一起出席华体会

　　池洪湖来自福建，为改善闽籍华商在美国的生存环境、经营环境和发展环境，他推动成立了美国福建工商总会。他从有利于侨社可持续发展出发，力推年轻的爱国侨胞担任总会的领导。2014 年 7 月 3 日，数百人出席美国福建工商总会举行的成立大会，我应邀出席致辞。我在致辞中对池洪湖表示了由衷的敬意，同时，为福建工商总会的成立撰写了一副对联表示祝贺：

> 八闽腾紫瑞，万里海天同创业，莫辜负乡情乡谊；
> 三藩醉芳菲，一堂桑梓促工商，看赢来金海金山。

为反哺家乡尽心竭力

池洪湖自己的事业发展起来了，就想起了祖国的教育。他热心联系一些华侨华人开始在国内投资教育，主要是支持希望工程。他们在云南和陕西两个省资助希望工程款 16 万多元，有的是用于盖学校，有的是直接资助贫困的学生。池洪湖说："有许多老华侨很希望对祖国的教育做一点贡献，特别是希望盖学校，但他们只有一点点钱。于是，我们就组织这些人捐款，哪怕给 500 美元、1000 美元都可以，就是要满足他们的心愿，让他们有机会参与祖国的教育。"

"我们广泛发动更多的华人华侨参与捐助，将募得善款全部资助国内的小学生，从一年级到小学毕业每人每年 63 美元。我和太太资助十个小学生，每年 630 美元。后来还筹款盖小学，经过我们手盖起的小学就有十几所。"据了解，这些学校大部分都是交给地方侨办和侨联专门管理了。

池洪湖还很热心自己的家乡建设，在自己的老家，几乎所有的公共建设他都有捐资。例如，以他父亲的名义为长乐新池村的新池小学建了一座宿舍大楼，同时捐资 70 多万元帮助建设村礼堂，长乐附小也有他不少的捐资。

他担任美国旧金山湾区中国统一促进会主席期间，在服务西部方面也不遗余力。2002 年，统一促进会也曾捐赠 21 万元人民币，资助天津的李虎庄小学电教中心。2003 年，旧金山湾区中国统一促进会捐赠 38000 美元（约合 32 万元人民币）给中国的青海省筹建"侨心统一小学"。

"2008 年 5 月 12 日，当我们知道四川发生地震后就马上行动起来了。华人华侨们捐款十分踊跃，每个募捐站都排起了队。最终募得超过 200 万美元的捐款。一笔款通过旧金山市红十字会转回祖国，另一笔款交给了中国驻旧金山领事馆。"

"血浓于水！我们这里的华人华侨很关心这次地震灾害。我希望各界朋友都来出一份力，帮助受灾的同胞，让他们得到温暖。"

　　池洪湖每年还捐赠大量金钱用于旧金山华人社区、社团的活动，对此他从不吝啬。而他自己却十分节俭，至今，他的饮食穿着仍都很简朴，没有任何奢侈的嗜好。他不仅在祖国捐赠盖了小学，还投资开发高科技产品。他的"时代有限公司"投资开发中文电脑字体，被列入国家"星火计划"产品。他觉得，自己能为祖国尽一份力量，是最快乐的事情。

　　2014年8月初，云南鲁甸发生强烈地震。池洪湖率领美国华商总会和旧金山湾区中国统一促进会同仁，为鲁甸地震积极赈灾募款。鲁甸地震发生的同一个月里，发生了旧金山纳帕地震，旧金山地震损失金额高于鲁甸地震，池洪湖对我说：旧金山纳帕地震受害的是富人，地震没有垮房子，没有死人；而鲁甸地震受害的是穷人，死了不少人，垮了几十万间房子，所以应该为鲁甸地震灾区捐款。他先后三次和侨胞们一起把善款送到总领馆。我说，一滴水能反映太阳的光辉，一分钱能体现爱国的情怀，我代表总领馆衷心感谢两会同仁爱国爱乡的"盛举、义举和壮举"，保证把善款送到地震灾区，用在赈灾的刀刃上。

　　"这几十年来，我的经历虽然有些坎坷，但有一点是始终坚定的，就是很想为祖国多做一点事情。凡是对中国好的事我都想做，凡是对中国不好的事我都反对，如果有人骂中国的话我就跟他过不去。"池洪湖深情地说，"如果你问我为什么会这样做，我的回答是：我对祖国的感情太深了。这个信念几十年来始终没有变。"

　　在池洪湖七十大寿前夕，已离开旧金山、调任外交学院党委书记的我，特意为池老撰写寿联，托总领馆同事转呈给他：

　　　　拳拳赤子情，人歌上寿，松姿柏态千年鹤；
　　　　巍巍英才业，天与稀龄，麟角凤毛万里波。

　　如今，已年过七旬的池洪湖依然壮心不已，心中的追求，始终不渝——为了祖国的统一，为了民族的复兴，为了神圣的事业，为了更多海外华人的利益，他还在努力前行，留下的将会是一串闪光的足迹。

　　（本文引用了《中华英才》副总编辑齐殿斌采访池洪湖的材料，特此致谢。）

第二十八章　钟武雄的"六爱"人生

在担任中国驻旧金山总领事期间，我第一个上门走访的侨领是钟武雄老先生。我曾几次到老先生家中做客，也两次邀老先生到官邸餐叙，还多次邀老先生一起参加有关活动。第一次见到钟老先生，他身体硬朗、精神矍铄、热情健谈，根本不像一个将近100岁的老人。一身随意装扮的钟老显得和蔼可亲，在美国工作、生活了65年，仍然操着一口标准的湖南方言谈笑风生。他虽久居海外，却一直情系桑梓，关注着祖国的发展；他虽年过九旬，却依然思维敏捷、记忆清晰。到旧金山上任前，我就已久仰他的大名，国内不少单位和朋友就已介绍了他的传奇经历和成就。他来自湖南乡下，几经周折进入高等学府，出任中国驻美外交官；他创建"湖南小吃"餐馆，成为旧金山餐饮业的一块金字招牌；他的创业故事荣登以邓小平为封面的《时代》杂志，并荣膺"世界四大名厨"之一；他和夫人黄德荣据理力争，将"中国海滩"石碑永久立在美国版图上；他在"世界水稻之父"袁隆平水稻杂交科研的关键时刻提供了资助；他慷慨解囊捐助家乡教育留下美谈。他的一生跌宕起伏，丰富多彩。他既与美国历届总统卡特、里根、老布什以及小布什常有酬答，也与江泽民、朱镕基等诸多中国政要有交往。1979年1月，美国《时代》杂志介绍了两个中国人，一位是封面人物、中国改革开放的总设计师邓小平，另一位是美籍华人，该刊介绍他的文章标题颇具爆炸性：《湖南菜王？钟——来自醴陵乡下的原子弹》。钟武雄说他的一生"像地球一样永远不停运转"。我到旧金山不久，推动湖南卫视和加州某影视公司联手，合作拍摄了宣传钟老生平事迹的纪录片《从外交官到世界名厨》。2013年7月28日正式开拍，在开拍仪式上致辞时，我将钟老一生概括为"五爱"人生，即"爱国、爱乡、爱侨、爱业、爱家"。我认为，"五爱"人生是对钟老一生恰如其分的评价，也是钟老一生始终不变的情怀。

爱乡的传奇人物

钟武雄来自湖南，至今一口湘音，一腔湘情，他有许多湘人朋友，如黄兴孙女黄仪庄，著名的女兵文学作家、中国现代女性文学的奠基人之一谢冰莹，程潜将军的女儿程瑜等。他最爱聊的话题是湘事，当然，笔者也乐于听钟老介绍他的家史。

钟武雄的祖父钟海闾是清末民初湖南著名的教育家，酷好史地诗文，同时心忧天下，探索强民救国之路。钟海闾为早期革命党员，支持北伐革命，在浏醴地区倡导农民运动。据考证，当年毛泽东在平浏山区考察农民运动，就住在钟海闾任校长的小学堂里。20世纪90年代钟海闾被湖南省相关机构确认为"革命先驱"。他说："祖父是我的精神之师，我幼年的教育正是始于祖父，他勉励我的'思补过，学吃亏'成为我的座右铭，时至今日依然不敢遗忘。"在传统文化的熏陶下，又深受湖湘学子敢为人先的入世思想的启迪，青年钟武雄走出小家、走出湖南……

到钟老家中做客

1938 年，钟武雄在湖南著名的长郡中学以优异成绩毕业，经程潜参谋总长推荐，进入中央军事委员会任财务文官，第一次"长沙会战"后，考入蒋介石任校长的前国立中央大学，赴陪都重庆就读。钟老说，他当年读书时，坎坷中受到过别人无私的帮助。特别是在知道自己考上了国立中央大学后，他拿着祖父东拼西凑的 29 元钱到长沙准备赴重庆，而 75 元的路费让这个七尺男儿只能在水陆洲岸边泪如泉涌。他清晰地记得："是一个叫陈懋林的军官轻拍我的后背，叫我乘私船一路同行，宜昌分别时他还塞了 5 块钱给我。之后，还有一个在宜昌帮助我上船但分文不取的售票员黄世广。"他至今念念不忘的是，这些"举手之劳"改变了他的命运。

1942 年钟武雄在国立中央大学毕业时，抗战正紧，因为他出类拔萃、博学多才，被破格直接选入国民党政府外交部任职，成为一名职业外交官。抗战胜利后的 1945 年末，钟武雄与长沙女子黄德荣在上海结婚。蜜月中他接到调令，随朱世明将军出使日本，任中国军事代表团成员，参加远东军事法庭对东条英机等战犯的审判，为中华民族争得了权益和光荣。钟武雄因工作卓有成效，1948 年获得升职，调任国民党政府驻美国休斯顿总领事馆领事。夫人黄德荣女士时年风华正茂，从中央大学毕业后任上海音乐学院训育主任，因随夫赴美履任，由中国童子军总部委为驻美代表。

钟武雄一家到美国不久，国内局势便发生了翻天覆地的变化，国民党军队在战场上节节败退，1949 年，解放军百万大军渡过长江，国民党政府仅剩西南一隅，中央政府机构不断迁徙，外交部自顾不暇，有一段时间，领事馆与外交部竟失去了联络，领事馆的经费也突然中断。由于领不到薪金，钟武雄一家又陷入困境。

在这风雨飘摇的日子里，钟武雄听到了一个令人震惊的消息：外交部一名官员，携带大量美金前往海外慰问驻外人员并补发拖欠的薪金。可是几个月过去，那个人似乎人间蒸发了！

钟武雄彻底失望了，为全家生计，他辞去外交官，选择自食其力在美安身立命，举家由休斯顿迁往旧金山，开始了艰辛的创业历程。从此，他翻开了新的人生一页。

在钟武雄的书房里，悬挂着一幅原中共湖南省委书记熊清泉的手书："学吃亏，思补过。"钟武雄一生处世为人，均以祖父海间公此遗训为准绳。基于这种理念，已经从创业中富裕起来的钟武雄夫妇，不断用爱心回馈社会，特别是回报家乡父老，支持家乡教育，这成为他们共同的心愿。

让不少人津津乐道的是，20 世纪 80 年代，有"世界水稻之父"美誉的袁隆平当年在进行"水稻杂交优势"科研的关键时刻，经费"断炊"了。在这决定成败的时刻，钟武雄夫妇雪中送炭，无私捐资 10 万美元，使得这项事关全世界人吃饭问题的科研得以顺利进行。10 万美元现在也许算不上个大数目，但在当时却近乎一个天文数字。

2004 年 7 月 12 日，钟武雄遵照爱妻黄德荣的遗愿，向黄德荣母校湖南长沙周南中学新校址体育馆捐资 240 万元人民币，并向该校捐赠奖学金 20 万元人民币。据了解，建成后的周南新址体育馆命名为"德荣武雄体育馆"，这是湖南长沙市中学面积最大、设施最先进的室内体育馆。

钟老说，他和夫人虽久居海外，却一直情系桑梓。夫妇俩曾相继在长沙、醴陵等地捐资办学，造楼建校，设立奖学金，惠及贫寒优秀子弟，还在美国柏克莱大学、旧金山市州立大学设立留学生奖学金，在经济上支持那些来美的莘莘学子特别是中国留学生。另外，他们还为考上上海复旦大学、长沙理工大学的乡下贫困学生一次性交了四年的学费。

夫人离世后，近九旬高龄的钟武雄返乡时，又捐资给家乡官庄中学建科技楼、宿舍楼，让学生多做实验，让教师们早日安居……

"在国内国外，我都算不上有钱人。我捐钱是想唤起更多的海外华人来关注祖国教育事业的发展。"钟老说，"不管捐赠多少，形成全社会捐赠教育的风气，才是我最大的心愿。"

爱业的成功人物

钟武雄夫妇共育有八个子女，其生活负担之重不难想象。创业初期，他们在休斯顿摆过小摊，卖过冰淇淋，开过快餐店，卖过汉堡包，也只能勉强度日。后来，钟武雄一家来到了旧金山，在中国城开办了一家"湖南小吃"餐馆。20 世纪 70 年代初，中餐在美国远不及现在普及。开业之初，由于美国人尚未接受中式餐饮，光顾食客甚少，经营非常艰难。

有人认为，美国人的口味一成不变。其实不然。钟武雄夫妇的"湖南小吃"根据客人的需要不断推陈出新，黄德荣精心烹制的"黛安娜饼"，中式制作，美式调料，中西合璧，极受欢迎。

"湖南小吃"突出的是湖南特色。钟武雄少年时在湖南醴陵乡下过大年时，其祖母必自制各式腊味，从杀猪开始到菜上桌，有数十道工序，其中又以熏制为最关键，他跟随祖母无意中学得一手绝活。他将此法移植美国，在店内专门设计建造了一个烟烤炉，特制的湖南腊肉，色泽晶透，烟香扑鼻，油而不腻，入口鲜美，故而一炮打响。"湖南小吃"营造浓郁乡土气息，连餐具茶具都是从东主的家乡、有瓷都美誉的醴陵运来，两只可爱的小红辣椒为标记，随时都会对光顾的客人露出甜甜的微笑。鲜明的特色，不仅留住了老顾客，也吸引了更多新顾客。

与钟武雄、黄兴孙女黄仪庄（右三）夫妇、蔡锷外孙马克石（左三）夫妇、
科学家张周育（左二）院士夫妇等合影

每天中午，有40余桌的大堂座无虚席，还有耐心的顾客从店内排队形成长龙延伸到店外，逢工作日天天如此。来此就餐的不仅有华人，还有很多西装革履、衣冠楚楚的美国正宗白领阶层。有一位美国公司老板在"湖南小吃"用餐多年，后因生意需要从旧金山搬到了西雅图，但兴致难改，经常乘飞机专程来用餐。有时他人来不了，就让餐馆将四只大口保温

瓶装上他点的菜，空运送去以让他饱口福，每月数次从不间断。一位美国白人老先生和他的太太，自20世纪70年代"湖南小吃"开业初就是此店常客，他说："我太太怀着大儿子的时候，我们全家在这儿过周末。我现在是三个孩子的父亲了，我们全家还是喜欢在这里聚会。"

为了创立品牌，钟武雄收集整理关于中国菜，特别是湘菜的制作方法，从选料、配料、刀工、火候、烹制程序，用英文作了系统详尽的介绍，再配上经典图片和文字说明，隆重推出了《湖南菜谱》一书。当时在美国，关于中国菜的专著很少见到，《湖南菜谱》一经面世，便在餐饮界和新闻界引起极大的反响。掘到第一桶金后，钟武雄夫妇并没有停止自己的步伐，他们开始走集约规模经营之路，买下旧金山Sansome街一座废弃的冷藏仓库，通过改造，建设成了新的"湖南小吃"餐馆，使生意越做越大。

1979年，美国《时代》杂志刊登了一篇文章《湖南菜王？钟——来自醴陵乡下的原子弹》，向美国民众推介湖南菜。当时旧金山几乎所有的主流媒体报纸、电视台等，都掀起了一股中国菜热潮。1981年，由"世界厨师联合会"发起，评选"湖南菜王"钟武雄为世界"四大名厨"之一。同时入选者有法国菜、意大利菜名厨，以及来自美国白宫肯尼迪总统的私人厨师。从外交官到世界名厨，钟武雄夫妇用自己的艰辛努力，书写了一段创业传奇。

爱国的著名人物

在美国旧金山一片美丽的海滩上，矗立着一块八尺高的刻有"中国海滩"四个汉字的花岗岩纪念碑。它与不远的金门大桥交相辉映，成了美国旧金山一个新的风景点。这是钟武雄夫妇共同"创作"的又一"杰作"。

旧金山，一座秀美的海滨城市，在160多年前这里只是浩瀚的太平洋边一个荒凉渔埠。1848年，美国加州发现了金矿，大批华人来此淘金。他们从旧金山唯一一块可以避风的海滩登岸后，为了生存，在这片海滩上捕鱼和宿营；为了生存，从这里出发去修路淘金作苦工，这里自然而然成为华人的集散地。久而久之人们约定俗成，称这个避风港湾为"中国海滩"，并树了一块写有"中国海滩"的木牌。

　　然而，在20世纪30年代，"中国海滩"被改名为"斐兰海滩"，是以前旧金山市长、联邦参议员詹姆士·斐兰的名字命名的。黄德荣了解到这一情况后，就与钟武雄说："我们要恢复'中国海滩'这个名字，并且要出资立一个永久的碑，让后人永远记住这段历史。"黄德荣的提议与丈夫不谋而合，他们下决心不管遇到什么困难，也要让华人早期开发美国的历史载入美国的史册。1981年，钟武雄夫妇正式向旧金山市政府递交申请，请求由他们出资，将"中国海滩"木牌换成石碑。期间虽几经周折，但美国政府当局最后还是批准了这个请求。

　　于是，钟武雄立即寻找石料、物色石匠，找人写字、刻字……终于，一座宏伟的刻有"中国海滩"的花岗岩石碑取代了昔日的残旧木牌，屹立在美国旧金山那片风景如画的海滩上。

　　1982年6月5日，一个以中国之名命名的"中国海滩 CHINABEACH"石碑揭幕仪式在美国旧金山日落区隆重举行。美国国会议员菲力普·波顿致开幕词，盛赞钟武雄、黄德荣夫妇为美国所做的贡献，旧金山市政府官员和各界社会名流及大批华文、英文媒体见证了"中国海滩"石碑的揭幕。

　　石碑以行楷书写中文："中国海滩（CHINABEACH）"，以英文书写碑文："自淘金潮以来，这个海滩便是金山湾华裔渔民的宿营地，他们为这个年轻城市的需要而奋发努力，已协助建立了一个极重要的工业和传统。钟武雄黄德荣合家赠建一九八一年冬榖旦。"

　　1982年6月13日，经美国国会批准，这个海滩被永久命名为"中国海滩"。从此，令华人感到自豪和骄傲的"中国海滩 CHINABEACH"走进了美国的版图，并成为美国旧金山一个著名的旅游景点和人们了解华人早期开发创造美国历史的一个窗口。目前，这片旧金山唯一可供游泳和野餐的中国海滩由美国国家公园服务管理处管理，并建有浴室和其他设施以方便游人。现在，只要晴日，阳光明媚，就可以看到大批游人纷至沓来，在海边追波逐浪，在沙滩上享受丽日清风。

　　2013年5月29日，钟老陪同我到"中国海滩"漫步，并特意在"中国海滩"纪念碑前合影留念。当晚，心情激动的我写下《七律·与钟老武雄先生"中国海滩"纪念碑前合影有怀》一诗，赞颂钟老的功德：

与钟武雄老人在"中国海滩"纪念碑合影

大名中国诉华夷，
一柱丰碑立美西。
百丈海滩百丈血，
几分汗水几分泥。
金山不老传佳话，
碧水有情证史诗。
但教先侨功德在，
同肝共胆壮新姿！

　　钟武雄的爱国体现在他既爱祖籍国中国，也爱居住国美国，他广结善缘促美中友好交流。钟武雄深知事业发展需要广结善缘，扩大华人的社会影响更需要广结善缘，因而他交友甚广，在世界各地都有他的挚友。他交往的原则是注重人品和学识，而无论其显贵或贫寒。20世纪60年代以来，钟武雄与多届美国总统均有交往。他与老布什结交数十年，不论是在其上台前、执政时，还是下台后，都经常联络和相互问候。他与前加州州长、旧金山市长、国会参议员范士丹夫妇和威尔逊州长夫妇等都保持了良好的关系。

20世纪80年代初，钟武雄作为旧金山—上海姊妹城市发起人之一，为两个城市乃至美中两国交流积极奔走，献计出力。当年，他以旧金山—上海姊妹城市委员会委员和顾问身份随团访沪，受到时任上海市主要领导江泽民、朱镕基的热情接见和高度赞扬；90年代朱镕基作为中国总理访美，在旧金山与湖南同乡会名誉会长钟武雄及夫人黄德荣亲切交谈并合影留念，对夫妇二人热心中美交流表示充分肯定。

1994年，钟武雄因对美国社会的贡献而荣获共和党总统勋章，获奖证书上写道："根据传统，这一美国最高荣誉只授予美国公民，他们具备个人事业功勋，长期无私奉献和关爱美国未来。本勋章是共和党总统所颁奖章中之至尊，应引为自豪！"

爱侨的领军人物

钟武雄除了开办多家大中型"湖南小吃"连锁店以外，还创办了亨达公司、武德公司等企业，并积极参与社会活动，推动美中友好交流。他先后任职旧金山华埠经济发展委员会委员、旧金山—上海姊妹城市委员会委员、北加州湖南同乡会会长、旧金山大学商学院董事、加州农业博览会董事、美中文化产业交流促进会顾问，等等。在他的多种社会活动中，他投入最多的是爱国华人华侨的活动，他最看重的社会职务是北加州湖南同乡会会长。多年来，作为侨界爱国爱乡力量的领军人物之一，他为促进海峡两岸的交流和祖国的统一、为促进侨社的发展壮大、为维护侨胞的合法权益、为开展有益于侨胞的各种活动，做了大量的工作。

钟武雄是留美湘籍华人华侨中最知名、最有感召力的人物，在他的支持和推动下，全美湖南同乡会联谊会成立大会于2013年7月28日举行，来自得州、内华达州、弗罗里达州等地湖南同乡会的代表与会。96岁高龄的钟老担任了联合会的总顾问。没有钟武雄的支持与推动，全美湖南同乡会很难成立起来。在美的湘籍华人华侨为了表达对钟武雄的敬意，全美湖南同乡会成立仪式与宣传钟老生平事迹的纪录片《从外交官到世界名厨》的开拍仪式合在一起举行。笔者也是湖南人，情不自禁地写下《七律·祝贺全美湖南同乡会联合会成立》一首，为全美湖南同乡会联合会的成立叫好，为全美湖南同乡会联合会最主要的创始人钟武雄叫好！

七律·祝贺全美湖南同乡会联合会成立

湘军今日足英豪，
游子抱团志气高。
中国梦连美国梦，
麓山潮汇金山潮。
群芳争艳催新卉，
众志成城聚远韬。
休教东来留遗恨，
光宗异域乐陶陶！

钟老家中客厅悬挂着何凤山的墨宝

"中国的辛德勒"何凤山

全美湖南同乡会成立不久，就在中国驻旧金山总领事馆、以色列驻旧金山总领事馆支持下，与美国犹太人联合会一起，在旧金山联合举行了何凤山义人精神国际研讨会暨何凤山拯救犹太难民事迹展，当年获得签证的犹太幸存者也到会场并接受媒体采访。活动在中美两国，特别是在美犹太人社区产生了很大的影响，钟武雄为这一重要活动的成功做出了很大的贡献。第二次世界大战时期中国驻维也纳总领事何凤山向数千犹太人难民发放前往上海的"生命签证"，被誉为"中国的辛德勒"，被以色列政府授予"国际义人"称号。钟武雄与何凤山是连襟，何凤山及女儿何曼礼定居旧金山，我利用与何"六同"（同乡、同为外交官、同为博士、同当过大学教授、作为外交官同在埃及常驻过，又有在旧金山的同城之缘）的背景优势，借助钟武雄的影响，成功举办了这次活动，加州众议长到会祝贺。活动开始前，我到钟老家里听取他的建议。97岁高龄的他，以何凤山连襟的身份亲自出席研讨会，以流利的英文发表演讲，全场对他报以经久不息的掌声。这一活动的成功，不仅增进了中犹传统友谊和在美华侨华人与犹太群体的友谊，也为中国做美主流工作开辟了新渠道。

爱家的精英人物

钟老的八个子女都在美国，其中七人在旧金山，一人在夏威夷。钟老一脉在美的总人数已达八十余人，真乃大家族也。我在旧金山工作期间，见过钟老家族的许多人。

长女孟姣，现已70多岁；长子孟球也年近古稀；加上60多岁的女儿孟桃，此三人皆为钟先生原配唐氏所育。20世纪80年代后，三人由醴陵移民来美团聚，俱在钟老旗下之"湖南小吃"从业。现孟姣、孟球皆已退休。钟老1942年与前妻结束婚姻关系后，1945年与黄德荣结婚，并育有子女五人，他们是申之（牙医，居夏威夷）、宁之（索菲，美国航天总署研究员，已退休）、毛弟（乃父旗下最大的"湖南小吃"经理）、季之（琳达，亦为"湖南小吃"某店老板）和牛弟（浩威特，房地产律师）。钟武雄的第五代后人也已学龄，钟老能五代同堂，世所罕见，我想同钟老一辈子积德分不开。

访钟老家，在钟老夫妇油画画像前合影

我在纪录片《从外交官到世界名厨》开拍仪式上致辞时，特别讲到钟武雄的一生是"五爱人生"，钟老当场插话，说他不止是"五爱"，他还有一爱，就是"爱妻"。确实，与钟老打交道，可以明显感受到他浓厚的爱妻情结，每每提到夫人黄德荣，他的眼角都会泛起泪花。在他的左前胸佩戴着一枚白底色的印有一位女士像的胸章，那就是10年前去世的夫人黄德荣。在钟老的室内，摆放着许多他夫人的照片，而他最喜欢的一张是耄耋之年过生日时夫人与他相拥的照片，最喜欢的一张画是他和夫人站在一起的油画。可以感受到，钟老与夫人相濡以沫几十年，感情至深。夫人先他而去，让他一直难以释怀。

钟老夫人是长沙人，她开朗、活泼、健康、贤惠。早年在周南女中读书时，学校注重体育，发现她是一名可造之才，于是悉心鼓励和培养。她素质超群，还代表湖南参加华中及全国运动会，获得优异成绩，载誉而归。

在夫妇二人开办"湖南小吃"餐馆时，为了使中国湖南菜一炮打响，钟武雄自己动手烹制，夫人黄德荣则充当铁面无私的裁判，刀工不到要重来，火候不合要重来，味道不正也要重来。他们绝不把自己不满意的菜推给顾客。几十年共同奋斗，夫妇俩创造了辉煌的业绩。

让钟老永远铭记的是：2003年圣诞节前，布什总统夫妇又寄来贺卡和请柬，邀请他们夫妇去白宫共享圣诞大餐，然而，这次他们却憾未成行。黄德荣突然病卧不起，虽群医良药，却终于无力回天。"魂兮归来，赐福尔后，瓜瓞绵绵，百世其昌！魂兮归来，伴余左右，同登极乐，再缔良缘！"这是钟老写给夫人的悼文中的骚体诗，字里行间，流露出对夫人的一往深情和无限哀思。

钟武雄家桌上的宋美龄照片是蒋夫人当年亲笔题词签名，送给钟武雄夫人的

黄德荣辞世消息传出后，旧金山湾区政商各界深为悲痛，汇集社会名流计80余人组成"钟黄德荣女士治丧委员会"，隆重举行追思告别仪式。是日，阳光普照，哀乐低回，挽联满壁，鲜花盛放。唁电悼联从世界各地纷纷传来，亲朋好友从世界各地专程飞来，追思会上，座无虚席，人们神情肃穆，现场气氛悲切。白宫总统亚太顾问委员会主席祖炳民博士代表布什总统参加追思会，担任主祭人，宣读悼词并献送鲜花；旧金山市议会开会前举行默哀仪式并发来专电慰问；国会参议员（前加州州长）范士丹派顾问李绰宗先生到会宣读挽诗并送慰问函；美邮政当局为悼念而专门发行了纪念邮票……

时任中国驻旧金山总领事馆总领事王云翔夫妇和时任中国全国人大常委、中共湖南省委原书记熊清泉夫妇送了花圈；台湾亲民党主席宋楚瑜先生亲撰嵌"德荣"二字挽联致哀，联曰："德望云霓相夫教子曰贤曰淑，荣归天国护主佑亲亦忠亦诚"。为一位伟大女性的不幸谢世，两岸三地共悼之实属罕见。美国主流媒体如《旧金山纪事报》、《旧金山观察家报》、《亚洲周报》、《独立周刊》、CBS电台等，以及各主要中文报刊如《世界日报》、《星岛日报》、《金山时报》、《侨报》等纷纷撰文对黄德荣一生高度评价，对其不幸辞世深表哀悼。在美国，少数族裔能获此哀荣，也是华人成功的光荣。

尽管已经是美籍华人中的成功人士，但钟武雄仍然保持着勤奋俭朴的生活习惯。他在所撰《祖母贺太夫人墓表》一文中曰："祖母临终前一年除夕团聚时，忽掩面而泣，语先母曰：面对盛肴，余齿脱不能食，忆往昔家贫时过年情景，情不能禁，因而泣耳，愿汝辈毋忘汝父母创业之艰，善守勿失。"他一生铭刻祖训于心并身体力行，以示后人。

钟武雄学贯中西，阅历丰富，博古通今。他虽家境殷实，却绝不养纨绔子孙。经他循循引导，后辈均学有所成，卓然成材。大女儿是著作等身的计算机专家，其多部计算机专著在中国权威的清华大学等出版社出版，并列为研究生教材。最小的儿子已是旧金山独立执业专事公司法和房产土地法的知名大律师。

和著名侨领方李邦琴女士（中）一起为钟武雄老先生祝寿

钟武雄五代同堂，后人成群，最可喜、最值得人们仰慕的是，他的后人对他都很孝顺。2014 年 9 月 22 日，钟老 97 岁生日时，钟家在自己开的饭店办寿宴两桌为钟老祝寿，出席者都是钟老的后人，只有著名侨领方李邦琴和我们夫妇共三人是客人。他的儿女都是年逾花甲的老头老太了，此景此景，令我非常激动。我献上《蝶恋花·贺钟老武雄先生九十七岁大寿》一首，祝钟老生日快乐、健康长寿：

又到重阳九月九，

天地同欢，共进长生酒。

最美晚霞昭翠柳，

仙桃已入高人手。

乐在金山芳径秀，

昂首新鞭，策马从头走。

云涌星驰拱北斗，

期颐不远龙腾久。

爱友的热情人物

与钟老交往多了，还发现他是爱友的热情人物。《三国志》载吴国老将程普说："与公瑾交，如饮美酒"，我深深感到，与钟老来往，如沐春风，胜饮美酒。

与钟武雄在一起，会常常聊起湖南的名人轶事。他常说：湘人不一样，乡人不容易。他知道我爱诗，特送我程潜将军女儿编辑出版的《程潜诗词选集》；知道我喜欢吃湘菜，在湘菜馆奇峰阁一起吃饭时，嘱咐老板娘特意为我装一大瓶腊肉，后来，又不时送我他的饭店自制的腊肉和剁辣椒。

钟老生活百无禁忌，90 多岁了，还经常驱车在旧金山的高速路上领略驾驶的愉悦，只是大家担心老人的身体和安全，在钟老 96 岁时才将他的驾照收起来了。钟老饭量不逊于年轻人，咸的、辣的、腌制的，只要能吃的他都不拒绝，而且不禁烟酒。我向他请教长寿"秘诀"时，他用了两个字——"包容"。他说，最主要的就是"心胸宽广，包容别人；学会感恩，服务社会"，正像中国古语说的那样，"海纳百川，有容乃大"。当然还有规律的起居、节制的饮食、适当的活动、不停的思考。在他看来，思考，会使人愈加聪明；活动，能让人更加健康。"回顾余一生，每有危难之际，总是幸得贵人相助，展现生机，享受天福。忆此之际，铭感良多，无穷思念，无尽感恩！"钟老意味深长地说："人要学地球，永远不停运转，就永远不会老。"他喜欢这句格言：天行健，君子以自强不息！如今，钟老还订了十几份中文和英文报刊。他说他每天读报、看电视新闻，特别关注祖国和家乡的变化。中国国家主席习近平先生提出"实现中华民族伟大复兴的中国梦",他感到很受鼓舞。一个人要有梦想,才会不懈努力,才可能梦想成真;一个民族要有梦想,才会奋斗不止,生生不息,受到世人的尊敬。他希望再为那些努力实现中国梦的年轻学子做点有益的事,他还殷切希望,海峡两岸能尽快实现和平统一,中华民族走上复兴之路。

2014 年 11 月,我奉调回国,出任外交学院党委书记。离开旧金山前,第一个上门辞行拜会的也是钟老。钟老热情地设下丰盛家宴,用"湖南小吃"最典型的一桌湖南菜招待我们夫妇。离开他家时,他一直送我到门口,我坐进小车,向他挥手告别时,只见他右手柱着拐杖,倚在门旁,挥手向我们夫妇示意。那感人的一幕,永远定格在我的记忆之中。

与钟武雄在宴会上

在官邸,我写下《七律·谢别钟老武雄乡贤》,托章禾转交给钟老:

乡谊湘情足护持,
天长地久寸心知。
期颐不远星光灿,
德业长垂雅韵滋。

几度邀杯共笑语，
数番祝愿颂良师。
今宵泪别万千里，
忍待来年重聚时。

（本文参考引用了《中华英才》副总编辑齐殿斌专题采访文章和《美中时报》主笔及专栏作家言立著作《从外交官到世界名厨》中的资料，谨致谢意。）

第二十九章　世界华人之光

——方李邦琴

　　方李邦琴是美国华人华侨中最著名的女中豪杰之一。我在担任中国驻旧金山总领事将近两年的时间里，多次与她见面。她给我留下的最大的印象是：她是一个不断做好事、不断有新闻的人物。她为北京大学捐建了一座汉语教学大楼；她为中美十万强项目捐献了 100 万美元的种子基金，资助 10 万美国学生来华留学；她发起在旧金山筹建海外第一家抗战纪念馆；她为美国飞虎队总部桂林遗址公园捐献一架当年飞虎队的战机，永久停放在公园，供人们参观纪念；她捐款支持美国华人文化总同盟的成立，使华界各种文化艺术力量联合起来，形成合力……我见证了所有上述事情的发生。当然，方李邦琴还留给我一个非常深刻的印象：她的年龄与她的外表很不匹配，年过 80 的她，身材依然保持得非常好，从正面看只有 60 岁左右，从背面看，只有 30 岁左右。她永远都是一身得体的装束，彰显出东方女性的典雅与端庄，举手投足之间，显得气质高雅、仪态万方。

　　方李邦琴 1935 年 4 月 4 日生于河南郑州，祖籍湖北武汉，在西安长大，1947 年入台，毕业于台湾政治大学边疆政治系。1960 年她与方大川认识并结婚，当年移民美国。2000 年"北加州中国和平统一促进会"成立起方李邦琴担任名誉会长至今，曾参加在柏林、华盛顿、东京、澳门举行的"反独促统大会"。2001 年、2006 年她曾两次应国务院台办邀请率"北加州中国和平统一促进会"代表团访华，2008 年被全国台联聘为名誉顾问和理事，2009 年被聘为中国海外交流协会常务理事、中国侨联海外顾问。从中国大陆到台湾，再移民到美国，方李邦琴历经种种坎坷与磨难，成功演绎了一段绚丽的"美国童话"。她是美国历史上第一位执掌英文主流媒体的华裔女杰，为提升华人社会地位做出了贡献；她关心祖国统一大业，撑起了反独促统的大旗；她热心中美青年交流，慷慨解囊捐资助学；她以华裔女性特有的坚韧、执着、聪慧，影响了美国主流社会。她说，在美国"我们要坐在汽车的司机位置上，而不是仅仅搭乘汽车"。

方李邦琴女士

历经艰难困苦的凡人

方李邦琴是家中四男四女中最小的一个。父亲是湖北汉川人，服务陇海铁路，母亲是湖北蔡甸人。方李邦琴说，母亲既希望她是个儿子，但又教她念《女儿经》。这样的家庭教育，让她这个外表端庄的女孩，却立下了"像男孩子一样闯天下走四方"的志愿。之后，抗战和内战的颠沛流离中，又磨练了她坚强的意志和不屈不挠的勇气。

方李邦琴原名李邦琴，方姓是嫁给丈夫方大川时加的夫家姓。她童年时代是在中国大陆度过的。1947 年，母亲带着她和姐姐，跟随当时在空中服务的四哥去了台湾，在宝岛度过了青春时光。

中学时代的李邦琴，热情开朗，很有理想，人也长得漂亮，一直是品学兼优的好学生。高中毕业后，她考进了台湾政治大学边疆政治系，是全系唯一的女生，被誉为"校花"。她不但担任了大学的学生自治会主席，而且还被推举为全台湾庆祝青年节大会总主席，代表全台湾青年与蒋介石同台演讲。她回忆说："当时就觉得自己是一只骄傲的孔雀。"

1960 年，她认识了留美的新闻学硕士方大川并与之结婚，后随丈夫移民美国。谈起那段经历，她感慨道："到了台湾，我成了外省人；到了美国，我成了外国人……我的心中一直没有归属感。"来到异国他乡，方李邦琴的艰难生活也从此开始。用她自己的话说，"一下子从天上掉到了地下"，"从一只孔雀变成了一只母鸡"。她生了三个儿子，为了抚养他们长大，为了维持生计，她与丈夫一起辛劳打拼，着实吃了不少苦。孩子稍大些，方李邦琴便开始外出打工，却由于不懂英文遭到歧视。她曾经在《进步报》打工，错把英文单词"send"拼成了"sent"，女老板便嘲笑她小学水平。因此她的第一个目标就是学好英文。没有条件专门去学习，她就从小印刷厂的账单学起。让方李邦琴刻骨铭心的是，在辛苦打拼的关键时刻，丈夫病倒了，一家人的生活重担全都压到了她的肩上，为了生计，她最多时甚至要打三份工。又要忙孩子们的吃喝，又要去医院给丈夫送饭，她用一句话形容那时的情景："忙得连坐下来哭一场的时间都没有。"

尽管如此，方李邦琴依然咬紧牙关顶着，从来没有倒下。她对自己说："你可以弯着腰走，也可以趴着身子爬，但是绝对不能倒下；如果你一旦倒下，那就一辈子休想再站起来。"她总是用这样的话鼓励自己："昨天已经过去了，今天活着是准备明天怎么过。"她相信总有一天母鸡还会再变成孔雀，用昂首挺胸的骄傲步姿走路。

方李邦琴四处奔波，争取到一笔贷款，买了些旧机器，办了个小印刷厂。她既当老板，又当工人，什么重活都干，包括把一千多磅重的滚筒纸推上印刷机……就是用这样的方法起步，从印刷厂发展到后来蓬蓬勃勃的商业、房地产业、影视业。

"方李邦琴"这个名字已经成为在美华人成功的典范。方李邦琴的创业经历是一个传奇，从一个小小的印刷作坊，发展成全美国最大非日报型报业集团；从一个底层创业者拓展为包括中文周刊、英文报纸、印刷厂、房地产、牧场、电脑公司以及影视公司等多种实业的"传媒界巨人"。美国媒体称她为"钢铁的花木兰"，中国媒体称她为"华裔传媒大亨"、"美国报界之'鹰'"……

方李邦琴谈起自己成功的人生经历，开门见山，并且充满真情实感。"有些人说我传奇，其实一点传奇都没有。我在美国的这些成就，就是把握住每一个小小的机会辛苦努力的结果。"在方李邦琴的办公室内，摆放着各种造型的孔雀，连窗帘的装饰上也有孔雀。她告诉记者："我为什么喜欢孔雀呢？最重要的是它那个仪态。它走路时，它的脚是抬起来的，而且它那个脚是走直线的。"

执掌主流媒体的能人

"在一个英语社会中，中文报纸永远无法成为主流声音。拥有主流英文媒体，让华人在美国舆论界真正发挥影响力，一直是方氏家族的美国梦。"方李邦琴说，先夫方大川一生都没离开新闻工作岗位，他生前唯一的愿望是拥有一家主流的英文报纸。

从 1979 年起，方家开始进军报业。先是创办了以全美亚裔为读者对象的《亚洲人周刊》，八年后又买下了一份四开的社区报纸《独立报》，将它改成一张面向全旧金山市发行的对开大报。在方大川的操持下，两份英文报纸都日见出色，发行量大幅上升，对于促进亚裔社区的进步、鼓励亚裔人士参政起了很大作用。方大川也因此而名扬旧金山，在他去世之后，人们还特意在旧金山金门公园的亚洲博物馆中设立了他的纪念墙，并在旧金山州立大学设立了"方大川奖学金"。"当年博物馆的人问我，方先生名字前面用什么头衔？我毫不犹豫地回答：'好爸爸、好丈夫、好报人'。这是他一生的追求。"方李邦琴说，"我虽然不是办报行家，但为了实现先夫的志愿，他去世后，我依然担起了方氏家族的这份责任"。

1992 年 4 月方大川去世，这让方李邦琴非常悲伤。但是，丈夫逝世后的第四天，她就擦干眼泪，以坚毅的神色出现在丈夫的办公室里。她知道此刻不是伤心的时候，员工们等着她发薪，报社的事等着她拍板，方家的事业等着她去支撑。她对员工们说："虽然方先生走了，可方家还有我！"这个外表柔弱、内心强大的女子，带着三个渐渐长大成人的儿子，渡过了又一个艰难的时期。

就在丈夫去世的第二年，方李邦琴一口气买下了《芝加哥论坛报》旗下在旧金山湾区发行的七家报纸。到 1998 年，她已拥有《亚洲人周刊》、《独立报》、《芝加哥论坛报》等十一家主流报纸，形成一个报纸集团，成为全美最大的非日报报系，仅在旧金山一地就有85%的家庭成为他们的读者。

2000年3月17日，对于方李邦琴的人生是一次新的改写。因为在这一天，她收购了已有135年历史的美国《旧金山观察家报》。此事成为震动美国新闻界的特大新闻，主流社会和华裔社区对此反应强烈。美国媒体纷纷以"改写美国历史的大手笔"、"她将偷走这个世界"等作为标题大加渲染。著名的《洛杉矶时报》发表评论："在旧金山这个人数众多的亚裔社区中，方家被认为是一个相当大的骄傲，他们展示了一个概念：一个亚裔移民家庭可以掌管一个世纪前敌视'黄祸'的赫斯特的报纸。"

《旧金山观察家报》原本属于大名鼎鼎的传媒世家赫斯特家族，是旧金山地区两大英文报纸之一，也是一张在美国很有影响的主流报纸。收购《旧金山观察家报》使方李邦琴成了美国历史上第一个掌有英文主流媒体的华人。

方家成功收购《旧金山观察家报》被视为移民实现美国梦的典范，也是亚裔势力在美国上升的一个明显标志。时任旧金山市市长威利·布朗在此项交易宣布后表示："我很高兴听到成功收购《旧金山观察家报》，这将保留旧金山报业的健康环境，可以减少报业垄断，亦可增加公众言论多元化。"2000年9月8日，布朗市长向方李邦琴颁发"杰出华人奖"，并宣布这一天为"方李邦琴日"。

维护华人利益的高人

方家成功收购《旧金山观察家报》后，美国发行量最大的《华尔街日报》曾发文说："一个世纪之前，威廉姆·赫斯特运用他的报刊攻击被他称为'黄祸'的亚洲移民。今天，一个中国移民家庭运用他的工具找回了应有的尊严。"

"我认为中国人、亚洲人如果在美国主流媒体上没有一个阵地的话，就会永远受别人的摆布。我们的口号是：'我们要坐在汽车的司机位置上，而不是仅仅搭乘汽车'。"方李邦琴说，"有了英文报纸，就可以鼓励许多美籍华人直接参与美国的社会政治活动。中文报纸不能将我们的许多要求传递到美国的决策者那里，而英文报纸则直接告诉他们我们的见解，告诉他们我们不满意的地方，所以我决定创办英文报纸。"

方李邦琴不仅是一位优秀的企业家，而且是优秀的社会活动家。她认为，"坐在汽车的司机位置上"，不仅要通过主流媒体发出声音，而且要积极参加社会活动。她想方设法将各会、堂、馆、所和华人商界联合起来，进行动员和募捐，共同策划集体行动，支持华人候选人，同时也支持重视华人权益的其他族裔候选人。由于华人组织起来了，方李邦琴所在的加利福尼亚州主流社会对华人的声音越来越重视。

在方李邦琴办公室的一面照片墙上，有她和美国四任总统的合影，还有与国务卿、州长、市长、国会议员等美国政要在一起的照片。在美国，很多政治人物竞选都希望取得方家的支持。方李邦琴的哲学非常简单：谁对华友好，支持中国，就支持谁，反之亦然。她和美国总统老布什是好朋友，而老布什是共和党人；旧金山几任市长都是民主党人，方李邦琴与他们照样是好朋友，因为他们都主张对华友好。

1983年，方李邦琴接手了中国城的美丽宫餐馆。为了提高华人在美国的地位，促进美中友好关系的发展，她在这里为华人举办各种大型活动、策划华人参政和在美国主流社会助选的各种事宜。当地舆论说，"美丽宫"是旧金山华人的政治客厅，是华人参政议政的大本营，美国总统、州长、市长和国会议员都曾登门拜访。

方李邦琴的影响所及深入了美国主流社会，她的见解通过她办的报纸呈现在美国国会、白宫的办公桌上，她的声名被展示在美国的博物馆里，她的事迹常在美国报纸上刊登，她的有关活动更是当地媒体采访的热点。因此，她获得加州政府颁发的"杰出女性奖"，2001年6月又获得"可当总统女性奖"，并成为由白宫印制的美国共和党宣传材料中出现的第一位华裔人士。

美国前总统乔治·布什为方李邦琴尚未出版的传记撰写了序言，对她做出了高度评价："美国是移民在一片土地上建设家园、开拓生活的一个童话。方李邦琴的故事就是这童话中的一章。"

方李邦琴感慨地说："我们方家之所以能做到今天，是我先生方大川、我及我的三个儿子共同打拼的结果。虽然我在美国生活了40多年，我的三个儿子也都是在美国出生，但我们身上流的永远是中华民族的血，这一点无法改变。"

目前，生意上的事基本上交给儿子打理，但方李邦琴仍然很忙。除了为中美之间的交流奔忙之外，作为旧金山的华人领袖，她仍然在为维护华人的利益奔忙。在旧金山中国城里，遭遇了任何对华人不公平的待遇，她都会挨家挨户征求大家签名，联合起来请愿。

坚持反独促统的名人

"当年，母亲带着我和姐姐随四哥去台湾，父亲和五个兄姐留在大陆，家庭从此分离的悲痛在我心中留下了深深的创伤。因此，我特别渴望尽快实现海峡两岸和平统一。特别是李登辉上台之后，台独势力猖獗、族群分裂……如此发展下去对台湾人民、对中华民族伤害极大。这也是我为什么创立'中国和平统一促进会'并担任会长的根源。"方李邦琴说。

2000年1月，方李邦琴在旧金山发起成立了"北加州中国和平统一促进会"，简称"和统会"。当年8月，她又出席了在欧洲召开的"全球华人促进中国和平统一大会"，并在会上发言说："我要为中国和平统一摇旗呐喊，两岸只有和平统一了，中华民族才能真正振兴。"

2004年，方李邦琴推动举办以"如何推进两岸和平统一"为主题的"世界论坛"。世界各国的"和统会"都派代表出席，两岸有识之士纷纷参加。在论坛上，大家齐声揭露并谴责李登辉、陈水扁的台独路线，对遏制台独倾向发挥了一定的作用。

2005年2月22日，"和统会"在北京举行"反'台独'、反分裂，努力促进中国早日和平统一"的座谈会，方李邦琴发表了书面意见。她说：制定《反分裂国家法》，理由充分、观念正确，明确宣示台湾是中国的一部分，台湾问题属中国内政范畴，不容外国粗暴干涉。

近年来，方李邦琴辞去了不少兼职的社会职务，但一直担任"中国和平统一促进会"名誉会长一职，并通过各种形式和渠道，为中国和平统一"摇旗呐喊"。

2013年11月2—3日，由北加州中国和平统一促进会承办的"中国和平统一美洲高峰论坛"暨全美中国和平统一促进会联合会2013年年会在旧金山湾区密尔比达市（Milpitas）隆重举行，来自海峡两岸、全美及其他国家和地区的嘉宾、"和统会"代表逾百人出席论坛。方李邦琴是这次年会的承办方——北加州和平统一促进会的创会会长，她为这次年会捐助会议经费，而且在年会上脱稿发表了精彩的演讲。讲到动情处，她眼泪横流，给我留下非常深刻的印象，全场观众对她反独促统的呐喊报以经久不息的掌声。

推动抗战纪念的高人

在旧金山工作期间，最值得我回忆的工作之一是支持帮助方李邦琴筹建首家海外抗战纪念馆。一天，她特意找到我，谈到了她想发起筹建海外首家抗战纪念馆的想法。她认为，2015 年是抗战和世界反法西斯战争胜利 70 周年，在海外建首家抗战纪念馆很有必要，理由很简单：欧洲战场，600 万犹太人丧生，在 29 个国家设了 167 座纪念馆，仅美国就有 44 个；中国战场，牺牲数以千万计，但除中国大陆以外世界上没有一个抗战纪念馆，包括台湾也没有，这段日本人屠杀中国人的历史在世界范围内并未得到广泛关注和认识。方李邦琴强调在美国旧金山建纪念馆的现实意义：美

与方李邦琴一起出席海外首家抗战纪念馆启动仪式

国与中国是二战盟友，一同浴血，共同奠定了战后的国际秩序；因为结盟，1882 年《排华法案》得以在 1943 年废止，为在美华人赢得了相对平等的地位。在旧金山建馆更有历史渊源：150 年前这里是华人涉足美国第一站。旧金山湾区华人在抗战期间发起"一碗米"募捐，为祖籍国捐献作战飞机、创办飞行学校，向"飞虎队"输送华人成员，等等。当爱国侨领方李邦琴就筹建首家海外抗日战争纪念馆的设想向我征求意见时，我立即给予鼓励，并就建馆的大致思路、具体步骤和有关注意事项多次同她讨论。随后，我协助其联系中国人民抗日战争纪念馆，就建馆具体问题进行对接。2014 年 7 月 7 日，我出席海外首家抗日战争纪念馆启动仪式，并发动全馆带头捐款。中国驻旧金山总领事馆的捐款是海外首家抗战纪念馆筹备处收到的第一笔捐款。纪念馆馆长方李邦琴 7 月 11 日在旧金山南郊圣马特奥市举行的新闻发布会上表示，抗战纪念馆以悲情为衬托，展示的是中国人民的正面形象和八年抗战不屈不挠的民族精神。"我们不能生活在历史的悲情里，而要生活在历史的进程中。"

纪念馆位于中国城中心地带沙加缅度街上的《美洲国民日报》旧址，改建后的纪念馆共三层。方李邦琴说，内容尽量本土化，强调中美在第二次世界大战时期共同打击日本军国主义的合作和友谊。抗战纪念馆将于 2015 年 9 月 3 日中国抗战胜利纪念日当天开馆。筹建海外首家抗战纪念馆得到了海峡两岸广大同胞的共同支持。抗战老兵、国军上将郝伯村为纪念馆题词，我也应邀为纪念馆题写对联一副：

> 侨界立祠，浩气长存，警惕东瀛军国梦；
> 金山留史，警钟常在，小心日寇大和魂。

方李邦琴发起筹建海外首家抗战纪念馆并非一时心血来潮，她定居美国以后，多次公开敦促日本正视侵略历史，多次公开要求日本道歉。方李邦琴特别向我讲述过她代表侨界向日本天皇递交抗议书那件事。1994 年，日本天皇到美国旧金山访问时，美华各界就日本政府修改教科书一事举行了联名抗议活动，但是没有人能够见到日本天皇，递交抗议书。市政府的欢迎会在"亚洲博物馆"大宝藏墙前举行，方李邦琴是唯一被邀请的华人。她借向日本天皇介绍大宝藏墙来历的机会，把抗议信交给了他。她

出席海外首家抗战纪念馆启动仪式有关人员合影

说："我们不是要掀起战争，但是一定要维护史实，因为战争太残酷，我们不能让下一代再犯同样的错误。"

方李邦琴还对日本侵占中国领土钓鱼岛义愤填膺。她回忆说："在1996年9月23日这一天，旧金山群情激愤，两万多人走上街头举行保钓大游行，抗议日本非法侵占中国领土钓鱼岛。我全身心地投入，举着抗议标语牌一直走在游行队伍的最前面。第二天，这张照片就上了美国报纸的头版。"

方李邦琴是美国飞虎队历史委员会名誉主席。中美两国决定在桂林建立美国飞虎队总部旧址纪念公园，将永久停放两架当年飞虎队的飞机在纪念公园，2015年抗战胜利70周年时建成开放。为促成纪念公园的到位，方李邦琴捐赠了一架飞机，并且2015年与飞虎队历史委员会成员一起，计划驾驶这两架飞机，从缅甸起飞，重飞当年的驼峰航线，将飞机直接飞到桂林纪念公园。

促进中美友好的达人

方李邦琴说："我是美国的媳妇，更是中国的女儿。"她特别关心中国的发展及其国际地位的提高。1991年，她作为旧金山的代表之一，应时任美国总统老布什的邀请，前往白宫参加全国政治领袖会议。当时，美国国会正在辩论是否给予中国最惠国待遇的问题，不少人主张与中国的人权挂钩。方李邦琴坚决主张把政治和经济分开，并带去了数千名商人的支持签名。老布什说，这来自民间的声音有助于政府作出正确的决定。之后不久，老布什就正式批准给予中国永久性最惠国待遇。方李邦琴说："我真的很高兴能在这关键时刻尽尽儿微薄之力。"

在旧金山和上海结成友好城市一事上，方李邦琴做了许多关键性的工作，她的大儿子方以伟作为旧金山市政府外贸办主任，还兼任了上海—旧金山友好城市美方主席。"旧金山和上海结成友好城市后，我和方以伟去找当时的市长佐顿，说美国和中国有外交关系，旧金山与上海又是友好城市，中国的国庆时应该升五星红旗。市长被我们说服了。1993 年 10 月 1日，旧金山市政府第一次升起了五星红旗。之后，每年 10 月 1 日都会升起五星红旗。旧金山中国城里挂五星红旗的也越来越多。"

方李邦琴是享誉中美的"民间外交家"，曾陪同奥巴马夫人访华。2014 年 1 月 5 日，美国著名政治家、美国民主党众议院领袖、前众议院议长佩洛西举行金婚庆典，邀请方李邦琴和我一起出席庆典，方李邦琴特别提醒我不要送礼，送一副寿联最好。我写下寿联：

　　　　恩爱无价，百岁良缘方一半，看巾帼英雄再添色彩；
　　　　天地有情，平生荣耀起三藩，愿商界巨子更鼓雄风。

佩洛西夫妇非常高兴，对寿联非常满意。这是中美建交 35 年以来佩洛西第一次与中国驻旧金山总领事交往，这次高层交往非常成功，方李邦琴为这次交往的成功贡献了智慧。

中国改革开放之后，特别是近年来，方李邦琴经常回到祖国。"每一次回国都有不同的感受。看到祖国每一天都在发生变化，我非常感慨。"方李邦琴不止一次这样说："我是美国这个婆家的媳妇，更是中国这个娘家的女儿。现在该是为娘家做点事的时候了！"

移民美国 50 多年，方李邦琴深深感到：中国的崛起，需要世界的了解和合作，而语言是基本的要素，传播中华文化、推动中外文化交流，更离不开语言的"桥梁作用"。经朋友介绍，她结识了北京大学的有关领导，并被北大聘为名誉校董。她认为，北京大学是搭建对外语言交流最好

参加佩洛西（中）金婚庆典合影，左为著名侨领方李邦琴女士

的平台，于是，在 2008 年她就决定为北大捐赠一栋"对外汉语教学楼"，命名为"方李邦琴楼"。

在 2013 年 10 月 16 日上午"方李邦琴楼"落成典礼上，方李邦琴动情地说：汉语国际化是不可逆转的趋势，如果说遍布世界的孔子学院是"走出去"，那么今日落成的"方李邦琴楼"就是"请进来"，邀请世界各地热爱汉语的人士来此学习。"透过大楼的窗口往外看，看到的是世界；踏入大楼的大门，走向的是全球。"

2010 年，中美正式启动"10 万人留学中国"计划，力争用 4 年时间选送 10 万美国学生到中国留学，从而加深中美民众特别是青年之间的交流。2014 年 1 月 24 日，方李邦琴应时任美国国务卿希拉里邀请，赴首都华盛顿参加"10 万人留学中国"基金会成立仪式。在仪式上，方李邦琴作出承诺：向"10 万人留学中国"基金会捐赠 100 万美元作为"种子基金"，以吸引更多的资金投入到这项支持中美交流的公益项目之中。

她在中国驻美大使为基金会成立举行的晚宴上表示："我移民来美国 50 多年，中国是我的'娘家'，美国是我的'婆家'，我对这两个'家'都有很深的情感。中美两国在许多国际事务上共同担当责任，选送 10 万美国学生到中国学习非常必要，有利于增加中美之间相互学习和了解的机会。"

热心文化教育的雅人

方李邦琴是名满金山的巾帼雅士，曾携"海外游子吟"合唱团赴北京国家大剧院演出，黄钟大吕，余音袅袅，乐荡国魂，吟唱出了海外游子如何踏着先驱的脚印在北美大陆上追寻中国魂，多年漂泊异乡对祖国的深深眷恋。

方李邦琴亲自主编《孙中山与〈少年中国〉》一书，将北美印行的《少年中国》晨报、《世界日报》等百年老报的大量第一手资料，加以系统的整理和挖掘，通过原始文献展示了孙中山光辉的历程，再现了辛亥革命血与火的实景，具有巨大的震撼力和独特的历史价值。这本书让人们透过历史报纸来寻找辛亥革命的意义，它给人们带来的阅读体验，不仅是回顾历史，更是亲历历史、感受历史、见证历史。

旧金山湾区明星荟萃，我到旧金山后，总领馆推动侨界音乐、舞蹈、美术、电影等各有关协会与大腕明星成立了美西华人艺术界总同盟，总同盟在中国文化部支持下，与河南、吉林等省合作，强势推出交响音乐会、歌舞晚会、电影晚会、美术展览等中国文化艺术季系列活动，在美西产生很大影响。方李邦琴担任总同盟的顾问，捐款支持总同盟的活动。

收获奋斗成果的劳人

方李邦琴奋斗一生，获得了丰厚的回报，这一回报，不是指她发了多少财，当了多大的官，享了多少福，而是指她赢得了认同，赢得了掌声，赢得了荣誉。

2014 年 4 月 4 日，旧金山侨界数百人集会，祝贺方李邦琴八十大寿。我应邀出席讲话，荣幸地为寿宴开始敲锣。海峡两岸许多贺客特意万里迢迢飞到旧金山为方李邦琴祝寿。我在讲话之前，特意宣读了全国政协副主席李海峰、国务院侨务办公室主任裘援平给方李邦琴的贺信。美国众议院前议长、少数党领袖佩洛西也写信祝贺。许多人送来寿联寿礼，我也在寿宴上宣读了我撰写的《贺方李邦琴女士八十寿联》：

　　本中华英才，情系故里，逾古稀又十年，犹喜慈颜久驻，只赖平生接地气；

　　真巾帼雅士，名满金山，去期颐尚廿载，预征鸿福无疆，原来前世是天仙。

为方李邦琴寿庆开锣　　　　　　　　　　向方李邦琴赠送贺状

　　2014年，通过中国驻旧金山总领事馆推荐，方李邦琴荣获第三届"中华之光"大奖。"中华之光"，全称为《中华之光——传播中华文化年度人物评选》活动，是中央电视台继《感动中国》、《年度经济人物》之后，重点推出的大型文化人物评选活动。《中华之光》由中央电视台与文化部、国务院新闻办公室、国务院侨务办公室、中国人民对外友好协会、孔子学院总部/国家汉办共同主办，CCTV—4承办，是目前中国国内最高规格的文化盛事之一，也是一场汇集了全球华人文化精英的文化盛典。12月19日，第三届《中华之光》颁奖典礼在CCTV总部隆重举行。第九、十届全国人大常委会副委员长许嘉璐以及各主办单位的领导出席了颁奖典礼，国务院侨务办公室主任裘援平为方李邦琴颁奖。颁奖辞说：

　　故乡远，音隔绝，五十年风云从头越。艰辛起步，扬帆商海，决胜传媒，弱女子终成大业。为华人主张，为历史留声，无论是在华界社区，还是总统的讲坛，她一直用世界的语言，讲述中国的故事。

12月21日，中央电视台在北京大学为方李邦琴获奖录制专题节目，节目由桑晨主持，我和北京大学副校长李岩松陪同方李邦琴接受专访。桑晨问我对方李邦琴的印象，我念了为方李邦琴获世界华人之光大奖专门撰写的贺联作为回答：

参加中央电视台桑晨为方李邦琴
获奖主持的专题节目

女界英豪，华界翘楚，侨界明星，大奖声名传四海；
奇人本色，高人风范，超人事业，平生盛德动三川。

北京大学校园内关于方李邦琴电视节目的宣传广告牌

儿孙们对方李邦琴的敬爱和孝顺是方李邦琴收获到的最难得的奋斗成果。我多次亲身感受到了方李邦琴与家人之间的脉脉温情。有一次，我应邀到方李邦琴家做客，方李邦琴的大儿媳黄凡亲自花了 4 个小时为我插花，一大盆芬芳扑鼻的鲜花令我感动。我知道，大儿媳为我插花，根本原因是对婆婆的认同和敬重。被称为"钢铁花木兰"的方李邦琴，在家庭中表现出的是她温柔的一面。"我在家里没有脾气，家是很自然舒服的地方，在家里没有很大的压力，会经常和孩子们一起，讲我年轻时候的一些故事。我很少和孩子之间用打骂的方式说教。"谈及子女教育问题，方李邦琴表示，儿子的成长很大程度上取决于他们的自律。"我和孩子之间完全是朋友的方式。虽然工作很辛苦，但是我回去以后还是和儿子一起玩。"方李邦琴笑言，有时候家里吃饭聊天，兄弟之间也会拿她做话题，他们会说："妈妈都懂了，你们还不懂？"

在方李邦琴家做客

对生活的经验和体会，方李邦琴用一句话概括："不管是在中国还是美国，不管是年轻还是年老，道理是一样的，要成功终究会经受挫折，我们需要做的就是坚持。我常常说这样一句话，当你做了好事，也许明天不一定会得到好的报答；当你诚信待人，明天也许会受到欺骗。尽管如此，我们仍然要坚持自己的原则，多做好事，诚信待人。"

方李邦琴这样总结自己的人生经历："我这一生就像一块生的铁，先是放在火炉里烧，烧得很热的时候，拿出来拿个榔头打，打完了已经很痛，然后再放到冷水浸。好不容易舒服一点，又放到火炉里去，烧完了再拿榔头打。我能够成功是因为我受得住那个痛。"

第三十章　美国向华人移民正式道歉及其他

　　1882年，美国国会通过了美国历史上唯一一个针对某一族裔的移民排斥法案，即臭名昭著的《排华法案》。2012年6月18日，旅美数代华人等了整整130年的美国国家的正式道歉，终于来到了。这天，美国众议院通过《排华法案》道歉案，上年10月美国参议院就已全票通过了这一道歉案。6月18日众议院的行动，相当于在立法机构层面上完成了道歉案的法律化程序。该法案以国家立法的形式，为美国国会在1882—1904年通过的限制在美华人基本公民权利的《排华法案》正式进行国家道歉，其严肃性超过了政府官员的正式或非正式道歉。这一严肃性，一定程度上弥补了迟到130年的缺憾。国家道歉与国家的政治文明建设是什么关系？国际道歉是有利于提升国家形象还是会有损国家形象？反映的是政治清明还是政治昏暗？正式道歉在国外是正常现象还是反常现象？在中国历史上有国家意义上的正式道歉吗？探讨这个问题，对于我们树立政坛清风、提升道德境界、加强政治文明建设，不无意义，很有必要。

赵美心与美国向华人移民的正式道歉

　　美国向华人移民正式道歉同来自加州的国会华裔议员、美国国会亚太裔小组主席赵美心等的努力推动分不开。2011年，以美国首位华裔国会女议员赵美心为首的数位众议员正式向国会提出了议案，要求国会对1882年通过的排华法案正式向公众道歉，并向世人揭露那段不光彩的历史，为后人所警示，不再重蹈践踏华裔移民权利的覆辙。赵美心提出这项决议案、加州率先就"排华法"道歉后，"美国华人全国委员会"主席薛海培开始在国会推动类似的法案。

1882 年美国国会通过臭名昭著的《排华法案》，并在以后推出一系列针对华人的歧视性法律，包括禁止华裔移民入籍、禁止华裔和当地居民通婚、禁止旅美华人亲属来美探亲团聚等规定，这些在很大程度上践踏了华裔民众的基本权利，歪曲了华人移民历史，并在美国民众心中播下了仇视华人的种子。虽然美国在 1943 年废除了该法案，但是美国国会一直没有就此事正式向华裔民众道歉。赵美心推动的提案将一雪百年来积压在华裔移民心头的耻辱，也有助于美国人民正视历史，推动民族和解。

赵美心多次表示，实现推动"国会向华裔社会道歉"的目标，离不开广大华裔社区的支持，华人需要团结，需要万众一心才能争取到那份迟来的"道歉声明"。为了响应赵美心的号召，华盛顿一些年长的华人华侨开始行动起来，敦促华裔年轻人了解排华历史，并号召华裔民众向国会陈情施压。

美国国会议员赵美心出席华界活动

在美国居住近 60 年的司徒国杰先生说："我刚来美国的时候，体验过华人普遍受歧视的生活。那时候，华人到市中心电影院看电影也会引来歧视的目光甚至是谩骂殴打。"他还感慨地说，现在的华裔年轻人都忘记了那段历史，忘记并不代表事情已经解决。如果华人自己都不重视这件事情，就没有人会站出来说话了。司徒先生还倡导有选举权的华裔民众写信给自己选区的国会议员，告诉他们真实的想法。他说："选票是华裔民众表达自己权利诉求的方式，告诉你们的议员，如果想获得华裔民众的支持，就站出来推动为排华法案道歉的议案。"同样在美生活了数十年的田长焯先生退休以后，创办了一份名叫《美华论坛》的英文杂志，并担任该杂志社社长和总编辑。该杂志曾用大量篇幅报道了西雅图地区排华事件，以及华裔民众、当地白人对那段历史的理解。其中一位英文作者写道："排华运动是西雅图一段黑暗、肮脏的历史，我们都希望能够忘记它。但是重新审视这段艰难和痛苦的历史是非常重要的，这可以让我们学到很多。"田长焯说："我们办这个杂志的目的就是想让主流社会了解一个真实的中美关系，让主流社会反省历史上的排华运动。只有主流社会认识到错误，才会从根本上解决这历史遗留问题。"这些华裔老人们还说，真正了解和经历过排华运动的华裔居民已经很少了，部分华裔年轻人认为"那些事都已经过去了"的观点是非常错误的。不团结、漠视历史是一种悲哀，也是美籍华人无法争取公平社会地位的罪魁祸首。

2012 年 6 月 18 日，这天，美国众议院通过《排华法案》道歉案，该议案由赵美心提出。旅美数代华人等了整整 130 年的美国国家的正式道歉终于到来后，赵美心等 19 日就该案在国会举行记者会。赵美心表示，这个国家可以认错，继续往前走。现在更重要的是，所有华人都应积极参政。赵美心在记者会强调，此案的通过，显示全国华人及支持者的力量。她呼吁全美华人积极参政，使反亚裔暴力如陈果仁命案等惨剧不再发生。她说，华人可以支持华裔候选人，或以其他方式参与。

美国为历史罪责曾多次正式道歉

中国老百姓了解比较多的与中国有关的美国正式道歉有两次。

一是上面提到的就《排华法案》向华人移民正式道歉。作为移民国家的美国，华人移民成了第一批被美国国家机器系统性排斥和歧视的族群。《排华法案》限制在美华人的基本公民权利，包括 10 年内暂停华人移民和入籍、禁止华人在美拥有房产、禁止华人与白人通婚、禁止华人妻子儿女移民美国、禁止华人在政府就职等条款。这个法案直到 1943 年中国成为美国在第二次世界大战中的盟友后才被废除。《排华法案》令华人在美国这个所谓的"文化大熔炉"里抬不起头，其遗毒甚至影响至今。116 年前，李鸿章访美期间，猛烈抨击美排华法案，说"排华法案是世界上最不公平的法案"，"你们因你们的民主和自由而自豪，但你们的排华法案对华人来说，是自由吗？这不是自由"！《纽约时报》报道说，他抨击这个法案时，"眼睛射出灼人的光芒"。美众议院前议长佩洛西盛赞美国就《排华法案》作出道歉。

二是 1999 年 5 月 8 日凌晨 6 时，位于贝尔格莱德市中心的中国驻南联盟大使馆遭到北约飞机轰炸，美国政府对此表示道歉。5 月 10 日，美国总统克林顿在白宫向记者公开表示："我已经向江泽民主席和中国人民表示了道歉。我要再次对中国人民和中国领导人说，我对此表示道歉和遗憾。"随后，美国国务卿奥尔布赖特在国务院向记者表示："我重申我们对由于北约错误轰炸导致中国驻贝尔格莱德大使馆人员伤亡表示深切悲痛。中国人民想必了解，包括克林顿总统在内的北约领导人已经就这一悲剧性错误作出了道歉。"1999 年 5 月 12 日，美驻华大使馆和驻中国各地领事馆在北约轰炸我驻南使馆事件中的三名受害者骨灰被运回北京时降半旗致哀。

实际上，美国就历史上罪恶或错误的国家行为还有过多次道歉。

1988 年，美国政府就第二次世界大战时期将日裔美国人关进集中营进行道歉和赔偿。1941 年 12 月 7 日，日本联合舰队袭击美国太平洋舰队基地珍珠港，美国随即把那些在美国生活和工作的日本人送入拘留营安置，这些拘留营位于各州最贫瘠、荒芜的土地上，四周围着铁丝网和瞭望塔。不少被认为"可疑"的日裔居民还遭到了"隔离审查"。第二次世界大战结束后，这些拘留营被全部取消。1988 年 8 月 10 日里根总统签署文件，就第二次世界大战中日裔美国人的拘留营一事正式道歉，承认当时将日裔居民看成"外来的敌人"是出于战时的狂热和偏见，宣布给予曾经被关在拘留营中且仍在世的日裔美国人每人两万美元的补偿。

1993 年，美国国会就派兵支持推翻夏威夷土著王朝道歉。自 1810 年起，夏威夷一直是一个独立王国，1893 年，夏威夷的美国侨民在美国海军陆战队的支持下发动政变，推翻利留卡拉尼女王，并于 1894 年宣布成立 "夏威夷共和国"。1898 年美西战争后，美国国会以两院联合决议的形式通过了兼并夏威夷的决议。同年 8 月 12 日夏威夷正式成为美国领地，前 "夏威夷共和国总统" ——美国人多尔被任命为第一任领地总督。1959 年 3 月，夏威夷作为第 50 个州加入美国，成为美国国旗上的第 50 颗星。1993 年，在夏威夷利留卡拉尼女王被推翻 100 周年之际，美国众议院以 2/3 多数，参议院以 65 票对 34 票，通过了 "道歉法案"。11 月 15 日，克林顿总统签署了这一法案，宣布代表美国人民，为 1893 年美国政府推翻夏威夷女王的政变正式道歉。

2009 年 6 月 18 日，在林肯诞辰 200 周年、马丁·路德·金诞辰 80 周年以及美国有色人种协会成立 100 周年时，美国参议院通过一项决议案，"承认奴隶制和《吉姆·克罗法》的深刻不公、残忍、野蛮和非人道"，就历史上的黑奴制度和种族隔离政策，向非洲裔美国人正式道歉。

2009 年年底，美国总统奥巴马正式签署道歉法案，称 "美国政府代表美国人民，向美国公民对印第安原住民做出的暴力、虐待和忽略道歉"，这是美国官方首次对牺牲重大的印第安原住民表示歉意。1490 年，西半球共有大约 7500 万印第安人；150 年后，幸存的印第安人仅为 600 万人。时至 1900 年，美国只剩下 25 万印第安人。目前只占总人口 1.5% 的美国印第安人处在社会最边缘最被忽视的底层，经济、社会和人文等领域的发展指标远低于全美平均水平。

为历史罪责道歉在其他国家司空见惯

欧美不少国家曾为历史罪责道歉。例如：1970 年联邦德国总理勃兰特访问波兰，长跪在华沙犹太人殉难者纪念碑前道歉，为德国当年的暴行表达了痛彻肺腑的无言愧疚；1995 年 7 月，法国总统希拉克为法国人在德国占领法国期间迫害犹太人道歉；1997 年 10 月挪威国王为挪威对闪族少数族裔的压迫道歉；2006 年 6 月 22 日，加拿大总理哈珀向华人铁路工人道歉，同时也为 1923 年 "人头税" 停征后实施的《排华法案》表示最深切的悔过；2008 年澳大利亚国会为政府在 1870—1970 年强加给土著人的同化政策道歉；2008 年 3 月 18 日，德国总理默克尔访问以色列时，在国会向世界承认德国的"屠杀之辱",说"大屠杀让德国蒙羞,我在此向所有在战争中的幸存者鞠躬致歉"。2009 年 2 月,总理陆克文发表声明,就澳大利亚对待原住民的方式及相关政策导致原住民身心的痛苦和煎熬正式道歉。同年,加拿大总理站在国会向本国的原住民道歉。"我们对待印第安学校孩子们的处理方式是历史上最耻辱的一页。"他说,"今天,由于意识到这个错误所造成的巨大摧残,让我们无地自容。"2010 年 6 月,英国首相卡梅伦就"血色星期日"事件表示道歉。1972 年 1 月 30 日,在北爱尔兰的一座城市伦敦德里,举行了一场和平集会,抗议英国对爱尔兰共和军嫌犯不经审判就进行长期关押的政策。英国伞兵向游行的市民开枪,造成 14 人死亡,这就是著名的"血色星期日"。

苏联和俄罗斯也曾为历史罪责道歉。例如,1990 年,苏联向波兰道歉,承认在卡廷森林杀害数千名波兰人。1993 年,俄罗斯总统叶利钦正式为苏联 1968 年入侵捷克斯洛伐克道歉。

非洲一些国家也曾为历史罪责道歉。最典型的是南非就种族隔离政策道歉。1993 年 4 月、1996 年 8 月及 1997 年 9 月,南非总统德克勒克数次为种族隔离政策道歉。1996 年 8 月 21 日,"真相与和解委员会"正式诞生,从而结束了长达 46 年种族歧视政策,给这个国家带来了自由、尊重、责任、多样、和解、平等、民主。德克勒克说,那些屠杀、折磨和蹂躏都不应该是政府行为。在此之前,德克勒克释放了因反对种族隔离政策而入狱的曼德拉,在法律上取消了种族隔离政策,为国家的民主选举奠定了基础,曼德拉随后被选为南非第一任黑人总统。他和德克勒克因此荣获诺贝尔和平奖。

巴拿马总统贝罗卡尔在道歉史上写下独特的一笔。2010 年 5 月,他下令重新设计护照,并亲自审批。2 个月后,有关部门设计并制作了几本护照样品,上交到了总统府,并很快博得了总统的赞赏,他要求用最快的速度印制投用。3 个月后的一天,贝罗卡尔又把那几本护照样品从抽屉里取出来欣赏,突然,他发现了护照上有一个非常细微的错误:巴拿马的国徽中有一个十字叉是铁锹和丁字镐,然而这些护照上所印的,却是铁锹和长柄方锤!国徽出错,对于一个国家来说简直是奇耻大辱,总统认为自己应为这个失误负责!他先是要求护照管理局立即用最快的速度赶制新护照,同时要求用最快的速度把这已领新照的 4 万个人的名字打印出来,他要在第二天发表电视讲话,向这 4 万个人道歉。10 月 4 日晚上 19:00,贝罗卡尔准时走上演讲台,他先是介绍了道歉因由,然后,拿起手中的稿子说:"这 4 万个人的名字分别是曼格艾尔·阿马多加·雷亚罗、查洛慈·安东尼奥·马萨克……"10 分钟过去了,贝罗卡尔在念名字;半个小时过去了,贝罗卡尔依旧在念名字;90 分钟过去了,总统贝罗卡尔还是一个一个地念着那些名字!以平均每个名字花 3 秒钟计算,总统要念完 4 万个名字最起码要花掉 33 个小时,加上中间可能有两次短暂的睡觉,再加上用来上厕所和吃饭的时间,这场电视道歉将会持续 50 个小时!用 50 个小时向 4 万个人道歉?所有人都被震惊了!电视里,总统的道歉在继续,而连线的电话里,则不断传来老百姓们的呼声:"总统先生,我们已经谅解了你的失误,也体会到了你的苦心,你去休息吧!"总统却这样回答:"如果连具体名字都不念,那还谈什么尊重与道歉呢?如果连一个道歉都无法具体地落实到一个人的身上,那还指望我为你们落实什么呢?如果我连自己承担错误都做不到,谁还能指望我来为这个国家承担些什么呢?"夜晚 10:50,在道歉进行了将近 4 个小时的时候,有一位海外巴拿马人在电话里说:"总统先生,如果你对民众们的建议如此不在意,我们还能指望你今后听取我们什么建议呢?"贝罗卡尔这才抬起头来,对着与电话连线的麦克风问:"你们真的可以原谅我所犯的这个过失?"电话连线那端的听众肯定地回答说:"总统先生,我们原谅你!"这一句话,让全国上下一片沸腾,所有电视机前的普通百姓,他们不管总统能不能听见,纷纷大声喊道:"总统先生,我们原谅你!"直到这时,总统才停了下来,他向着镜头鞠了一个躬,说了一声"谢谢我可爱的巴拿马民众",随后走下了讲台。

　　一些有重大影响力的非国家行为实体也曾为一些重大的罪行或错误表示道歉。例如,1954 年,国际奥会专门发表声明,就当年在希特勒执政初期的柏林举办奥运会这一错误选择向公众道歉。教皇保罗二世在 2000 年千禧弥撒上,为基督教会两千年来所犯下的种种不义请求宽恕。2008 年,教皇本笃十六世在接见被天主教神父性虐待的美国受害者时,表达了自己的忏悔之意。后来,教皇书面道歉说:"对你们所经受的严重伤害,我表示深切的歉意,你们的信任顷刻被摧毁,你们的尊严被残酷践踏……我在此郑重表达我们的羞愧和自责。那些罪行一定会得到上帝的审判。"

本文特别要提到的是，即使像日本这样不愿道歉的国家，也曾就其历史罪责作出过道歉。例如，2011 年 12 月 18 日，日本向第二次世界大战时的加拿大战俘表示深切的道歉。

古代中国朝廷也有道歉的传统

国家就历史罪责表示道歉并非外国的"专利"，古代中国朝廷也有道歉的传统。现代国家常常是总统、首相等代表国家道歉，古代中国则通常是皇帝亲自出面道歉，不过那时候不用"道歉"这个词，而是发个"罪己诏"，也就是皇帝的一份检讨书，"罪己诏"，既可以看成是皇帝对个人错误的承认和悔恨，也可以看成是代表国家的道歉。"罪己诏"一般这么开头：朕以薄德云云。然后是述说自己在某些政事上的不足，或者说自己在私人生活上有什么样的过失。由于这种过失所导致的灾害或者天象，都是应该降临在自己身上的灾劫，现在却是由百姓承受了。关于这件事皇帝我本人很难过，所以敬告上天，我一定要改过自新，请老天爷看我的行动吧。皇帝道歉大致都是这么个模式。中国古籍中记载的第一份"罪己诏"，是《尚书》中的《汤诰》，《秦誓》则是秦穆公偷袭郑国惨败后的罪己文。后来，还有《诗经》中周成王的罪己诗《周颂·小毖》。

汉文帝是第一位正式发下"罪己诏"的皇帝，最后一份"罪己诏"是袁世凯在取消帝制后发过的类似文书。据历史学家黄仁宇统计，在《二十五史》中共有 89 位皇帝下过 264 份"罪己诏"，平均每 8 年就下一份，皇帝们也够"诚恳"的。而"罪己诏"里心情最沉痛的，则非汉武帝莫属。汉武帝晚年，任用江充，酿成"巫蛊之祸"，逼死太子刘据和卫皇后，受诛连者数万人；受方士欺骗，求仙炼丹；穷兵黩武，横征暴敛，干了很多狂妄悖谬之事。痛定思痛，他在《轮台罪己诏》中自责悔过（"深陈既往之悔"），不忍心再"扰劳天下"，决心"禁苛暴，止擅赋，力本农"，"由是不复出军。而封丞相车千秋为富民侯，以明休息，思富养民也"。

皇帝代表国家所作的道歉有时会起凝聚人心、拨乱反正，甚至起死回生的作用。唐建中四年（公元 783 年），长安失守，德宗仓皇逃亡，被叛军一路追杀至陕西乾县。次年春，他痛定思痛，颁发了一道《罪己大赦诏》，文字真挚动人，很有感召力。据史料记载，唐德宗颁"诏"后，"四方人心大悦"，"士卒皆感泣"，民心军心为之大振，不久，动乱即告平息。

为以国家名义就历史苦难道歉叫好

回顾以国家名义就历史苦难道歉的历史进程，我们至少可以获得如下重要启示。

以国家名义就历史苦难道歉，是一种值得尊重的政治姿态，是一种国家道德与正义的情怀，是社会进步的表现。一个国家政治是否清明，不在于是不是犯错误，而在于有了错误之后，是不是勇于承认和改正错误。政府和人一样，要有品德素养，其中最重要的品德素养就是有责任、有担当。救助弱者，伸张正义，惩恶扬善，这就是责任；做错了事情，勇于承认错误，真诚道歉，积极赔偿受害者，这就是担当。国家是根本，政府只是国家的外在表现形式，不管经历多少年，也不管更替了多少任政府，政府都有对本国过去的错误向受害者道歉的义务。道德制高点的抢占，并不能通过强权、话语霸权或政治谎言来获取，而是通过尊重弱者、尊重不同的族群，拥有政治权力者通过谦卑的心灵来达成。只有真相与和解，才能使一个民族重新拥有光明的未来。每一次国家和政府道歉后面，都有着公民活动的铺垫，都有着社会认识的进步，都使人看到文明在国家政治层面的繁育和延伸。用什么样的姿态面对历史，既反映这个国家的道德境界，也体现这个国家的智慧，直面历史真相，是一种勇敢，但并不是所有国家都能勇敢地说一句"对不起"。

以国家名义就历史苦难道歉不会自然而然实现，需要付出长期和艰辛的努力。要求美国国家就《排华法案》道歉的《请愿书》上，有 165 个华人团体联合签名。最大的阻力，来自大量的美国人不知道有《排华法案》这个事——包括很多国会议员都不知道，何谈道歉？美国华人团体孜孜不倦地开展游说工作，找数百个参议员、众议员一个个地分别宣讲这段历史，游说花了整整两年，中途时紧时松，但始终没有停止。民主政治就是这样，如果你自己不发声、不参与、不在乎，那么不会有天上掉馅饼的好事。美国的道歉并非出于内部强烈的道德自省，多半是出于实用主义哲学的原则，在对旧恶改正不彻底的情况下，视外部情况的压力作出调整，这种调整促进了现实主义的利益交换，在国人圣人化与国家帝国化之间做出平衡，助推了国力的强盛。尽管如此，美国的道歉，无论是否蒙受了实用主义的阴暗心理影响，都是基于一个前提：承认历史的错误，仅此就值得肯定。参众两院全票通过的向美国华人的国家道歉案，足可以看出道歉之真诚。这项议案是由首位华裔国会女众议员赵美心先向美国参众两院提出的，正是由于一代代华人政治精英的崛起和努力，最终推动了美国上层对《排华法案》的反思。抵制《排华法案》，不靠神仙皇帝，靠的是华人自身的力量。美国就《排华法案》道歉不是良心发现的结果，也不是恩赐的礼物，是华人发声、抗争的努力成果。

以国家名义就历史苦难道歉不仅不会损害国家在国际上的形象，相反，会大大有助于提升国家形象。日本和德国同为轴心国的战败国，战后对战争反省的态度却大相径庭。德国多次向欧洲国家道歉，公开反省纳粹罪行，并且勃兰特以总理之尊，一跪谢罪天下，赢得了各国的谅解和尊重。而日本呢，其政要多次参拜靖国神社，纠缠于南京大屠杀的具体数字，并企图以此否则南京大屠杀，更有甚者是在教科书中美化、否定侵略战争的性质，与德国的态度是天壤之别，在这方面日本与德国在国际上的形象远远不能相比。

以国家名义就历史苦难道歉，有利于提高政府威信，有助于消除政府与人民之间的各种猜疑，增强人民对政府的信任，加强各民族之间的团结，有利于增进社会和谐与稳定。人非圣贤，孰能无过；过而能改，善莫大焉。政府也是如此，犯错在所难免，只有知错、改错才能求得进步。越是放不下身段说声"对不起"，越是容易受到猜疑；越是爱面子，越是丢面子。这就是孟子所说的"有不虞之誉，有求全之毁"。解放军信息工程大学教授陈鲁民说得好："平心而论，作为'君权神授'的古代帝王，权倾天下，尊严无比，百姓疾苦重要，皇帝面子也很重要，能对自己的过错反省悔悟，已经十分难得了，倘再写成文告颁示天下，就更属不易。至于是出于至诚，还是迫于无奈，有几分真心、几分作秀，那就不得而知了，无论如何总比死不认错、固执到底要好吧。有了'罪己诏'这个不成文的制度，对那些无法无天的帝王多少总是个约束。"（《漫话"罪己诏"》，载《同舟共进》2012 年第 8 期）其实，如果能学学历代那些睿智的帝王，诚恳反省自己，检讨既往错误，吸取经验教训，接受大家监督，民众、国家免遭折腾，其身后的历史定评也会高得多。

第三十一章　新发现的黄兴手书对联

> 大道之行在吾党，
> 九州而外此强宗。

　　这是笔者 2014 年 5 月 10 日在美国旧金山全美黄氏宗亲总会会馆发现的黄兴 99 年前手书的对联。对联长约一丈，宣纸有点发黄，之所以快100 年了还完好无损，主要是对联框在镜框里，是黄氏宗亲总会的镇会和兴会之宝，受到总会的精心保护。

　　2008 年由湖南人民出版社出版的最新最全版的《黄兴集》没有收录这一对联，这是因为这一对联至今不为国人所知。为什么快 100 年了，中国大陆和台湾都不知道黄兴的这副对联呢？那笔者又是怎样发现的呢？

对联是怎样被发现的

　　2013 年 4 月 5 日，我来到旧金山出任中国驻旧金山总领事。旧金山是华人移民美国的第一站，是美国华人比例最高的城市，四分之一强是美籍华人。旧金山新老侨团数百个，上百年的侨团比比皆是。作为新任总领事，走访侨团是题中应有之义。

　　2013 年 5 月 10 日，我走访全美黄氏宗亲总会。这是中华人民共和国驻旧金山总领事第一次走进黄氏宗亲总会会馆，当然也是新中国外交官第一次走进这一会馆。为什么新中国成立 60 多年了，笔者是第一个走进黄氏会馆的新中国外交官、新中国总领事呢？这是因为中美建交以前，新中国在旧金山没有外交官。中美建交以后的几十年里，黄氏宗亲总会同台湾保持了传统关系，同中国大陆官方机构一直没有正式往来，中国大陆官员

与时任中华总会馆总董、黄氏宗亲总会主席黄荣达在中华总会馆合影

在旧金山黄氏宗亲总会黄兴像前留影

不便进入黄氏会馆。近年来，黄氏宗亲总会与中华人民共和国驻旧金山总领馆接触增多，同时，黄氏总会反对"台独"，支持祖国和平统一，这为笔者作为新任中国驻旧金山总领事拜访黄氏总会创造了条件。

黄氏宗亲总会主席黄荣达先生等陪同我走进黄氏会馆，会馆右面墙上的黄兴对联立即引起了我的注意。一看到那熟悉的苍劲有力的字体、挥洒自如的书法、大气磅礴的对联，我不由得驻足欣赏。然而，这副对联此前我从来没有见过，我立即意识到我发现了新的关于黄兴的珍贵革命史料和历史文物。我听黄氏宗亲总会主席黄荣达先生说，黄兴1914年7月15日来到旧金山，在旧金山期间，他走访黄氏宗亲总会时，写下了这副对联。这是我第一次看到这副对联，这副对联已99年了，非常珍贵。我在黄兴对联手迹和黄兴戎装照片前特别留影纪念。

为什么对联不为海峡两岸所知

为什么大陆至今不知道黄兴的这副对联呢？原因很简单，在笔者进入黄氏宗亲总会会馆之前，大陆官方从未有人有机会进入会馆看到黄兴的这副对联；黄氏宗亲总会的会员虽然基本上是来自于广东台山的移民，总会虽然视黄兴为本宗引以自豪的代表人物，视黄兴对联为镇会、兴会之宝，但总会诸人毕竟主要是商人，不是文史学者，他们并不知道黄兴对联不为国内所知；加之虽然大陆来的黄兴孙女黄仪庄长期定居旧金山，但与黄氏宗亲总会以前没有往来，她也不知道黄兴曾拜访过总会，并留下了墨宝。

然而，既然黄氏宗亲总会长期以来与台湾保持着传统关系，为什么这副对联在台湾也至今无人知晓呢？这是因为黄兴去世过早，1916年去世，至今90多年了，随着蒋介石成为国民党和南京国民政府最高领导人，视自己为孙中山的继承者，孙被说成是国父，兴中会到同盟会再到国民党被说成是正统，事实上有意无意形成了扬孙抑黄之势。特别是原来一

在纪念黄兴大会主席台上

从左至右：中华总会馆总董蔡文灿、来自于长沙的历史学家郑佳明、笔者、黄兴孙女黄仪庄、黄氏宗亲总会主席黄荣达

年一度的黄兴纪念日，恰好在蒋介石生日前几天，黄兴纪念日后来因之被取消；加上随着岁月的久远，越到后来真正了解黄兴的人自然越少，由此导致认识黄兴对联巨大价值的人自然越来越少。此外，黄氏宗亲总会并没有意识到对联长期不为台湾所知，因而不可能主动积极宣介，随着台湾人事代谢、国民党后来沦为在野党等多种原因，即使是台湾来的人，也不大可能对黄兴这副对联说出个条条道道，由此观之，台湾至今不知道黄兴这副对联一点也不奇怪。

怎样理解黄兴手书对联

"大道之行在吾党"，怎样理解黄兴的上联？笔者认为，只有理解了黄兴为什么从中国来到美国，才能理解上联，才能理解黄兴崇高的革命胸怀。讨袁的"二次革命"失败，使孙中山、黄兴等被迫逃亡日本。在从事救国活动的同时，黄兴没有因为与孙中山有分歧而独树一帜。孙中山当时认为"二次革命"的失败源于黄兴未把握起兵时机，多次致函黄兴，历数对黄的不满，并要求他配合，维护自己的领袖威信。孙还致函黄兴，在坚持自己主张的同时，希望黄"静养两年"，并约好以后二人只论私交，不谈公事。黄兴则因为自己一心护党反遭诽谤，很觉伤心，为避免留在东京同志间有更多误会，遂决定离开日本，并拒绝加入孙中山新成立的中华革命党。虽然实际上以当时实力对比，即使武装反袁也没有多大胜算，但识大体的黄兴并没有和孙中山分道扬镳，而是远走美国。在旧金山，黄兴接到一些拥护者的来信，挑拨他和孙中山的关系，怂恿他另行组党。黄兴坦荡地回答："党只有国民党，领袖唯有孙中山，其他不知也！"在美国各地，他向爱国华侨宣传孙中山的三民主义纲领，揭露袁世凯帝制的阴谋，并积极为革命募捐。虽然他蒙受了诸多指责，虽然他拒绝加入中华革命党，但他认为他与孙中山等战友仍是国民党的同志，他和孙中山等为之战斗的事业是"大道之行"的伟大事业，理解了上述背景，也就不难理解黄兴上联"大道之行在吾党"的含义。

"九州而外此强宗"，黄兴所说的"强宗"，指的就是黄氏，为什么黄兴把黄氏称为九州而外的"强宗"呢？

黄兴上联（左）黄兴下联（右）

　　首先，从在美国的侨民人数、侨团情况来看，黄氏侨民最多，黄氏侨团实力最强。西方资本主义世界中，在美国的中国侨民、侨团最多；在美国，旧金山中国侨民、侨团最多；在旧金山，黄氏侨民最多，黄氏宗亲总会在侨团中势力最大。

　　其次，从黄氏侨民侨团与宁阳总会馆的关系来看。宁阳是广东台山旧称，美国驻中国大使、前美国商务部长、华盛顿州长骆家辉，旧金山市长李孟贤原籍均为台山，台山人在美国西部地区实力最大。美国的侨民一是依籍贯组成侨团，如三邑总会馆（南海、番禺、顺德）、肇庆总会馆、福建同乡会等；一是依姓氏结团，如黄氏宗亲总会、李氏敦亲总公所等。全美黄氏宗亲总会成立至少已有 162 年，在美国各大城市有 22 个分会，会员数以万计。黄氏宗亲总会是宁阳总会馆下属的最大的宗亲总会，均由广东台山籍人士组成。宁阳总会馆是姓氏宗亲会的联合体，总会馆领导体制以商董为基础，商董由 26 个姓氏的侨民组成，如黄、李、朱、邝、陈、刘、雷、伍等。商董名额分配初期根据旧金山港口所收各姓出港票的多少，由各姓自行选出。黄姓不仅商董名额始终最多，在商董数目上一直占优势，而且在轮值宁阳总会馆主席方面也比其他姓氏要频密得多。宁阳总会馆是旧金山影响最大的侨团，黄氏宗亲总会是宁阳总会馆的主导力量，所以黄兴称黄姓是"强宗"。

再次，从黄氏侨民侨团与中华总会馆的关系来看。中华总会馆是美国传统侨社的龙头老大，直到今天仍是如此。清政府在美设立外交机构前，中华总会馆受中国政府委托在美维护侨民利益，也就是说，当时的中华总会馆具有一定的政府职能。中华总会馆成立于150多年前，由于早期来美华人大多集中在旧金山，其中广东籍的又占90%以上，所以这一以广东籍侨胞为主的组织当时在美国事实上成了全侨性的组织。1878年，清朝政府驻美公使郑藻如以官方名义将会馆定名为"金山中华总会馆"，该会从此成为全美华人社团的最高组织，扮演领导全侨的角色。侨界则称之为"驻美中华总会馆"。中华总会馆及其属下包括宁阳总会馆在内的七大会馆通常不收会费，其经费完全靠当时的出港票维持。当时规定，凡回中国者，每人需向所属会馆缴纳若干出口税，即出港票，由各会馆派员到码头收取，不纳者不得登船。1894年时，出港票每人9美元，其中3元归中华总会馆，3元归所属会馆，3元用于为去世华人遗骨的捡运费。根据1926年统计，在宁阳总会馆注册的华侨人数12943人，其他六大会馆总共才13733人，宁阳侨民最多，所得的出港票自然远远超过其他会馆，经济实力最大。1907年时，当时中华总会馆共设商董29名，宁阳总会馆独占10名，对宁阳总会馆影响最大的一直是全美黄氏宗亲总会，也就是说黄姓影响最大，这是黄兴把黄姓说成是"强宗"的内涵之一。

最后，也是最重要的，从黄氏对辛亥革命所做的贡献来看。从华侨与辛亥革命的关系来看，美国华人对辛亥革命的贡献最大，就美国华人对辛亥革命的贡献来说，黄氏贡献最大。这是黄兴说黄氏是"九州而外此强宗"的最基本的含义。当时，就侨团实力来说，黄氏宗亲总会实力最大，就侨胞个人来说，美国华人黄三德影响最大。黄三德是广东省台山县四九镇坂潭乡东头村人，1878年，15岁的黄三德移民到旧金山，他拜当地一位颇有名气的华人武师为师，练就一身好武艺，成为当地华人中一位年轻的武林高手。1883年12月，黄三德加入了美洲华侨组织——洪门致公堂。1897年，34岁的黄三德被推举为旧金山致公堂总理，侨胞都爱称他为"洪门大佬"。他通过多方交际应酬，借此结识各方华侨领袖和政府官员，其中一位是孙中山的哥哥孙眉。1903 年，孙中山赴檀香山，通过孙眉引线，黄三德去檀香山与孙中山相见。他以主人身份热情招待了孙中山。孙为便于在美洲联络更多同志，毅然加入檀岛致公堂，并被推举为"红棍"（元帅）。

黄三德与辛亥革命

黄三德在帮助辛亥革命方面至少有三大贡献。

一是救了孙中山的命。1904 年 4 月 2 日孙中山赴美，由檀香山乘船到达旧金山。登岸后，因保皇会党徒和清廷驻旧金山领事何枯的告密诋毁，孙被美国海关当局以"中国乱党"的罪名拘禁起来，不许与外人见面。美当局准备用原船将孙送回檀香山，再遣返回国。黄三德得知后，东奔西跑，到处找关系营救孙中山。最后，他以自己的名义拿出 500 美元作保证金，把孙保释出来，又花 5000 美元聘请当时檀香山著名律师和利为孙打官司。最后打到华盛顿最高法院，经过历时 17 天的审判，终于胜诉，孙安然脱险，顺利入境。

二是帮助孙中山大造革命舆论。例如，为在美洲更有效地宣传革命主张，跟保皇派展开斗争，黄三德果断接受了孙中山关于改组致公堂机关报《大同日报》的意见，撤换了长期控制这家报纸的主笔、保皇会党徒欧渠甲，推举同盟会革命党人刘成禹出任《大同日报》主笔。黄三德还亲自陪同孙中山到全美各埠发表演说，有一次，从 4 月 26 日往斐士那起，至 10 月 28 日到波士顿止，途经 30 多个大中城市，历时半年有余。每到一处，黄三德必介绍孙中山与各埠的华侨领袖相识，以扩大革命影响。其中，美洲另一华侨组织安良堂的侨领司徒美堂，就是在黄三德的介绍下认识孙中山的，从此，司徒美堂也成为忠实追随孙中山的华侨领袖之一。

三是多次为同盟会武装起义给予筹款支持。有一次，黄三德毅然决定抵押和变卖美国致公堂的会馆来支持孙中山的革命活动。在他的影响之下，加拿大温哥华、维多利亚、多伦多等埠的分堂楼宇也都变卖或抵押，使孙中山终于得到数十万美金的革命活动经费。

黄兴、蔡锷的像悬挂在旧金山美国致公堂总部大楼内的墙中央

黄三德与美国黄氏宗亲总会

但是，对孙中山来说，当时仅有洪门致公堂的捐款是远远不够的，黄三德本身是黄氏宗亲总会的人，黄氏宗亲总会，还有其他侨团，都曾资助过辛亥革命。作为美国第一大侨团，如果黄氏宗亲总会抵制孙中山，反对辛亥革命，孙中山是不可能四到旧金山来争取华侨支持的，黄兴也不会到黄氏宗亲总会会馆拜访。然而，奇怪的是，谈到美国华人对辛亥革命的贡献，谈到"华侨为革命之母"时，国人总是提到洪门致公堂；提到黄三德时，总是把他说成洪门大佬，但没有谁把他和黄氏宗亲总会挂钩，更没有谁提到黄氏宗亲总会对辛亥革命的贡献，这是为什么呢？笔者认为，主要有如下几个原因。

　　一是黄三德本人虽然也是台山人，他也是黄氏宗亲总会的会员，但他不是黄氏宗亲总会的领导人，作为洪门大佬，他本人更愿意亮明他的洪门领袖身份。当时，洪门组织在美国九大埠，几乎埠埠都有堂。其中旧金山堂号最多，总堂也最大。据梁启超《新大陆游记》所载，计有致公堂、秉公堂、瑞端堂、协英堂等 26 个，其中以致公堂势力最为雄厚。据载，19 世纪末美洲约有 80% 的华侨入围（洪门称入盟为入围）。到 1897 年由黄三德任盟长，被称为美洲致公堂大佬，此时致公堂力量大盛。当时在洪门会党中，数致公堂为"势力至大、人才至众、章程最善、财力最厚之大会党"（冯自由《革命逸史》初集）。以美洲而言，"华侨列名于致公堂的十之八九"（冯自由《中华民国开国前革命史》）。但需要说明的是，黄氏宗亲总会综合实力远在致公堂之上，100 多年来的历史事实和发展趋势证明了这一点。至于说到"华侨列名于致公堂的十之八九"，这毫不奇怪。直到现在，美国华人许多仍然是同时列名于多个侨团，但这不等于说黄三德的洪门致公堂是华界第一大侨团。黄氏宗亲总会的领导人定期更换，而致公堂侨领相对稳定，其对辛亥革命的支持，始终在黄三德领导下进行，这也是黄氏宗亲总会的领导人不如黄三德有名的一个原因。

　　二是孙中山和黄三德都是洪门中人，更愿意谈到洪门对辛亥革命的贡献。黄三德 1936 年发表《洪门革命史》一书，使其对辛亥革命的贡献更为世人知晓。根据洪门会党只接受帮内人领导和指挥的传统，孙中山以参加洪门、任职红棍为契机，迈出了领导和改造海外洪门的关键性一步。1904 年孙中山受致公堂的委托，起草了《重订致公堂新章》，把"驱逐鞑虏，恢复中华，创立民国，平均地权"作为致公堂的宗旨，给原先以生存自卫、互济互助为目的的会党组织增添了完整的资产阶级民主革命纲领。孙中山先生之所以对洪门组织如此重视，正如他在《三民主义》的"民族主义"第三讲中指出的："会党中有民族思想的，只有洪门会党。"华侨与海外洪门不是同一概念，海外洪门是华侨，华侨不等于都是海外洪门。由于孙中山与黄三德都是洪门领袖人物，自然谈海外洪门的贡献多，谈包括黄氏宗亲总会在内的华侨对辛亥革命的贡献自然就少些。

　　三是华侨为辛亥革命募捐是通过致公堂进行的。1911 年 6 月 10 日，孙中山成立美洲洪门筹饷局（又称中华革命军筹饷局，对外则称国民救济局），手拟《洪门筹饷局缘起》、《革命军饷约章》两个文件，力陈筹饷支持革命的重要性和迫切性。规定凡捐助军饷五美元以上者，加倍发给中华民国金币券，捐款一美元以上者，可获"优先国民"的荣誉；捐款一千美元以上者，革命成功后在国内享有"经营一切实业优先"权利。孙中山指定由黄三德、李公侠二人负责具体筹办工作。1911 年 6月 15 日，洪门筹饷局正式成立，选举朱三进为主席，罗怡为副主席，黄任贤、黄杰亭、刘菊可为中文书记，唐琼昌、黄伯耀为英文书记，李公侠为司库，黄三德与李公侠为总监督。另选派一批擅长演说的人当各埠发动的演说员。洪门筹饷局成立后，华侨捐资踊跃。实际上主持、推动募捐的是黄三德及其洪门致公堂，但不等于钱是致公堂出的，真正出钱多的还是黄氏宗亲总会等有实力的侨团。洪门筹饷局十位主事者中，就有四人姓黄。

孙中山、黄兴分别来旧金山时，均被当时的中国政府视为敌人，当时的中华总会馆受中国总领事馆控制，因此，孙、黄不仅不能进中华总会馆，还要防止中国总领事馆的明枪暗箭。黄氏宗亲总会作为中华总会馆的台柱子，一方面注意顾及中国政府面子，没有邀请黄兴访问中华总会馆；另一方面又隆重欢迎黄兴来黄氏宗亲总会。这突出地反映了黄氏宗亲总会"强宗"的一面。黄兴在旧金山几十天，只拜访了黄氏宗亲总会，洪门致公堂咫尺之遥，黄兴没有前去拜访，这从另一个方面说明，黄氏宗亲总会的实力和影响力在致公堂之上，国内学界长期把洪门致公堂说成是美国第一大侨团的说法不能成立。

历史发展的趋势证明了黄兴"九州而外此强宗"的说法是正确的。在美国传统侨团中，黄氏宗亲总会和宁阳总会馆的影响力和活动力一直在加大。黄兴访问黄氏宗亲总会时，宁阳总会馆在中华总会馆的商董名额是10 名，约占中华总会馆整个商董名额的 1/3。随着经济实力的增强，宁阳总会馆不断要求增加其在中华总会馆的商董人数。目前，中华总会馆共有商董 55 名，宁阳总会馆占了 27 名。根据轮值制度，中华总会馆的领袖人物——总董每两个月轮任一次，由于宁阳总会馆商董名额多，宁阳总会馆的主席每年有半年时间担任总董，其他会馆的主席则每两年才能轮值两个月。黄氏宗亲总会既是宁阳总会馆的中坚，也是中华总会馆的重要支柱，在驻美宁阳总会馆 49 个商董席位中占了 11 个，在驻美中华总会馆 55 个商董席位中占了 6 个，因此，中华总会馆的总董往往是黄氏宗亲总会主席担任，这验证了黄兴关于"九州而外此强宗"的说法。

黄氏后人与美国黄氏宗亲总会

　　了解了上述背景，也就不难理解黄兴为什么特意拜访黄氏宗亲总会，为什么亲书对联相赠了。

　　令人欣慰的是，黄兴拜访黄氏宗亲总会，99 年过去了，将近 100 年来，黄氏宗亲总会仍然保持了"强宗"的特性和传统。最典型的例子是，2013 年 5 月 28 日，黄氏宗亲总会主席、宁阳总会馆主席黄荣达在轮值担任中华总会馆总董时，毅然召开中华总会馆全体商董大会，投票表决通过了撤除总会馆青天白日满地红旗的决议，终结了中华总会馆自 20 世纪 20 年代末以来悬挂青天白日满地红旗的历史。随后又邀请笔者以中国驻旧金山总领事的身份拜访中华总会馆，笔者成为新中国建立以来第一个走进中华总会馆的官员。

左上：黄兴孙女黄仪庄在旧金山黄氏宗亲总会　右上：与黄兴孙女和蔡锷外孙合影
左下：黄兴孙女黄仪庄与驻美黄氏宗亲总会主席黄荣达在总会合影　右下：与黄氏宗亲总会各侨领在黄兴手书对联前合影

　　我发现黄兴手书对联的当天，让总领馆章禾领事打电话，把这一发现告诉黄兴在旧金山的孙女、同盟会元老张继的外孙女黄仪庄。黄兴后人与黄氏总会一直没有来往，此前也一直不知道黄兴来过黄氏会馆，为会馆写过对联，黄氏宗亲总会也不知道黄兴有后人生活在旧金山。我告诉黄仪庄我会安排黄氏宗亲总会领导人与她见面，建立起正式联系。黄仪庄非常兴奋。黄氏宗亲总会黄荣达主席也想早日与黄兴后人见面，决定请黄仪庄加入黄氏宗亲总会，并担任相关职务。

　　2013 年 7 月 3 日中午 12 点，我在旧金山唐人街一家中餐馆请黄仪庄和先生一起，与黄氏宗亲总会主席、宁阳总会馆主席和中华总会馆总董黄荣达等见面，共进午餐。他们第一次见面非常高兴。饭后，由黄荣达主席陪黄仪庄夫妇一起到黄氏会馆，黄仪庄亲自看到了她祖父黄兴的对联，她夫妇和黄氏宗亲总会的侨领们在黄兴对联前激动地合影留念。

第九篇　直击在美大事

第三十二章 应对旧金山韩亚空难的日日夜夜

2013 年 7 月 6 日，星期六，下午 3 点，我在官邸接到副总领事易先荣打来的电话，说韩国一架客机在旧金山刚刚坠毁，机上有不少中国乘客，具体伤亡情况不明。我回答："我立即赶到总领馆，通知其他馆领导到总领馆开会。"半小时后，我和其他副总领事见面，了解到受伤的中国乘客被分别送往几家医院，是否有中国乘客丧生需要我们立即核实。我作为中国驻旧金山总领事，立即成立了总领馆应急指挥小组，大家立即行动起来，加班加点，救死扶伤，就韩亚空难中国旅客善后工作整整忙了一个

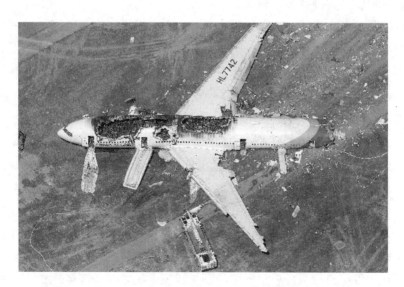

失事的韩亚空难飞机

月。空难当天，习近平主席等国家领导人分别对做好空难善后工作迅速作出指示，在汪洋副总理、杨洁篪国务委员率领中国代表团经停阿拉斯加，然后转往华盛顿与美方举行中美第五轮战略与经济对话的重要时刻，外交部王毅部长指示我留在旧金山抓好空难善后工作，不必按原来的计划前往阿拉斯加配合代表团的工作。外交部其他领导同志做出具体工作部署，要求驻美使领馆全力做好信息核查、伤员救治、人员安置、遇难人员善后等事宜。当晚，中国驻美大使崔天凯与我就使领馆相关工作进行紧急协调，使两地工作迅速形成合力。此后，崔大使与美国务院副国务卿舍曼、韩国驻美国大使安豪荣等通电话，强调中国政府高度关注此事，要求美、韩方面全力救助，妥为善后。浙江省派出了工作组、中国国家民航局派出了专家组赶到旧金山与总领馆一起处理空难善后事宜。

尽早尽量解决四大难题

应对旧金山韩亚空难，我们遇到了史无前例的困难：事故当天是星期六，而且7月4日是美国独立日，从4日到7日，美国休长假，许多人在外地休假，解决问题找不到人，馆里同事也在休假中；美国不少部门和机构以安全、技术或法律原因为由拒绝外人进入；我到旧金山担任总领事还只有3个月，人脉有限；我和同事们都是第一次遇到空难，都没有处理空难善后的经验，事情太突然，都缺乏这方面的心理准备。然而，空难一发生，全馆立即停止休假，全力以赴，很快解决了四个刻不容缓的紧迫问题。

一是尽快核实遇难乘客的国籍和基本情况。事故发生后，我们很快获悉有两位乘客遇难，这两位乘客是不是中国人呢？总领馆向旧金山市政府、医院、美国国务院旧金山领团办公室、机场、韩国驻旧金山总领馆等多方面核实。易先荣副总领事在事故发生当晚紧急约见韩国驻旧金山副总领事，希望韩方尽快协助确认遇难人员身份。当晚9点，从韩国驻旧金山总领馆传来消息，证实遇难的两位乘客是中国国籍，但姓名、年龄等仍不清楚。为尽快摸清两位遇难同胞的详细情况，我们想了许多办法。到晚上11点多，我们通过多种途径联系上了验尸官，从他那里得到准确消息：两名遇难的女生都是浙江衢州人，一名是17岁的王琳佳，一名是16岁的叶梦圆。因为二人面容毁损，无法确定谁是王琳佳、谁是叶梦圆，我们连夜通过国内找到她们的指纹资料，为验尸官作出准确结论提供了帮助。为确保信息准确无误，总领馆深夜联系有关负责人，经多次沟通，最终拿到当地法医部门书面提供的遇难人员信息。

二是尽快核实中国旅客受伤情况。事故发生后，我们先后派出多批领事官员前往9家相关医院核实情况，探望伤员。但医院从保障救死扶伤的环境出发，既拒绝媒体采访，也禁止任何人，包括总领馆人员探视，无论怎么解释，就是不同意。在旧金山总医院等联系了3个多小时一直进不去。进不去就无法核实伤员情况，就不能及时转达祖国对伤员的关心，也无法回应国内的关切。最后，通过美国国土安全部协调，当天，宋如安副总领事等终于先后进入中央医院等医院，看望了李姓女生等重伤员，获得了伤员的第一手情况材料。经我们核实，韩亚航空214航班共有291名乘客及16名机组人员，其中中国旅客共有141名。空难导致来自浙江江山中学的3位女中学生死亡（其中1名伤重不治），181人受伤被送往旧金山总医院等处进行救治，其中82名伤员是中国人。

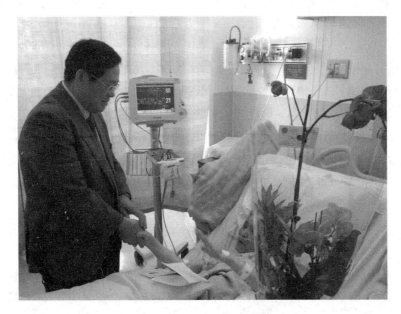

看望韩亚空难中的重伤员

　　三是加快核实中国旅客的下落。空难发生后，国内方方面面，特别是旅客的亲友急于得到是否安全的确切消息。于是，事故当天总领馆第一时间成立应急信息中心，对外公布两部 24 小时值班电话并安排专人轮流值守，耐心回答所有提问。同时，日以继夜地搜集、核实、确认中国乘客信息，通过总领馆网站发布《中国驻旧金山总领馆关于韩国民航坠机事件的公告》，千方百计找到了所有 141 名乘客的下落，核实一批，公布一批，先后发布 20 批确认安全的中国公民名单。一些乘客因没有受伤，且证件没有因空难丢失或受损，已自行离开机场，忙别的事情去了。不弄清这部分人的下落，确切伤亡情况就无法弄清，但弄清这部分人的下落非常困难，花费了不少气力，但我们最后都一一核实清楚，予以公布。

　　四是帮助滞留机场的中国旅客通关，协助他们找到安身的地方。空难发生后，一批轻伤或未受伤的中国乘客，因护照等证件丢失或被毁损，无法办理出关手续，空难发生后几个小时过去了，他们还被迫滞留在机场，机场没有遇到过类似情况，让空难乘客出关或不让他们出关看来都不妥。夜幕来临，乘客惊魂未定，饥寒交迫，身心疲惫。帮助这批乘客出关，给他们安排好安身之地是总领馆的当务之急。6 日下午，宋如安副总领事和几位领事在机场经过 3 个多小时艰苦交涉最终获准进入机场，同滞留中国乘客见面，带去了中央领导和祖国人民的亲切慰问，同时得以了解事故情况，现场核实人员信息。宋如安现场约见机场有关部门负责人，强调不少中方滞留人员旅行证件在事故中丢失损毁这一特殊情况，促使美方破例同意中国乘客暂不办理入境手续即离开机场。他还积极推动有关方面解决中方滞留人员住宿问题，安排全部滞留中国旅客入住机场附近酒店。

尽心尽力满足四大关切

　　一是尽量满足伤亡人员家属的关切，协助伤亡人员家属和工作组处理善后事宜。7 月 8 日深夜，我会同美、韩有关部门代表前往旧金山国际机场停机坪迎接韩亚航空坠机事件中方伤亡人员家属和浙江省善后工作组。家属入住酒店已是零点，我和易先荣副总领事、徐永吉教育参赞陪同遇难人员家属立即会见美法医部门代表，听取情况介绍，回答家属提出的问题。会见持续 3 个多小时，至 9 日凌晨 3 点方结束。当晚，通过美方特殊安排，领事们陪同受伤乘客家属赴旧金山总医院同住院的重伤员见面。这天开始，易先荣率部分领事驻扎酒店，为伤亡人员家属提供一对一定向协助与服务。接下来一段时间，我和总领馆其他领导以及浙江省善后工作组一起，与伤亡人员家属多次见面，就遇难者后事处理、伤者治疗、人员安置、各国处理空难惯例、事故理赔等事宜沟通协商，我三次和死者家属一起吃饭，总领馆帮助在殡仪馆举行遗体告别仪式，我和旧金山市市长等一起出席，我致悼词，所有这些对于抚慰死伤人员家属受伤的心灵起到了明显作用。

看望死难学生家人

韩亚空难死难中国学生告别仪式

　　二是尽量满足学生乘客的关切。韩亚空难中国乘客中，有浙江、山西学生团组 71 人，他们人地生疏，目睹同学伤亡，惊魂未定，迫切希望得到关心照顾。我们把关心照顾好学生乘客作为空难善后的重点之一。7 月7 日、8 日，我和徐永吉教育参赞分别到旧金山和圣荷西两市看望浙江、山西学生团组，听取师生想法，鼓励他们从悲伤和恐惧中走出来。考虑到一些学生在空难中丢失了行李而且美国酒店一般不提供洗漱用品，我特别嘱咐领馆工作人员带去牙膏、牙刷、毛巾等生活必需品。随后，总领馆推动美方和韩亚航空公司派专业人员对学生提供心理关怀和辅导。

　　7 月 10 日晚，我邀请师生近 70 人到官邸做客。师生感慨："我们回家了。"我代表总领馆欢迎同学们回家，再次向大家表示诚挚慰问，并向学生们简要介绍了加州，特别是旧金山湾区主要特点以及两地同中国交

往情况，引起他们很大兴趣。领馆向每位师生赠送印有旧金山特色地标的
T恤衫和中美友谊徽章。考虑到师生们多日吃西餐不习惯，我特别嘱咐厨
房备足中餐，让孩子们吃饱吃好。师生们做客官邸期间几个小时，我自始
至终站着，与大家聊天，因为感觉这样会让他们觉得自在些。师生们在官
邸享用了自抵美以来第一顿地道可口的中餐。多数学生情绪明显改善，露
出久违的笑容。活动结束后，总领馆领事们充当导游，陪同师生们观赏了
旧金山夜景。

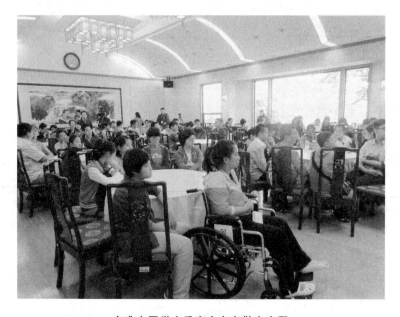

空难中国学生乘客幸存者做客官邸

7月12日，山西学生团组师生共35人离开旧金山，继续在美行程，
上午11时，宋如安、易先荣副总领事为他们送行。徐永吉参赞致电华盛
顿、纽约、洛杉矶等地中国使领馆教育处，请其为中国学生团组在当地活
动提供协助与便利。领队老师激动地说，这次事故使团里每一位师生深切
感受到祖国对每一位海外中国公民的关爱，让大家看到了中国外交人员忘
我的奉献精神。

浙江省学生团组师生31人原定搭乘12日美联航班机回国。不料当天
早上7点多，韩亚航空公司通告，美联航班机因机械故障取消。总领馆紧

急联系中国国际航空公司驻旧金山办事处，请国航安排学生乘机事宜，并要求美方为学生离美提供协助和便利。在总领馆大力推动和协调下，国航和美方做出特殊安排，当天上午在酒店为师生们办理行李托运、出境、登机等手续。手续办妥后全体人员乘巴士径赴旧金山

与空难幸存者合影

机场停机坪直接登机。宋如安、易先荣副总领事以及徐永吉教育参赞等到飞机舷梯前送行，同师生们逐一握手道别。江山市和浙江省外办联合工作组组长王旭说，工作组在美工作得到了总领馆坚强有力的支持和帮助，正是由于你们，我们的孩子们得以平安回国，你们帮我们从肩上卸下了一副沉甸甸的担子。

三是尽量满足中国伤员关切。81位中国乘客受伤，其中重伤员分别住在旧金山总医院和斯坦福医院。伤员们身在异国他乡，面对飞来横祸，语言不通，人地生疏，心理特别脆弱，渴望关心和帮助。8日上午，我赴旧金山总医院看望慰问受伤中国乘客。面对一位受伤的老人，我拉着她的手和她唠起了家常，劝她不要有心理负担，安心治疗，表示总领馆将提供一切必要协助，这给了老人家极大心理安慰。我特意向老人赠送鲜花，并把我本人的联系方式告诉她。我和宋如安副总领事先后三次特意看望一位受伤的李姓女生，安慰和鼓励她，夸她勇敢坚强，说总领馆将全力帮她渡过难关。到第三次看她时，她已能慢步行走。总领馆不仅看望住在医院的伤员，对伤员的治疗、陪护、索赔、翻译等事宜均给予综合考虑，并且在他们出院后，在韩方安排的酒店养伤期间，一如既往地给予关心和帮助。例如，韩亚空难40天后，我专程看望了韩亚空难留医中国乘客6户13人，再次向他们表示亲切慰问，介绍了总领馆参与韩亚航空坠机事件处置与善后有关工作的新进展，听取了部分乘客的倾诉与要求，希望大家"安心养伤"、"放心明天"，表示总领馆将继续同大家一道"齐心维权"，并向每位伤员家庭赠送了果篮。

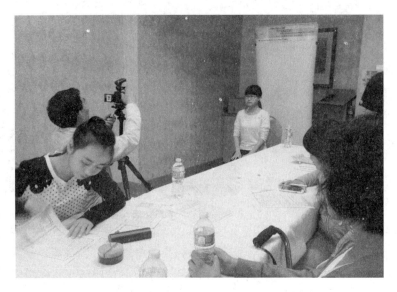

总领馆官员前往空难幸存者住地紧急为其补办旅行证件

四是尽量满足中国乘客补办旅行证件的关切，为他们开辟绿色通道。一些乘客在空难中丢失了护照，他们迫切希望能为他们补办旅行证件提供方便。事发第二天（星期日），总领馆特事特办，在签证大厅专设快捷窗口，集中办理证件补发手续。考虑到部分学生在事故中受伤，行动不便，且旅途劳顿，我让领事们到同学们所住酒店集中办理。领事们加班加点，当天忙到晚上9点才回家。总领馆为数十名有需要的中国乘客补办了旅行证件，且全部免费。

尽职尽责处好四大关系

一是处理好与美方关系。处理好与美方关系是空难善后处理的前提，美方不配合，许多事情就办不成。空难发生后，美国总统奥巴马、副总统拜登、国务卿克里、财政部长雅各布·卢等对遇难者家属表示慰问，副国务卿舍曼和其他美方官员对坠机事故造成中方人员伤亡表示深深悲痛，表示愿为中方遇难人员家属来美善后提供一切可能的帮助和便利。国务院旧金山领团办主任帕特丽莎·海斯告诉我，领团办将全力为救助中国乘客提供协助，总领馆可24小时与其联系。旧金山市市长李

与美方代表就处理韩亚空难问题进行磋商

孟贤在空难发生后不久打来电话，说东航航班安全降落，言下之意坠毁的是韩亚航班，不是中国航班，嘱我不必紧张。了解到中国乘客重大伤亡情况后，又打来电话慰问，通报事故情况，表示旧金山市政府将全力配合中方做好救援、善后工作。李孟贤和旧金山参事会主席邱信福还致函中方遇难者父母，表示沉痛哀悼和慰问。中方伤亡人员家属和浙江省善后工作组抵旧金山前，我和美国国家运输安全委员会（NTSB）代表迈克尔、国务院旧金山领团办主任帕特丽莎·海斯见面，就中国乘客善后处理有关事宜交换意见，达成共识。7月11日，我和美国国家运输安全局主席赫斯曼女士见面，与其就韩亚航空公司空难相关调查、处置工作交换意见。总领馆领导和相关部门负责人还多次约见美国国务院旧金山领团办、圣马特奥郡法医办公室、交通安全管理局、机场海关等机构和部门负责人，就事故处置工作沟通协商。美方对中方要求均给予了积极回应与协助。为及时有效沟通信息，中国驻旧金山总领馆、美国国家运输安全委员会、韩国驻旧金山总领馆成立三方定期会晤机制，为事故处置工作顺利进行发挥了积极作用。旧金山驻华办公室（China SF）向中国乘客免费提供食品和衣物。

　　二是处理好与韩方关系。空难救援和善后期间，我馆同韩国驻旧金山总领馆及韩亚航空公司之间一直保持了密切沟通。我先后两次约见韩亚航空公司总裁尹永斗，就中国乘客善后处理等事宜同对方交涉，敦促公司重视对中国乘客尤其是伤亡人员的救治和善后工作，积极改善相关服务，特别是尽量提供中餐，在充分考虑到独生子女不幸遇难对其家庭的影响等具体情况的基础上尽快启动善后理赔工作，确保所有空难受害者和乘客的正当权益得到维护。易先荣、毕刚副总领事多次分别同韩国总领事、副总领事就坠机事件沟通协调，并十余次约见韩亚航空高层，就空难有关处置工作提出要求。

就韩亚空难接受中央电视台记者采访

三是处理好与侨界关系。侨团主动配合总领馆做好空难善后工作，华侨华人和红十字会、救世军等美民间组织一起纷纷为空难中国公民提供协助，许多义工服务在救死扶伤第一线。旧金山华埠国际狮子会向每位中国学生赠送了巧克力和饼干。华人佛教界举行法事为死难学生祈祷。数十位侨领出席遗体告别仪式。

四是处理好与媒体关系，全力做好信息发布和媒体应对工作。韩亚空难发生后，数十家新闻媒体联系我馆，希望从我馆得到第一手信息。总领馆尽量有求必应，来者不拒。我三次同 CNN、BBC 等数十家媒体集体见面，通报中方人员伤亡情况和总领馆所做工作，回答提问，并接受人民日报、中央电视台、湖南卫视、凤凰卫视等媒体专访。易先荣副总领事、总领馆新闻发言人王川领事等现场或电话接受各类采访百余次。新闻组还将总领馆参与事故处置有关情况第一时间以中英文简讯形式在网站公布，并实时通报各大媒体。我馆还主动提供新闻线索，协助媒体全面深入报道空难有关情况。总领馆主动、透明、开放的形象受到各界广泛赞誉。美国广播公司旧金山电视台知名新闻主播、艾美新闻奖三度得主谢瑞尔·詹宁斯等知名媒体人对总领馆信息发布工作表示感谢。

就空难善后答记者问

尽善尽美展示四个形象

一是展示了亲民的形象。空难发生后，习近平主席立即指示外交部和中国驻美使领馆等全力做好受伤中国公民救治和幸存中国公民安置工作，同时与美方、韩方保持联系，妥善处理好遇难中国公民善后等事宜。国务院副总理刘延东、汪洋、马凯，国务委员杨洁篪就有关部门做好空难相关处置工作分别作出具体安排。汪洋副总理、杨洁篪国务委员出席中美第五轮战略与经济对话期间，专门听取了我有关空难救援和善后处置情况的汇报，嘱我转达对遇难者家属和伤员的问候，并问候参加空难善后的总领馆同事们。此外，教育部部长袁贵仁、浙江省省委书记夏宝龙、山西省省长李小鹏等均亲自高度关注救援和善后工作。祖国的关怀在海内外产生了深刻的影响。旧金山方方面面对中国政府为帮助海外中国公民付出的极大努力表示钦佩。太原五中全体赴美师生回国后，给总领馆写来感谢信："我们不会忘记，在几十个中国孩子恐惧、孤独、惊慌无助时，是你们伸出了温暖的双手；我们不会忘记，远在太平洋彼岸的我们没有亲人陪伴时，是你们的真诚关心与热心带来了家一样的温暖；我们不会忘记，看到使馆门前的五星红旗飘扬在美国领土的上空时，来自内心的亲切感与自豪感激荡着我们的心灵；我们更不会忘记，无论何时何地，无论发生什么，我们都不必再担心害怕，因为在我们身后，永远有强大的祖国！我们会带着这份感激上路，在将来的某一天，用自己的努力去回报他人，回报社会，回报我们伟大的祖国！"

二是展示了开放的形象。可以说，总领馆处理空难善后的日日夜夜，是在世界人民的关注之下度过的，应对旧金山韩亚空难的过程，是开放透明的过程。空难发生后，我的私人邮箱公开，我的手机号码公开，不通过秘书，方便外界直接找我，既提高了善后处理的工作效率，也大大提升了应对空难的透明度。空难善后的重大进展与举措，都第一时间对外发布。总领事与三位副总领事都与媒体保持了密切的互动，总领馆多次主动给媒体提供采访方便。一些不便媒体采访的事情，如探望重伤员、到机场迎接伤亡人员家属、遗体告别仪式，总领馆把拍摄的资料主动提供给媒体。美国甚至世界主流媒体都对总领馆空难善后工作体现的开放性给予高度评价。

三是展示了服务的形象。总领馆工作人员在空难善后过程中，用自己的一言一行、一举一动诠释以人为本、外交为民。医学博士徐鹏辉领事借助其在斯坦福大学丰富的人脉资源，成功确认了斯坦福医疗中心11名中国伤员的身份并逐一探视，成为唯一获准进入该院探视伤者的外国领事。该中心国际医疗部副主任芭芭拉·拉尔斯顿对徐领事说："中国外交官第一时间探视中国公民的积极行动着实令人赞赏和敬佩。"徐领事还充分利用其医学专业向院方反映中方伤员合理关切和需求，有关建议获得院方认可和接受。有伤者家属点名要求徐领事协助看护，提供咨询意见。李韧竹、何瑛领事负责陪同一位重伤人员父母看护伤者，直至其伤重不治。期间目睹伤者家属情绪变化，同为人母的她们感同身受，悲伤不已，她们反复劝慰家属，尽力满足家属要求。看到伤者家属从国内来未带够衣物，她们主动拿出自家衣服等让伤者家属使用。一位73岁韩姓回民老人表示吃不惯医院食物，负责看护的朱荣领事二话没说，立即回家熬了一大锅米粥。当朱领事把热腾腾、香喷喷的米粥和咸菜端到老人跟前时，老人激动得说不出话来。卞周洲副领事顾不上同刚到旧金山的妻子和孩子共享团圆之乐，一头扎进空难善后工作。得知自己日夜思念的孩子不愿叫"爸爸"，他心里一阵酸楚。高级翻译出身的徐娴副领事身体素来较弱，但凭坚强意志出色完成一天十几场繁重的口译工作，并且做得一丝不苟。

四是展示了敬业的形象。空难发生第二天凌晨，宋如安副总领事召集会议，说："同胞落难，正是考验大家的时候，让我们用良心和良知向祖国人民交上一份合格的答卷。"空难发生后的头几天，总领馆领导和许多领事几乎没有合过眼，顾不上吃一顿像样的饭，实在熬不住就在沙发上打个盹，饿了就泡点方便面充饥。易先荣副总领事全程参与处置工作，后方协调，前方指挥，事无巨细，争分夺秒，基本没有睡觉，每天靠香烟提神，不到一星期瘦了10磅。已近花甲的老同志黄志华主动要求参加深夜值班，为年轻人树立了好榜样。年轻的王艳副领事一刻不停地接听每一个电话，耐心应对每一个询问，于千头万绪中汇集、核对、整理一批批确认安全中国公民名单。好几次，她一夜未眠又开始第二天工作。她说："没有人比我更熟悉这份名单，还是我来吧。"当年7月1日刚刚成为中共预备党员的关海强领事协助照顾学生团组任务已相当繁重，但仍然欣然接受值夜班任务，以实际行动践行入党誓言。身为随任配偶的姜海霞、刘婕同志积极协助热线值守和信息发布工作，工作至深夜，敬业精神丝毫不逊外交官。新闻组组长王川领事的妻子在微信中的一句话最能说明一切："没有了白天黑夜，忘记了口渴饥饿，一切的忙碌辛劳只为安抚帮助那些受伤的心灵和人们。你们的行动让我深信'不辱使命'绝不是一句空话，真心为你们骄傲——我挚爱的亲人和同事们！"

第三十三章　亲历旧金山空难中国女孩被碾压以后

2013年7月6日，韩国亚洲航空公司214航班在旧金山国际机场降落过程中发生事故并起火燃烧。机上共有291名乘客及16名机组人员，其中中国旅客共有141名。空难导致来自浙江江山中学的3位女中学生死亡，181人受伤被送往旧金山总医院等处进行救治。

天大的不幸

坠机事件发生后，我作为中国驻旧金山总领事，立即成立了以我为组长、两位副总领事为副组长、由各部门工作人员组成的总领馆应急指挥小组，并立即派出两批领事官员前往相关医院核实情况，探望伤员。事故当天总领馆就启动了24小时值班。

事故发生后，我了解到有两位乘客遇难，当晚9点，从韩国驻旧金山总领馆传来消息，证实遇难的两位乘客是中国国籍，但姓名、年龄等仍不清楚。事故当天是星期六，而且7月4日是美国独立日，从4日到7日，美国休长假，许多人在外地休假，但是，领馆工作人员仍想了许多办法，以便尽快摸清两位遇难同胞的详细情况。到晚上11点多，我们通过验尸官得到准确消息：两名遇难的女生都是浙江衢州人，一名是17岁的王琳佳，一名是16岁的叶梦圆。两人是要好的朋友，初、高中都是同学，她们就读的江山中学是衢州市最好的学校之一。

第二天早晨，有人打电话给我、有人当面问我，说有传言，有一名死者被消防车碾压了，他们想知道，这是真的吗？被碾压的女孩是谁？女孩被碾压时是否已经死亡？如果真的碾压了，美方会承认吗？美方会道歉吗？更有人问，如果是事实，美方会承担责任吗？

　　说实在话，当时我的第一感觉是，在浓烟滚滚、飞机起火、能见度低、一片混乱的情况下，消防车来灭火，碾压女孩有很大的可能性。但我想，即使消防车真碾压了女孩，美国有关当局恐怕也不会承认吧。因为一承认，就免不了调查，免不了道歉，甚至免不了巨额赔偿，反正人已经死了，赔偿可以去找韩亚航空公司，美国恐怕不会愿意自找麻烦吧？

　　果然，在我举行的有几十家新闻媒体参加的第一次新闻记者吹风会上，许多人一而再、再而三提出的问题是："女孩真的被碾压过吗？""被碾压的女孩是谁？""女孩被碾时，是否还活着？"其实，当时我自己对这几个问题也是一无所知，我和大家一样，迫切想知道答案。不过，我当时认为，恐怕不会有答案。

难得的反应

　　随后发生的几件事证明，我的感觉错了。

　　第一件事是，7月8日晚6点，美国国家运输安全委员会的代表迈克尔和美国国务院旧金山领团办公室主任帕特丽莎约我见面。我问美方人员：现在人们都纷纷议论，说有一位女孩被碾压过，这是真的吗？这个女

旧金山市民为中国遇难女生祈祷

孩是谁？美方代表严肃地回答我，是真的，被碾压过的女孩名字叫叶梦圆。他解释说，空难发生后，浓烟滚滚，飞机起火，女孩被抛入草丛中不易被看到，消防车在忙乱中碾压了叶梦圆。他以非常诚恳的语气就此表示道歉。我又问他，叶梦圆被碾压时，还有生命吗？他回答说：他个人认为已没有生命了，理由是王琳佳虽然没有被碾压，但也丧生了，且面目全非。不过，叶梦圆被碾压前是否有生命，要经过法医鉴定，他说了不算。

他告诉我：目前，美国国家运输安全委员会正在对整个事故现场进行全面的调查，法医将会确定两名遇难者的确切死因。迈克尔说，美方第一个把女孩被碾压这一事实告诉中国总领事，但希望总领事不要告诉新闻媒体。我以为他这样说是希望把这件事隐瞒下来。没想到他接下来说，我们不隐瞒事实真相，也不能隐瞒事实真相，我们会尽快告知遇难者的家属。我问道：如果遇难者家属知道了，他们自己告诉媒体怎么办？迈克尔回答，那没有问题，如果先告诉媒体，再告诉遇难者家属那就不公平。迈克尔明确地表示："把碾压真相告诉中国总领事是相信中国总领事，之所以请中国总领事不把真相告诉新闻媒体，是因为我们要自己告诉新闻媒体，如果中国总领事先说了，人家会以为我们不想披露真相，只是因为中国总领事披露了，我们才不得不承认真相。其实，我们从来没想过要隐瞒，我们不能隐瞒。"

第二件事情是，美国有关当局在遇难者家属到达美国20分钟后就把碾压和其他与死者有关的真相连夜告诉了死难者家属，并耐心回答了家属提出的所有问题。晚10点半，韩亚空难中方部分伤亡人员家属和浙江省善后工作组抵达旧金山国际机场。我和总领馆领事王川以及美国国务院旧金山领团办主任帕特丽莎、美国国家运输安全委员会代表迈克尔、美国红十字会代表、韩国驻旧金山总领事、韩亚航空等部门负责人前往机场迎接。美方特意安排其他所有乘客从前门下飞机，专门安排家属和工作组一行从后舱梯下机，乘坐美方准备的两辆大巴直接前往皇冠宾馆，行李由美方提取后再送到宾馆。晚11点，家属到达宾馆。两位死者家属还没有进房间，美方就分两组与两位死者家属在会议室与圣马特奥郡验尸办公室官员罗伯特等分别见面，把事实真相，包括碾压的真相都告诉了死者家属，转交了死者的遗物，并不厌其烦地回答了所有提出的问题。家属提的第一个问题是：到底哪个女孩可能是被消防车辗过的。罗伯特明确告诉他们"叶梦圆是被匆忙到达事故现场的消防车碾压过的受害者",并深表歉意。总领馆徐永吉参赞参加叶梦圆家属一组,易先荣副总领事参加王琳佳家属一组,我则与浙江省工作组和美方有关人员交流情况。等到王琳佳家属一组结束时,快凌晨3点了。我完全没有想到,在美国长假期间,帕特丽莎等高官从早到晚一直忙碌,还连夜把碾压等真相如此坦诚地告诉死者家属,如此真诚地道歉,毕竟,美国不仅不是肇事方,在很大程度上说也是受害方嘛。

与韩国驻旧金山总领事韩东满到机场迎接中国死难学生亲属

　　第三件事情是消防员主动承认碾压。旧金山《世界日报》报道说,消防员是在移动消防车的位置时,接触到了叶梦圆。当消防车撞上叶梦圆时,消防员立即察觉,并立即向消防局报告。

　　第四件事情是旧金山消防局长海恩·怀特向媒体公开承认叶梦圆被碾压。她向媒体公开表示,叶梦圆遗体的伤痕与被消防车辗过的伤痕是一样的。目前旧金山警察局调查撞车的小组正在调查此事。她就发生碾压一事表示深切歉意。

　　第五件事情是验尸官承认碾压。当地时间9日,旧金山圣马特奥郡验尸官罗伯特·富克罗特向美国《旧金山纪事报》确认：韩亚坠机事件两名遇难中国女学生中，叶梦圆被匆忙到达事故现场的消防车碾压过。

第六件事情是旧金山警察局长索尔公开承认碾压。12日，索尔局长亲自向媒体公布调查材料，说根据警方获得的录像带显示，叶梦圆曾被消防车碾压过最少一次。警察局发言人施英典说，叶梦圆的尸体是在坠毁的韩亚飞机的机翼附近被发现的，有多项证据显示叶梦圆被消防车碰触，除了有录像机拍到空难现场情况外，现场地面消防车移动的痕迹也可以证实。施英典特别说，叶梦圆被发现的地方是草丛地带，草长得高，消防员不易发现她，消防车灭火时使用的灭火泡沫也洒到了叶梦圆的身上。索尔就此表示道歉。

第七件事情是奥巴马总统亲自任命的高官——美国交通安全委员会主席赫斯曼现场调查空难事故后，向媒体公开宣布怀疑一名女死者曾被救援车碾压，要求对此进行调查。

美国国家运输安全局主席赫斯曼

第八件事情是旧金山市市长李孟贤就叶梦圆被消防车碾压于9日发表声明公开道歉，他托我将他的道歉信和唁函转交给叶梦圆、王琳佳父母。警察局长、消防局长专门打来电话就碾压道歉。美国交通安全委员会主席赫斯曼当面向我道歉。

第九件事情，也是我最没有料到的事情是 2013 年 7 月 19 日上午 10：05，加州圣马特奥郡法医罗伯特和旧金山消防局长海恩·怀特在联合新闻发布会上宣布，韩亚空难中 16 岁的中国女学生叶梦圆死于消防局的救援车辆碾压。罗伯特说，叶梦圆在被碾压之前还活着。遗体解剖显示，她身上多处受伤，内出血，与遭汽车碾压后的创伤一致。他还表示，叶梦圆被碾压时倒在地上，而不是站着。他特别说，叶梦圆的父母还没有见到女儿遗体，但已在新闻发布会前将检验结果告诉了他们。消防局长怀特表示，新闻发布会前已经通过中国驻旧金山总领事馆向叶梦圆父母致歉并深切哀悼。她说，"我们的工作就是拯救生命"，叶梦圆不幸遇难"对我们来说非常难以接受，我们也伤心之至"。新闻发布会举行前半小时，她特意给我打电话，提前告诉我叶梦圆死因，请我向叶梦圆父母家人转达由衷的歉意。随后，旧金山市长李孟贤也发表声明代表旧金山民众对叶梦圆之死表示深切哀悼，他还表达了对在此次空难中不幸遇难的王琳佳和刘易芮的痛惜。他说："我们的心情非常沉重，我们的思念和祈祷将与她们的家人朋友同在。"李孟贤称赞旧金山消防局救援人员在韩亚空难中反应迅速并冒着生命危险拯救乘客。并说，叶梦圆的不幸遇难"对他们以及所有人来说同样难以接受"。李孟贤最后感谢圣马特奥法医办公室对叶梦圆死因进行了深入周密的调查。

难忘的印象

亲历旧金山空难女孩被碾压以后发生的上述事情，我的脑海里留下了难忘的印象。

没有一个人推卸责任。旧金山消防部门对《旧金山纪事报》表示，"一辆消防车可能对其中一名女孩的死亡负有一定责任"。消防主管部门不仅不撇清叶梦圆的死因与消防车的关系，而且明确表示"可能负有一定责任"，这种事情对我来说是第一次遇到。

没有一个人企图隐瞒碾压真相。尽管披露真相意味着自找麻烦，要应对没完没了的调查，意味着必须道歉，意味着必须承担责任，意味着尽管尽心尽力救火救人，但仍然可能要支付巨额赔款，甚至意味着处分。但从消防员开始，到每一个相关官员，都有什么讲什么，事实真相了解到什么程度就披露到什么程度，没有一个人企图隐瞒真相。美国有关当局官员约我见面，也是主动向我披露真相，并且表示道歉。

没有一个人不表示道歉。碾压真相披露的过程，同许多美国人表示真诚道歉的过程是一致的。旧金山市长又是在电视上诚恳道歉，又是托我将他的道歉信转交给叶梦圆、王琳佳的父母，其实，在我看来，旧金山市长如果不道歉，能有什么错吗？美国交通安全委员会主席赫斯曼当面向我道歉，她本来在华盛顿上班，空难一发生，就立即飞到旧金山，又是到现场勘查，又是约见相关人员，又是看望死难者的父母和其他幸存人员，忙到晚上深夜，如果她不道歉，能有什么错吗？然而，我遇到的许多当地人，他们都一个劲的表示歉意，总觉得孩子们怀着美好的心情来旧金山，却遭遇空难，感到对不起孩子们和家人。

陪同旧金山市长李孟贤祭奠中国死难学生

没有一个人偷懒推诿。虽然发生空难时正值星期六，虽然援救工作日以继夜，然而，不管找到谁，都热心应对。美国国务院领团办公室主任帕特丽莎深夜2点打来电话，说美方愿意提供任何力所能及的帮助，她的电话24小时开通，中国总领馆可以随时给她打电话。帕特丽莎和我一起到机场迎接浙江江山死伤人员家属，亲自安排给死伤人员家属贵宾礼遇，并且，她和我一样，一直和死伤人员家属沟通，忙到凌晨。一位重伤学生在旧金山总医院做手术治疗，我原准备找医生说几句话，以使他为抢救中国女学生投入更多精力。有人提醒我，说声谢谢就行了。这里医务人员非常敬业，不需要特别拜托，更不需要红包。后来，中国受伤人员及家长都对美方医务人员的敬业精神感佩不已。尽管一位中国女孩伤重不治，但其父母仍对我说了不少感谢医务人员的话。

没有一个人为美国官员和有关领导人评功摆好。虽然，在我看来，从旧金山市市长到美国交通安全委员会主任，从消防局局长到警察局局长，从机场管理局局长到旧金山总医院院长，空难发生以后，确实都尽职尽责，都冲在紧急应对空难、努力救死扶伤、尽量做好善后的现场，然而，媒体上根本没有"奏响了什么凯歌"、"体现了什么关怀"之类的话语，相反，充满的却是感谢消防队员、医务人员、义工等的词语。我在第一次媒体吹风会上说"感谢市长李孟贤"，我驻旧金山中央媒体的两位记者悄悄对我说：要感谢最早对空难救援的消防队员、医务人员等，不要提市长、局长，因为现场有许多 CNN、ABC、BBC 等西方主流媒体的记者，他们认为市长等高官尽职尽责是应该的，提市长反而会影响媒体吹风会的效果。

没有一个人不表示同情慰问。空难发生后，总领馆的电话打爆了，许多人打来电话是表示愿意做义工，愿意捐钱捐物。侨团纷纷向我表示，希望能安排他们为空难善后做点什么。侨界为 3 位死难的中国女学生专门设立了一个募捐网站，我被邀请作为该网站的发起人。在旧金山空难中遇难的江山中学中国女孩原本计划在洛杉矶西谷基督教会学校参加为期三周的夏令营活动，她们的遇难让西谷基督教会学校以及社区居民深感悲痛，为了纪念遇难中国女生，西谷基督教会学校 11 日晚 7 时在学校教堂为遇难女孩举行了悼念活动，当地社区居民和学校师生约 400 多人参加了悼念活动。悼念活动特别为遇难女生分别制作了花圈，牧师在悼念活动中为中国遇难女孩祷告，并朗读圣经中的篇章与在场悼念的民众共同分享，伴随有中文翻译，当地官员代表和社区代表纷纷上台献词来表达他们对中国遇难女生的悼念之情。悼念活动过后，很多当地的居民都纷纷在条幅上写下自己的话来安慰遇难女生的家庭。在旧金山空难第 7 天这天，旧金山市民为死难中国女生举行了追思活动。旧金山市市长李孟贤在指挥空难善后的同时，特别挤出时间到医院看望受伤旅客，还给我写来慰问信，嘱我注意身体。他身边的同事告诉我，空难以后几天，他嗓子都嘶哑了。7月24日，举行3位中国遇难女孩遗体告别仪式，李孟贤市长又亲自前来送别。总领馆和我共送了6个花圈，价值2000多美元，花圈行听说是献给遇难女孩的，不仅当即表示免费，而且他们自己也送了3个花圈。

献花圈志哀

　　为了核实叶梦圆、王琳佳遇难情况，经美国国务院有关部门协调同意，中国驻旧金山总领事馆宋如安副总领事等前往有关医院停尸间察看叶、王遗体，但遭到婉拒，理由是，虽然美国国务院同意中国外交官员来察看遗体，但美国法律规定必须先让死者家人察看，法律高于政府规定。虽然我的同事没能如期察看遗体，但对美国法大于权这一点却有了一次亲身感受。

第三十四章　应对驻旧金山总领馆
纵火案的前前后后

发生在 2014 年元旦的中国驻旧金山总领事馆正门遭纵火事件给笼罩在阳光之下的中美关系镶上了一道灰边。按中国驻美大使崔天凯的话讲，这是一起"非常严重的犯罪事件"。

元旦之夜被纵火

元旦这天，中国驻旧金山总领事馆工作人员和美国当地人员一样，正在放假，我却和一些领事官员一起，连续参加了英端工商总会、翠胜工商总会等三个广东华人百年侨团的新老侨领交接仪式，白天感觉很累，晚上在官邸休息。晚 9:40，我接到馆里同事打来的紧急电话，说总领馆大门被人纵火，非常危险，当地美国警方正在灭火，要我尽快赶到馆里。我大吃一惊，表示马上赶到。

20 多分钟后，我到达总领馆，平常用于进出的大门因美国警方车辆占道灭火，已暂时关闭，我只能从用于步行的边门进入办公楼。办公楼的正门已被烧毁，警方已将烧毁的大门撤除。从正门走出，我看到大门上方的玻璃因烈火燃烧而碎裂，国徽全部被熏黑损毁，大门两边的石狮子也被大火烧黑，其中一头被烧得炸裂了。满地都是汽油味与烧焦的味道。我与美国警方有关人员握手致意，简单了解情况。大火烧起来后，不到三分钟，当地消防警察就赶到了。为什么这么快就能赶来，原来路过总领馆的一位美国警察看到大门烧起来后立即报火警。如果不是消防车及时赶来，总领馆很可能被全部烧毁，因为旧金山是地震带，这里的房屋基本上是木质结构，总领馆大楼也一样。总领馆大门的外框是石头的，石质外框挡住了火势的外延。如果大火烧起来，一个靠近大门的主要楼道会首先被烧毁，一些馆员的逃生之路就会被阻断，后果真是不堪设想。

中国总领馆被纵火现场　　　　　　　　大门、石狮子等被烧坏

到馆后，我立即到监控室调看录像资料，几位同事已把有关图像资料调出来反复看了好几遍。从图像资料中看到，犯罪嫌疑人将车停在总领馆外寻找纵火机会已有半小时以上，他下车后看到一辆警车路过，又退回到车里。警车走后，晚9:25，只见一个人一手拎着一桶汽油，走到大门前，将油泼向整个大门，然后点火。火一下子就燃起来，从图像看，犯罪嫌疑人有可能自己也被烧伤了。油泼到大门上，这是大门被烧毁的原因。但是，不少油往下流到了大街上，这也是满街都是汽油味的原因。

紧急启动应急机制

馆领导简单碰头后，迅速安排了如下事情：

确定一位副总领事代表总领事馆与美方交涉。总领事馆在交涉中要求美方进行必要的反思，对长期以来过于宽松的对大多数外国驻美使领馆的保卫进行检讨；严肃指出了中国政府对在华外国使领馆团的严格护卫是有目共睹的，虽然并没有明确的双边协约和国际法规定这种护卫承诺必须是双向均等的，但美方向中方馆舍提供护卫的程度相较之下落差过大也是其必须承认的事实。众所周知，"9·11"事件后，已不能说美国本土是安全的，美国政府应当尽好职责，像保护本国人民一样保护外国驻美外交、领事机构包括中国驻旧金山外交、领事机构。要防止纵火事件重演或以其他形式上演，美国政府就事论事恐怕是不行的，还是要从根源上想办法，坚决、彻底地禁止某些人利用美国的土地从事反华分裂活动。

确定一位副总领事代表总领事馆立即先口头向中国外交部报告，随后不久作出书面报告。

大火被扑灭以后的中国总领馆

请有关中资企业连夜赶做木质临时大门，用新的国徽换下被烧焦的国徽，馆办公室主任等连夜值班，同时，美国警方同意中方意见，临时安排警力在总领馆周围 24 小时巡逻。

拷贝监控录像资料，当晚提供给美国警方，为破案提供帮助。

新闻组接待各媒体采访，以驻旧金山总领事馆新闻发言人名义，就总领事馆纵火案向新闻界发表谈话。晚 11 点，驻旧金山总领馆网站发布如下消息并迅速为诸多媒体转载或引用：

当地时间 1 月 1 日 21 时 25 分，一个从停放在中国驻旧金山总领馆门前面包车内下来的人拎着两桶汽油泼向总领馆正门并点火焚烧，致使领馆正门严重损毁。旧金山警察局、消防局及美国国务院外交安全局等部门迅速赶到现场处理，目前案件正在侦破中。

此次纵火案是针对中国驻美领事机构的恶性破坏事件，严重损毁领馆设施，威胁馆员和周边居民安全，中方对此表示强烈谴责。

中国驻旧金山总领馆已向美方提出交涉，敦促美方切实履行职责，保护中方馆舍和人员安全，并迅速破案，将凶犯绳之以法。

当晚，我们也在第一时间向中国驻美国大使崔天凯报告了纵火案情况，虽然很晚了，崔大使还给笔者打来电话，对总领馆的同志们表示慰问，并就如何应对纵火案沟通情况、交流看法、提出思路。国际国内许多单位和朋友对新年第一天总领馆发生纵火案震惊不已，各种慰问、关切，以微信、电子邮件和传真等方式，如雪片般飞来。这中间最令笔者感叹不已的是旧金山韩亚空难三位遇难女孩的家长联名给我写来了一封信。2013 年 7 月 6 日，来自浙江江山的王琳佳、叶梦圆、刘易芃三位中学生在空难中不幸丧生。这三位遇难女生的父母们在联名信中说：听到驻旧金山总领事馆被纵火的消息，非常震惊、气愤和担心，他们忘不了空难发生后总领事馆给他们的关心和帮助，他们愿意掏钱把被烧毁的总领事馆的大门修好。我告诉他们：美国负责赔偿大门的修缮费用，谢谢他们的好意，对如何把大门修得更结实，将乐于听取他们的建议。

1 月 2 日上午，总领事馆召开全馆大会，就纵火案向全体馆员通报情况，稳定人心，布置工作。

纵火犯是什么人

纵火案发生后，主导侦破的美国联邦调查局 2 日说，这是一起蓄意纵火事件。加利福尼亚州州长布朗等知名人士亲自给我打来电话，旧金山华裔市长李孟贤在市政厅亲自主持专门会议，宋如安副总领事等代表总领馆出席，研究解决纵火案的善后问题。总领馆就如何防止发生同样的事件、如何改善总领事馆的安全环境问题等，与美方多次进行了交涉。美国国务院发言人玛丽·哈夫3日说，旧金山警察局已对总领馆采取"7天24小时"保护。她还说，"正在研究采取更多安全举措是否恰当"。

美方和总领事馆交换意见时表示：将总领事馆周围确定为非停车地带，表示将尽快破案，将肇事者绳之以法。美方还表示将立即加强对总领事的安全保护。纵火案发生第二天一大早，我发现官邸外面出现了警车和警察，原来火灾发生的当晚他们就临时加派警力通宵为官邸站岗了。我坐车从官邸到总领事馆上班，一位警官走到我面前敬礼，说他奉命保护我的安全，我的车到哪里，他的车跟到哪里。我们表示感谢，同时也表示没有必要，他跟了几次后就停了。

总领馆1日遭遇纵火袭击，2日仍然正常工作，签证业务照常进行。从2日起，总领馆开始清理外部环境，并在5日安装了临时大门。1月3日，美国外交人员安全局给总领事馆打来电话，说犯罪嫌疑人已被抓获。当晚，总领事馆在费尔蒙特酒店举行新春招待会，一些中文媒体问到纵火案侦破情况时，我告之以美方通报犯罪嫌疑人已被抓获。这一消息一夜之间被国内许多重要媒体报道。旧金山警察局长苏尔说，在不到两天时间破案，显示了联邦、地方和中国驻旧金山总领馆通力合作。

根据美方通报，犯罪嫌疑人叫冯严丰，39岁，是持有美国绿卡的中国公民。联邦调查局探员在通报旧金山总领馆纵火嫌犯情况时表示，嫌犯称有"神秘声音"告诉自己这么做。他之所以对旧金山总领馆纵火，是因为他听见的声音讲的是中文，因此才决定前往总领馆纵火。美方此举是要说明犯罪嫌疑人有精神病。美联邦调查局特别表示，目前调查结果显示，纵火与恐怖袭击没有联系。1月3日，冯严丰向帝力市警察局打电话自首，随后被逮捕。帝力市位于旧金山南面。探员还说，冯严丰没有犯罪历史。总领事馆签证组据此查到其证照材料，发现他去年还来总领馆办理过证照手续。签证组负责人把找出来的材料送到我办公室，材料表明，冯严丰家住旧金山湾区戴利城，来自中国福建，2004年获得美国永久居留权。根据美国法律，持有绿卡或加入美国籍的外国人士一旦有违法犯罪记录，将会被移民局取消其合法身份。

美方的反应

1月6日上午近12时，联邦调查局在位于金门路450号的联邦大楼一楼举行新闻发布会，联邦调查局旧金山地区办公室负责人戴维·约翰逊和旧金山警察局长格瑞格·苏尔等出席。新闻发布会宣布，美国联邦调查局（FBI）当天逮捕了中国驻旧金山总领馆纵火案嫌犯、39岁的男子冯严丰。据悉，冯严丰将被联邦以破坏外国领馆和纵火两项罪名起诉。负责此案的联邦调查局特工戴维·约翰逊表示，本案不涉及恐怖袭击、政治和人权问题。根据联邦调查局旧金山地区办公室特别调查员迈克尔·埃尔德瑞吉早前向联邦法庭提交的文件，冯严丰被控两项联邦刑事罪，即恶意纵火罪和蓄意破坏位于美国境内的外国政府、国际组织、外国官员或官员个人财产罪。若两项罪名成立，最高刑期为25年。

美国警方就中国总领馆被纵火举行新闻发布会

美国联邦调查局新闻发布会后，驻旧金山总领馆发表声明表示：中方注意到美方为处理此次纵火事件所做努力，要求美方依法严惩肇事者。中方将继续密切关注案件审理后续进展，并且要求美方认真吸取教训，切实采取有效措施维护中国外交、领事人员和机构的安全和尊严，确保类似事件不再发生。

据 1 月 8 日媒体报道，美国联邦法院北加州地区法庭当地时间 7 日上午开庭审理中国驻旧金山总领馆遭纵火案。涉嫌在 2014 年 1 月 1 日夜间向中国驻旧金山总领事馆正门泼汽油点火的持美国永久绿卡的男子冯严丰出庭，由翻译和律师陪同，过程大约一分钟，下次审理定在 1 月 15 日。报道说，当天上午 9：30，记者进入位于旧金山市金门大街 450 号联邦大楼 15 楼 E 法庭，所有人进入法庭被要求不得照相，关闭手机。当天法庭审理数个案件，冯严丰被安排在第三个出庭。约 9：52，法官伊莉莎白·拉波特出现，至 9：58，前两个案件的当事人和律师结束退庭。约 9：59，庭审人员宣布冯严丰到庭。穿红色短袖囚衣的冯严丰由两名法庭安全人员带入法庭，他身材瘦小，头发略卷曲及肩，双脚行动缓慢。法庭为冯严丰指定了一名法庭翻译和公共辩护律师。当拉波特法官与律师斯蒂夫·考拉尔简单对话时，站在冯严丰身旁的女翻译用普通话为其翻译。整个庭审过程持续约一分钟，拉波特法官与考拉尔律师商定下次出庭时间为 1 月 15 日。

当地时间 2 月 12 日，美国联邦法院北加州地区法庭再次对旧金山总领馆纵火案嫌犯冯严丰进行审前聆讯。在法官拉波特当日审理的多个案件中，旧金山总领馆纵火案排在最后。人民网记者在旁听席上看到，嫌犯冯严丰带着脚镣被带入法庭，精神状态未见异常。在庭审过程中，嫌犯冯严丰与中文翻译站在一起，未发一言。律师考拉尔向法官请求将庭审推迟到 2 月 14 日，理由是需要更多时间就案件细节与被告进行沟通。法官批准了延期审理的申请。审前聆讯结束后，等候在法庭门外的媒体堵住律师考拉尔，试图询问案件详情。考拉尔只说出自己的名字拼写及公共辩护律师的身份，拒绝回答问题，匆匆离去。据中新社记者查询，考拉尔是位于旧金山的美国联邦法院北加州地区法庭公共辩护律师。美国的公共辩护律师通常由法庭指定，代理那些无力聘请律师的人。

为何两度庭审都是一分钟呢？据媒体报道称，美国联邦法院出庭律师张军解释说，在美国，如果被指控者没有钱请律师，法庭便需要为受审人指定一位公共辩护人，第一次出庭只是走个"过场"，为冯严丰指定辩护人。第二次出庭则将决定，他是将被继续羁押还是能被取保候审。张军称，根据美国的法律程序，在取保候审等程序后，还会有正式的法院逮捕以及嫌疑人是否认罪等程序，之后才会进入审判阶段，最后由陪审团作出最终决定，整个过程一般需要6—12个月，不过这次纵火案涉及驻美的外国使领馆且关注度很高，所以案件审理的过程将会超过一年。

为什么要纵火

中国驻旧金山总领馆被纵火

为什么犯罪嫌疑人要对中国驻旧金山总领事馆纵火，各种说法猜测都有，旧金山诸多中文媒体对此更是不甘寂寞，有的说是藏独分子指使的，有的说是法轮功煽动的，等等。因为审判尚未结束，所以我们不妨等待美国官方的正式说法。正如中国外交部发言人华春莹1月7日主持例行记者会时所表示的：中方要求美方彻底调查案件，严惩肇事者，同时敦促美方根据《维也纳外交关系公约》及《维也纳领事关系公约》规定，采取一切必要措施切实保护中国驻美外交领事机构及人员的人身及财产安全，确保不再发生类似事件。华春莹还说：“我们注意到美方表示，有关审理刚刚开始，案件还在进一步调查中。我们将继续密切关注进展。”迄今为止，中美两国政府对此次纵火案作出了应有反应，有关互动符合国际法和国际惯例。中国驻旧金山总领馆正常办理对外业务。美方承担了善后维修的费用。相信随着事件真相的披露，中美之间的互动还会继续发展。接下来的互动将是良好的还是龃龉的，取决于案件的最终定性和美方处置应担责者的态度。

总领馆遭纵火案发生后不久，韩亚空难中遇难的女生王琳佳、叶梦圆、刘易芃的家长给总领馆写来了慰问信，王琳佳的家长为感谢总领馆在韩亚空难发生后对遇难女生善后事宜的帮助，自愿为总领馆捐赠新的防弹铜质新大门，不仅按照总领馆大门尺寸在浙江江山定制了新的大门，经海运发送到旧金山，而且还派出蒙难女生王琳佳的堂兄弟小王赶到旧金山，帮助将捐赠大门从海关提取、安装到位。小王在旧金山期间，就住在我家里。遇难女生家庭对总领馆的善举、义举，令总领馆工作人员感动不已。

2014 年下半年，美国有关方面就纵火案对中国总领馆造成的损失赔偿 10 余万美元。

第三十五章　亲历旧金山地震后的思考

美国当地时间 2014 年 8 月 24 日凌晨 3∶20，旧金山市以北 35 英里处纳帕地区发生 6.1 级地震，地震震感强烈，把无数湾区居民从睡梦中惊醒。地震使驻旧金山总领事官邸，也就是我家里的大理石地面开裂，总领馆许多馆员被震醒，整个房间嗡嗡作响。随后，发现朋友圈众多人发布了亲历地震的相关消息。这是旧金山湾区自 25 年前发生 6.9 级地震以来遭遇的最强震。地震造成马路翘起，地面裂开，立交桥断裂，并引发系列火灾；造成至少 170 人受伤，中小学停课，商店关门。纳帕地区大面积停电，至少 1.5 万户居民家里断电断水，燃气泄漏，一些地方遭到水淹。由于断电，路口红绿灯停止，司机们在路口不得不先停车再通过。

地震发生后，驻旧金山总领馆立即向国内报告，启动应急机制，核实中国公民和侨胞伤亡情况，向有关中资企业、留学生团体等发布安全警示，同时，向加州州长布朗发出慰问电。

地震结果令人深思

然而，地震带来的灾情，特别是地震发生后抗震救灾的一些情况，如果不是笔者亲历，难以置信。

凌晨发生的旧金山地震，没有一人死亡，没有房屋倒塌（除几户临时性移动板房），地震只是使纳帕地区共 600 多幢建筑受损，其中 113 幢建筑被标上红色高危警戒标记，另有约 500 幢建筑被标上黄色警戒标记。受伤人数 170 余名，6 名重伤。21 天前的 8 月 3 日，云南省昭通市鲁甸县发生 6.5 级地震，这两次地震震级都是 6 级多，震源深度也差不多，都是 11—12 公里，但是，灾情却大不一样。纳帕人口密度是每平方公里 1674

人，比云南鲁甸县人口密度高 6 倍。白天发生的鲁甸地震，617 人死亡（找到尸体），112 人失踪（被滑坡塌方所埋），3143 人受伤，2.58 万户 8.09 万间房屋倒塌，4.06 万户 12.91 万间房屋严重损坏，15.12 万户 46.61 万间房屋一般损坏。也许，有人会说鲁甸地震震级毕竟比旧金山地震高 0.4 级，死亡失踪 700 多人可以理解。但 1989 年的旧金山地震是 6.9 级，比鲁甸地震又高 0.4 级，死亡却只有 200 多人。上溯到 1906 年的旧金山 8.3 级大地震，死亡也只有 700 人。两者灾情差别如此之大，不能不令人深思。

　　州长布朗在地震发生后很快宣布加州进入紧急状态，调动州内资源全力救灾。救灾专员呼吁灾民服从和配合政府的救灾安排。但州长布朗、副州长纽森等州领导人并没有到地震灾区慰问灾民，也没有到现场指挥抗震救灾。包括美国总统奥巴马在内，没有一个美国国家领导人到地震灾区视察慰问，也没有做出与此有关的任何批示，连表示慰问的口头声明都没有。

旧金山纳帕地震后路面开裂　　　　　　　　旧金山纳帕地震一角

　　位于震中的纳帕酿酒企业经受了地震的沉重打击，按理说这些企业本身需要救助，但地震后它们却不忘尽企业的社会责任，积极推广慈善募捐，希望帮助企业所在的纳帕城区尽快走出这次地震造成的困境。根据纳帕当地政府初步统计，此次地震对城区造成约 3 亿美元直接经济损失，未包括店铺因地震暂停营业的损失金额。8 月 27 日上午，纳帕酒商召开新闻发布会，宣布成立纳帕社区赈灾基金，并现场捐助 1000 万美元资助城区恢复原本面貌。纳帕酒商协会主席维斯在新闻发布会上表示，纳帕社区赈灾基金将用于地震灾区的紧急需求用项当中，并会为社区提供必要的资源以及协助，从而帮助数百家企业和家庭灾后重建。

最不可思议的是，旧金山地震后，当地民众并没有为旧金山纳帕地区受灾灾民发起募捐，但为云南鲁甸地震捐款却继续进行。8月3日鲁甸发生地震的消息传到美国后，从8月5日开始，旧金山的华人华侨，还有包括白人在内的一些其他族群的美国人，自发为鲁甸地震募捐，人们纷纷为设在唐人街的捐款箱投币。美国华商总会、旧金山湾区中国统一促进会、三邑总会馆、冈州总会馆、阳和总会馆、全美昭伦总公所、美西中国和平统一促进会、旅美加州湖南同乡会、云南同乡会、东北同乡会、美西福建同乡会、华人扶轮社等侨团的知名侨领及代表，络绎不绝地到总领馆，请总领馆转交他们为云南地震灾区募集的捐款。此外，一些人也在第一时间以个人名义将捐款直接送到总领馆。直到9月2日这天，我还代表总领馆接受了旧金山当地为鲁甸地震的捐款，其中，美国华商总会和旧金山湾区中国统一促进会是第三次来为鲁甸地震捐款。时间不长，募集到善款20多万美元。美国华商总会著名侨领池洪湖对我说：为什么旧金山地震后，华商总会和统促会三次为鲁甸灾区捐款，而不是为纳帕灾区捐款，原因很简单，因为纳帕的灾民都是富人，而鲁甸的灾民很多不是富人。

抗震举措无人指责

出现上述难以置信的情况，是否因为这次旧金山地震不大？不是。据《世界日报》报道，华人蔡阿伦（Alantsai）亲历过台湾9·21大地震，移民美国后又遇上了这次旧金山地震。他对记者说：地震时房子强烈左右摇摆，威力之大造成不少家具移位，连院子内数百公斤的石凳子都被震破，"真的比当年台湾9·21大地震还恐怖"。地震当天的《世界日报》这样描绘纳帕地震：酒乡天摇地动，强震引发大火，房屋剧烈摇摆，震撼轰鸣不断，民众骇到脚软，摸黑攀爬逃命。

是否因为这次旧金山地震的损失不大？也不是。光地震对酿酒业造成的损失就大得惊人。纳帕是美国，甚至是全球的酿酒胜地，大大小小有超过500家酒庄，平均每年出品5000万箱葡萄酒，占全美1/4，这里的酿酒业一年销售收入达130亿美元。繁荣的制酒产业吸引了全世界各地投资商

纳帕地震使数百葡萄酒酒庄遭遇灭顶之灾，损失惨重

的青睐，其中也不乏华裔面孔，包括知名篮球明星姚明，他买下一家纳帕酒庄，推出以姚明为名的葡萄酒。但这次地震震掉了 40 亿美元，而 1989 年旧金山大地震损失是 10 亿美元。成千上万瓶酒被震碎，红酒横流，酒乡变成了酒湖，贮藏名酒的酒桶从高处被震落的残破景象成了许多葡萄酒爱好者和品酒师的噩梦。纳帕每年接待游客 500 多万人，地震使纳帕旅游业受到重创。不少业者表示，1989 年大地震对他们所造成的损失都比不上这次地震所带来的伤害。"好好酒家"老板李业成对美国《星岛日报》记者表示，他住在纳帕已 20 多年，亲历了 3 次地震，对他来说，这次损失最大。

是否美国官方对这次旧金山地震漠不关心？更不是。地震刚刚发生，美国联邦政府紧急拨款 200 万美元，帮助纳帕灾区灾后重建。旧金山市华裔市长李孟贤就地震发表声明表示，对于纳帕应急团队及市民深表同情，并表示若有需要，旧金山市已经准备好随时提供援助。市长提醒市民，不论是地震、海啸或人为灾难，都有可能在毫无预兆的情况下发生，且大震后余震非常有可能发生，呼吁所有旧金山市居民浏览地震网页，学习如何为抗震救灾做好准备。同时表示，旧金山市市府正提升应急基建，让供水系统、警察局、消防局及医院等应急单位，在事发时能够迅速应变，为居民提供援助服务。

虽然没有一个美国国家领导人，没有一个内阁部长、副部长，没有一个州长、副州长出现在抗震救灾现场，也没有任何官员就抗震救灾作出批示，但旧金山地震发生后，当地组织救灾的力度很大、措施得当，且动作迅捷、配合周密，各方工作有条不紊，避免了盲目施救的情形出现。在美国这样一个传媒发达、言论自由的国度里，媒体上竟然没有出现对抗震救灾说三道四的任何言论，没有任何官员在地震发生后因抗震救灾受到舆论的指责，没有任何人因此而上访，也就是说，人人都觉得这次抗震救灾无可指责，这很不容易。

媒体在地震现场连线报道

抗震体系值得借鉴

美国地域跨度大，地质结构复杂，是一个地震多发国家。加利福尼亚州是一个地震频发的州，旧金山处于地震带上，更是多次经受强烈地震的袭击。在多年的防震实践中，加州形成了一套完整的军、警、消防、医疗、民间救难组织等单位的一体化指挥、调度体系，这套体系在历次地震救援中发挥了巨大作用。我国是地震多发的国家，深入研究和借鉴加州抗震救灾的经验，有利于加强适合我国国情的抗震救灾体系的建设。

一是把科学救灾作为抗震救灾的核心理念。加州把灾害对策从防灾转到防灾减灾，甚至把减灾放到更加重要的地位。旧金山这次抗震救灾给我们的最有益的启示就是，能否最有效地抗震救灾，不在于官员来不来现场，不在于来的官员职务大不大、人来得多不多，不在于口号喊得响不响，而在于是否按科学救灾的规律办事。加州非常注重地震灾害的有效预防，加强平时训练与演习，合理规划设置城市的避难场所。加州针对地震灾害采取的措施主要有：依靠科学技术最大限度地提高防震减灾能力；注重建筑物的抗震性能，始终把提高建筑物抗震性能作为有效降低地震灾害的最重要途径；开发新技术，对危险建筑物进行加固和修复。利用科技手段，提高建筑物尤其是生命线建筑的抗震性能，确保已有建筑物的安全；重视科学研究和基础性工作，发展广泛的合作网络，增进对地震过程和影响的认识，培养大批专业人才；提高地震预报与减灾水平；加强政府各部门抗震救灾的管理协调，最大限度地提高效率。

二是平时做好防震减灾知识的普及与演习训练工作。多数人在重大灾害发生时会惊慌失措，只有平时积累足够多的应急避难知识，加强避难逃生训练，在灾害发生时才可以做到有序而不慌乱，将损失降到最小。在地震预测还没有实现根本突破的情况下，现实的态度是强化预防，改变重救轻防的传统观念，尤其是在加州这样的板块边缘地区和地震多发地区，加州更是特别注重平时对公众进行灾害教育，让公众在生活中随时绷紧"这里是地震活跃带"这根弦，知道万一发生了地震该怎么办。这次地震发生前不久，旧金山负责抗震救灾的警官特意来中国驻旧金山总领事馆专门讲课，总领馆按照当地要求，为馆员一一配备了地震应急包，里面有手电筒、药品、饮用水以及压缩饼干等食品。没想到学到和准备的东西在这次地震中都用上了。

旧金山纳帕地震中受损的房屋

　　三是切实提高建筑物的抗震性能，这一点是最重要的。地震中造成死亡的主要原因是建筑物倒塌。房子的抗震性能提高了，就能切实有效地减少伤亡。1906年发生的旧金山大地震推动了抗震设计的建筑法的出笼。在随后各次大地震中，如1925年加州圣巴巴拉地震、1933年长滩地震、1971年的圣费尔南多地震、1989年普里塔地震和1994年的北岭地震，随着人们更多地了解地基和建筑物对地震反应的关系，美国和加州政府及时吸取教训总结经验，使其建筑法不断得到完善和健全。比如，1933年的长滩地震发生在3月10日下午5：55，震级只有6.2级，长滩附近许多学校的砖瓦建筑倒塌，其中有5名儿童死于校内。如果这次地震早几个小时发生，可能有更多学生会死于非命。尽管灾难有限，但政府还是吸取了教训，很快通过了强制性的学校建筑法。81年过去了，加州中小学建筑从未因地震而倒塌过，加州居民至今感谢大力促进此法诞生的查尔斯·菲尔德先生，此法也以他的名字予以命名。在加州，绝大多数居民居住在木结构的房子中。木结构房子韧性大，箱式结构将力均分，自身结构轻，又有很强的弹性回复性，对于瞬间冲击荷载和周期性疲劳破坏有很强的抵抗能力，所以在大地震中吸收的地震力小，结构在基础发生位移时可由自身的弹性复位而不至于发生倒塌。即使在强大震力下，木结构别墅被整体推前了数米或地震力使其抛离了基础，其整体结构仍完好无散架，由此证明了木结构别墅在各种极端的负荷条件下抗地震稳定性能和结构的完整性。日本政府在神户大地震后明令所有的民用住宅必须采用美国的木结构房子设计。建筑物的形状对建筑抗震性能影响很大，尤其是建筑平、立面的规则性更是重要。因此，加州严格控制建筑物形式，加强建筑的规则性审查，从公共安全角度出发，对一些先天抗震性能不好的建筑采取措施，保证建筑物的安全。把地震研究与建筑抗震紧密结合，加大建筑物抗震性能及设计方法研究，既使新建筑抗震性能稳步提高，也加大了对原有建筑抗震的加固研究，保证不同年代的建筑均能达到较高的抗震性能。

　　四是将抗震救灾与企业行为结合起来，多种途径减少地震损失。例如，纳帕虽然因地震损失40亿美元，但保险公司理赔达21亿美元，使灾民损失减少了一半多。换个角度说，一些灾民不能挽回损失，是因为此前未买地震险。

　　五是加强地震预警。2013年9月，加州议会通过并由州长布朗签署

纳帕法庭在地震中受损

一个法案，要求研发一个地震前期预警系统，以提供拯救生命的足够时间，可以关掉石油、天然气和化学物品的来源，可以停止核电厂的运行，甚至可以帮助人从电梯内逃生。加州伯克利大学研制的地震预警系统在这次抗震救灾中发挥了作用，地震预警系统提前 10 秒钟发出了警报。"地震预警先是由地震监测器侦测到 P 波（P - Waves），之后立刻将讯号送到地震监测中心，再由监测中心将地震警报通过电视、电脑、广播和手机发送到千家万户。"地震专家黑吉斯解释说，地震预警系统之所以能有效预警，是因为它发出的预警信号是以光速传播，比地震的声速传播要快很多，从而给灾区民众提供了救命的黄金 50 秒。加州理工学院地震研究项目经理维恩希表示，这种地震预警系统一旦大规模推广使用，洛杉矶最快可提前 40—50 秒钟收到从圣安椎斯断层传来的大地震预警，这么长的时间足够电梯走到下一个楼层，打开门让里面的人逃出电梯；也足够让消防员打开消防车库门；高铁快速减速避免脱轨；外科医生也有时间从病人体内取出手术刀。此外，旧金山城际铁路地震预警系统 2012 年已到位，24 日凌晨地震前至少 10 秒钟发出了警报，使每小时车速 70 英里的列车得以大幅度减速，及时让列车停下来，防止了列车出轨和人员伤亡。

　　六是健全义工组织。抗震救灾需要的大量义工，不是地震发生后临时拼凑起来的，而是平时就已组织到位，且经常进行抗震救灾知识培训和演习。

　　旧金山地震后第二天，加州媒体都以醒目标题报道了地震专家的忠告：新的大地震还会到来，南加州比北加州发生 8 级地震的可能性大，敦促洛杉矶等南加州市民应为抗震早作准备，多作准备，常备不懈。

结语:难忘的 587 天

我于 2013 年 4 月 5 日出任第 11 任中国驻旧金山大使衔总领事,2014 年 11 月 13 日奉调回国,出任外交学院党委书记兼常务副院长,在旧金山工作了 1 年 7 个月,合计 587 天。在短短的 587 天里,我经历了许多事关中美关系全局和长远利益的大事,令我终生难忘。

实现一大转型

500 多天来,驻旧金山总领馆从以往侧重做侨务工作顺利转型为重点做主流社会工作。上任伊始,我组织撰写了 20 多万字的《旧金山领区区情白皮书》。《白皮书》涵盖领区侨务、政治、新闻、经济、历史、族裔、文化、教育、科技等诸多方面,为我馆把握领区区情、顺利实现工作转型打下了重要基础。这是驻旧金山总领事馆建馆 30 多年来,第一次编写区情白皮书。根据领区实情,我提出了"六个并举、六个加强"的思路:做侨务工作与做主流社会工作并举,加强做主流社会工作;政府外交与公共外交并举,加强公共外交;做普通族群工作与做特殊族群工作并举,加强做犹太人、拉美裔等特殊族群工作;做普通侨务工作与做特色侨务工作并举,加强做特色侨务工作;做老侨工作与做新侨工作并举,加强做新侨工作;经济外交与科技外交并举,加强科技外交。推动广东与加州、天津与俄勒冈州、长沙与旧金山、武汉与旧金山、益阳与菲尔蒙特等缔结了友好省州或友好城市协议,领区内中美友好城市达到 40 余对。除阿拉斯加以外的各州州长均在我任期内访华,副州长、州议员率领的访华经贸代表团不胜枚举。北京、天津、江苏、山东、广东等省市代表团相继访问领区。加利福尼亚州、华盛顿州、阿拉斯加州和俄亥俄州均在华设有贸易发

上海政华集团在拉斯维加斯生产的
世界最大的摩天轮

展机构，内华达州在华设立旅游办事处。加利福尼亚州与广东、江苏、上海、重庆、内蒙古、山东6个省市区建立"贸易投资合作联合工作组"，成为中美省州合作的新标杆。

在总领馆推动下，加州与商务部和六省市签署中美省州合作协议，并在国内重开全球首家海外经贸办事处；旧金山华裔市长李孟贤一年四度访华，同国内有关方面签署多项合作协议。我还注重做领区联邦议员等政要工作，利用出差、出席侨界活动机会，会见领区各州联邦议员十几名。2014年1月5日，美国著名政治家、美国民主党众议院领袖、前众议院议长佩洛西举行金婚庆典，我亲自写下寿联作为特殊的礼物。佩洛西夫妇非常高兴，对寿联非常满意。这是中美建交35年以来佩洛西第一次与中国驻旧金山总领事交往，我也成为首个受邀请出席众议院民主党领袖佩洛西私人宴会的中国总领事，这次交往非常成功。

领区对华经贸合作走在中美经贸合作的最前列。2013年，领区对华进出口总额达1838亿美元，增幅5.1%。领区对华出口额占美对华出口总额的1/3。加州对华出口额多年在全美50个州中排列第一，2013年达到163.6亿美元，同比增长17.1%。2013年华盛顿对华出口额167.5亿美元，增长18.3%，超越加州成为全美第一。俄亥俄州、内华达州、阿拉斯加州对华贸易亦呈稳步增长趋势。2014年上半年，领区对华进出口总额896.1亿美元，同比增长4.1%。此外，我对美直接投资迅速增长，截至2014年第二季度，中国企业在领区直接投资项目达 237 个，总投资额 38.87 亿美元，我对加州投资在我对美投资中居领先地位，同样，加州对华投资在美对华投资中也占领先地位。与此同时，推动美联航开通了旧金山至成都直航航线，南航开通了旧金山至武汉、广州直航航线。

经受两大考验

2013 年 7 月，旧金山国际机场发生韩亚空难，141 名中国乘客经历生死磨难，其中 3 人遇难，82 人受伤住院治疗。我第一时间坐镇指挥，成立应急工作组并担任组长。全馆一盘棋，全力投入这场救死扶伤的特殊战役。全馆奋战 40 多个日夜，辗转 8 家医院，先后救护、慰问伤员近百人次，同美、韩方面会谈磋商数十次，最终圆满完成空难各项善后处理工作，充分践行了"以人为本"和"外交为民"的宗旨。中方伤亡人员家属和浙江省善后工作组抵旧金山前，我和美国国家运输安全委员会（NTSB）代表迈克尔、国务院旧金山领团办主任帕特丽莎·海斯见面，就中国乘客善后处理有关事宜交换意见，达成共识。7 月 11 日，我和美国国家运输安全局主席赫斯曼女士见面，与其就韩亚航空公司空难相关调查、处置工作交换意见。总领馆领导和相关部门负责人还多次约见美国国务院旧金山领团办、圣马特奥郡法医办公室、交通安全管理局、机场海关等机构和部门负责人，就事故处置工作沟通协商。美方对中方要求均给予了积极回应与协助。为及时有效沟通信息，中国驻旧金山总领馆、美国国家运输安全委员会、韩国驻旧金山总领馆成立三方定期会晤机制，为事故处置工作顺利进行发挥了积极作用。总领馆工作受到党中央、国务院和外交部领导肯定，得到遇难者家属、伤者、乘客一致好评，国内外舆论反响热烈，美主流媒体对我馆处置工作无任何负面评价。旧金山方方面面对中国政府为帮助海外中国公民付出的极大努力表示钦佩。太原五中全体赴美师生回国后，给总领馆写来感谢信。

2014 年元旦，我馆办公楼正门遭不法分子蓄意纵火，安全形势堪忧，引发外界高度关注。我遵照国内指示，一方面向美方提出严正交涉，及时通过媒体向外界发声，避免过度炒作；一方面周密部署内部应急安全措施，稳定全馆人心，确保正常工作秩序不受影响。经多方努力，事件最终得到妥善解决。在韩亚空难中不幸遇难的王琳佳家属主动联系我馆，定做并捐赠了价值 3 万多美元的防火防弹安全门。

实现三大突破

一是推动全美侨界"龙头老大"中华总会馆撤下悬挂近百年的"青天白日满地红旗"。2013 年 4 月，我出任驻旧金山大使衔总领事。6 月，在旧金山驻美中华总会馆飘扬了将近百年的青天白日旗降了下来，我应邀拜会了中华总会馆，结束了中华总会馆一扇大门对台湾打开、一扇大门对大陆关上的历史。我作为新中国总领事第一次走进中华总会馆，第一次出席在中华总会馆举行的总董交接仪式和中秋庆祝活动。这是新中国成立60 多年来，中国政府官员第一次走进中华总会馆。总领馆与爱国侨团联手，推动总会馆成了大陆与台湾人士来往、交流和合作的一个重要平台。作为美传统侨界的龙头老大，总会馆的这一历史性变化对于反独促统具有全局性的意义。撤旗后，我多方做工作，使中华总会馆敞开"两扇门"，成为两岸友好交流而非相互恶斗的平台。

旧金山美国中华总会馆总董交接仪式

　　二是帮助《熊猫》秀在世界娱乐之都拉斯维加斯站稳脚跟，2014 年 1 月，大型原创中国风情秀《熊猫》在拉斯维加斯驻场演出。这是中国在拉斯维加斯的第一个长期驻演的中国原创剧目，是中国在海外演出持续时间最长的节目，是中国在海外最大的商业演出，也是赢得美主流社会认同、最受美主流媒体关注的中国节目。《纽约时报》等 35 家美主流媒体予以报道，央视"新闻联播"也多次予以报道。我出席首演仪式，约见金沙集团董事长阿德尔森，寻求对方在场地等方面给予支持；亲自给州长、市长等当地政要——介绍《熊猫》，协调国内有关部门帮助剧组对抗"法轮功"等反华分子骚扰和拉拢。在《熊猫》连演第 100 场、第 200 场时，我都专门出席，看望演员，发表讲话。在国家未投资一分钱的情况下，《熊猫》秀迄今已演出 200 多场，观众人数超过 20 万，多数是美国人和来自世界各地的游客，创下中国原创剧目在美主流市场商演新纪录。

向内华达州长桑多瓦尔介绍"熊猫中国风情秀"

　　三是成功举办海外"春晖杯"创新创业大赛。经我馆积极倡议，第八届春晖杯中国留学人员创新创业大赛首次在旧金山设立海外赛区。经反复筹划，多方协调，旧金山赛区有近 50 个校友会和专业团体、13 个留学生联谊会深度参与，基本覆盖了美西地区几代留学生人员。在全球 192 个入围项目中，旧金山赛区就有 76 项，占 40%。

结交四大人缘

　　一是与飞虎队老兵之缘。中美两国决定在桂林建立美国飞虎队总部旧址纪念公园，将永久停放两架当年飞虎队的飞机在纪念公园，2015 年抗战胜利 70 周年时建成开放。为促成纪念公园的到位，我为美国著名侨领方李邦琴向桂林纪念公园捐赠一架飞机牵线搭桥，飞虎队历史委员会邀请方李邦琴和我一起，2015 年 8 月 15 日与飞虎队历史委员会成员一起，驾驶这两架飞机，从缅甸起飞，重飞当年的驼峰航线，将飞机直接飞到桂林纪念公园。我还为百岁寿辰的飞虎队老队员陈文宽做寿；在日本无条件投降日拜访汤伯荣、威廉·彭斯、陈文宽及张松仰四位老飞行员；邀请"飞虎队"历史委员会及老兵出席总领馆举办的旧金山湾区抗战文物文献展；在总领馆隆重举办"向美国飞虎队老兵致敬"招待会；邀请桂林飞虎队遗址公园负责人与老兵对接。99 岁的飞虎队老兵张松仰不幸去世后，我亲笔写下挽联：

　　　　分手才三月，谁料英雄化鹤，抗战勋功昭日月；
　　　　期颐尚一载，我悲飞将归真，驱倭侠气共春秋。

看望过百岁的飞虎队队员陈文宽　　　　到家中看望飞虎队第一王牌飞行员伯恩斯

何凤山女儿何曼礼在何凤山义人精神国际研讨会上讲话

　　通过上述活动，表达对飞虎队老兵的敬意，增进了美国民众对中美友谊的了解，展现了维护世界反法西斯战争胜利成果和战后国际格局的决心。

　　二是与犹太人之缘。第二次世界大战时期中国驻维也纳总领事何凤山向数千犹太难民发放前往上海的"生命签证"，被誉为"中国辛德勒"。我利用何凤山女儿定居旧金山以及我与何"三同"（同乡、同为外交官、同在埃及常驻过）的背景优势，联合美国犹太人委员会成功举办何凤山义人精神国际研讨会暨何凤山拯救犹太难民事迹展，加州众议长到会祝贺，国内外嘉宾和湾区犹太社区 200 余人出席，当年获得签证的犹太幸存者也到会场并接受媒体采访，在美犹太人社区反响强烈。同时，我馆积极协调驻奥地利使馆、以色列外交部等在中国驻维也纳总领馆旧址安装何凤山纪念铜牌，宣扬其义人精神。此外，我多次参加美国犹太人委员会、以色列驻旧金山总领馆组织的活动，并邀请其为我馆有关活动站台造势，不仅增进了中犹传统友谊，也为我做美主流工作开辟了新渠道。

　　三是与民国名人后代及在美国民党要员之缘。由于历史原因，许多中国民主革命先驱及其后代定居领区，我深挖名人资源，拜访、结识了孙中

在檀香山祭拜张学良赵一荻墓

山孙女孙穗芳、黄兴孙女黄仪庄、蔡锷外孙石炎三、张学良儿媳陈淑贞和孙子张居信、何凤山连襟钟武雄、百岁黄埔将军詹道良、毛人凤儿子毛书南、顾维钧孙子顾植元、宋子文侄子宋仲虎、陈立夫外孙肖松林等名人或名人后代，借重名人效应，最大程度争取侨心。我还利用纪念黄兴诞辰140周年、冈州总会馆成立160周年、驻美中华总会馆中秋联欢、纪念华工修建美国铁路150周年等活动机会，与国民党中央委员蒋经国儿媳蒋方智怡、赵川三、张人睿、国民党中央评议委员杨子超等多次互动。

四是与爱国侨领及侨界名流之缘。例如，我推出领区名人系列报道，联系安排《中华英才》杂志社副主编专程赴旧金山，对领区名人进行采访，通过7期杂志先后推出钟武雄、王正本、方李邦琴、池洪

会见蒋宋后人孙媳妇蒋方智怡等

湖、白兰、谭元元等系列报道。同时，请湖南电视台与当地电视台合作，拍摄长达 50 分钟的题为《从外交官到世界名厨》的电视片，介绍钟武雄爱国爱乡事迹，既宣传介绍了领区名人，也增强了领区名人的自豪感和荣誉感。

办了五件新事

第一，开设驻外使领馆首个"脸谱"官方网页。我馆毗邻硅谷，邻近众多全球领先的社交媒体，我指示新闻和公共外交组妥善利用"脸谱"网站开展公共外交。我馆多次到脸谱公司开展调研，试开"脸谱"个人账户并不断总结经验，为开设官方网页研提构想。经部批准后，我馆成功开设驻外使领馆首个"脸谱"官方网页。网页内容丰富、形式活泼、运转良好，有效宣介了"中国梦"、中美友好和中华文化，受到领区各界关注和喜爱。截至目前，我馆"脸谱"官方网页粉丝数量达 14600 个，在旧金山领团中遥遥领先，其中不乏领区政要、企业精英、NBA 球星、领团外交官和国内外媒体从业人员等。

张大千弟子 96 岁伏文彦在旧金山反独促统名家书画展开幕式上致辞

第二，首次探索以艺术形式开展反"独"促统。我馆领区华人华侨和台胞云集，教育文化层次普遍较高。针对这一特点，我指示侨二组精心设计，牵线搭桥，促成当地最有代表性的统促组织合作举办"弘艺敦谊、情系中华"国际书画名家作品展，邀请来自中国大陆、台湾、香港，以及美国的 66 位书画名家展出 66 幅作品。台湾"国大代表"、"侨务委员"、"中央委员"等 100 余人出席开幕式，被当地誉为数十年来侨界最大的艺术盛会。当地侨界特别是台胞群体反响热烈，多家美国媒体及台湾、香港媒体广为报道。

旧金山"弘艺敦谊、情系中华"国际书画名家作品展开幕式剪彩现场

第三，推动筹建首家海外抗战纪念馆。现在，在全世界 29 个国家共建有 167 个犹太人大屠杀纪念馆，仅美国就有 44 个。而除中国大陆以外世界上没有一个抗战纪念馆，包括台湾也没有，这段日本人屠杀中国人的历史在世界范围内并未得到广泛关注和认识。当爱国侨领方李邦琴就筹建首家海外抗日战争纪念馆的设想向我征求意见时，我立即给予鼓励，并提出建馆的大致思路、具体步骤和有关注意事项。随后，我协助其联系中国人民抗日战争纪念馆，就建馆具体问题进行对接。2014 年 7 月 7 日，我出席海外首家抗日战争纪念馆启动仪式，并发动全馆带头捐款。抗战纪念

馆设立在旧金山中国城,预计
2015 年 9 月 3 日中国抗战胜利
纪念日当天开馆。

第四,推动成立全球首家
以餐饮文化为特色的孔子学
院。习近平主席和加州大学戴
维斯分校"鼓岭故事"在当地
传为佳话。我指示教育组继续
深挖"鼓岭故事",大力支持
该校申办孔子学院。经多方沟
通协调,反复磋商,最终促成

在海外首家抗日战争纪念馆启动仪式上致辞

加大戴维斯分校和江南大学强强联手,成立全球首家以餐饮文化为特色的
孔子学院。2013 年 9 月 16 日,孔子学院正式挂牌,习近平主席、奥巴马
总统专门发来贺信。我和国家汉办主任许琳以及两位大学校长一起揭牌。

第五,促成湾区文化艺术界首次实现大联盟。湾区华人文化艺术界藏
龙卧虎、人才辈出,但一定程度上仍是一盘散沙,各自为政现象突出。我
到任后在不同场合拜访了众多文化艺术界人士,提出成立文化艺术界大联

笔者出席美国华人文化艺术界联盟成立活动时合影留念

盟设想，得到普遍积极反响。2013 年 11 月 14 日，美国华人文化艺术界联盟经美国政府注册后正式成立，网罗了湾区文化艺术界众多名家，致力于在美国推广、传播中华民族历史、精致文化和民间艺术，增进美国各界对中华文化的认知，推动中美文化交流与合作。联盟成立以来已主办、协办多场大型文艺活动，特别是"跨越太平洋"中国艺术节活动，与河南、辽宁等省市合作，推出了交响乐、舞蹈等多个专场演出系列节目，有利地配合我文化外交和文化"走出去"战略。与此同时，我还促成黑龙江中医药大学成立旧金山分校，学校的成立将为中医药在美国进一步专业化培养人才。

出席国医节庆祝活动

在旧金山辛勤耕耘 587 天，收获了果实。2013 年度，我馆公共外交获得中国外交部外交实践创新奖和新媒体实践奖两个奖项，在驻美领馆中名列前茅，在中国驻外使领馆中，获奖数仅次于驻美国大使馆。

后　记

　　2013 年，我转任中国驻旧金山总领事，此前我担任中国驻苏里南共和国大使。妻子贺丽娜女士因病在苏里南不幸去世，成为新中国成立以来第一个在任上去世的大使夫人。如果不是夫人不幸去世，我恐怕没有机会到旧金山工作。我 4 月 5 日抵达旧金山上任，2014 年 11 月 13 日离开旧金山，在旧金山工作了将近两年。为什么没有干满两年呢？是因为外交学院调我转任外交学院党委书记兼常务副院长。

　　本书从写作到出版得到许多同志的帮助，特别是从北京大学国际关系学院王缉思教授、潘国华教授、袁明教授、王勇教授，中国国际问题研究所董漫远研究员，北大同学秦千里、钱元强、张士义等那里得到启示、灵感和鼓励。本书使用了驻旧金山总领事馆肖夏勇参赞，王俊明参赞，刘斌、刘震、戴鑫、汪俊、吕东、汪翔、劳动、章禾、孔瑞等馆友的照片，以及驻纽约总领事馆金雷、驻芝加哥总领事馆宋爱华、《中华英才》记者齐殿斌提供的参考资料和大量照片，特此致谢！特别还要提到的是，中国国际广播电台朱仲华、得州大学（奥斯汀）博士谢伟、旧金山画家黎志滔等，特意为本书提供照片、资料或其他支持，没有他们的帮助，本书不可能完成。

　　本书中多篇文章在《清风》杂志发表，同时被北京大学《爱思想网》转载，这同汪太理总编辑的支持分不开，特此致谢。

　　还要提到，新婚妻子王芳、儿子袁加贝在提供资料、拍摄、选配照片等方面付出了很大辛劳。

　　常驻国外以来，依据常驻经历和感受，先后写作、出版了《感受印度》、《走进非洲》、《拉美寻美》、《直击美国》，这些书的出版，同编辑王茵博士分不开，十余年来，她始终担任我著作的责任编辑，她的敬业精神、学者涵养和编辑视野令人敬佩，没有她多年来的支持，本书和我这一系列的书，都难以成功。还要借此机会特别感谢中国社会科学出版社社长兼总编辑赵剑英博士以及本丛书曾经的负责人。

袁南生

2015 年 5 月 31 日